既存住宅市場の
活性化

一般財団法人
土地総合研究所
THE LAND INSTITUTE OF JAPAN

東洋経済新報社

はじめに

　日本の住宅市場では、2003年から2013年までの10年間に約1,000万戸の新設住宅が建設されました。この要因を分解すると、世帯増に伴うものが約半分の500万戸、別荘等50万戸、居住に供された建替が350万戸、残りの100万戸は空き家増となっています。居住の用に供し得る空き家ストックが既に300万戸以上も存在する中で、それらが有効利用されず、さらにこの10年間に100万戸の空き家を生んでいるという意味で、これは、既存住宅市場が十分機能していない証左です。現に、この間の既存住宅流通戸数は、10年間で約150万戸に留まっています。

　これは、日本の既存住宅には昭和56年6月以前に建築されたものの中に耐震性基準を満たさないものが約900万戸、昭和55年の断熱性基準を満たさないものが2,000万戸もあるなど、流通に適さないストックが多いことに加え、既存住宅の流通市場が競争的に機能する条件を十分に備えていないためであると考えられます。

　今回、住宅を中心とした既存不動産流通市場の活性化のための提言をお願いした執筆陣の方々は、観点の差はありますが、多かれ少なかれ、上記のような問題意識を持って論考を提示されており、読者の皆様には、この機会に改善の余地の大きい既存住宅市場の取引量及び取引速度を拡大させるためにはどうすべきかを考える契機にしていただきたい、と念願している次第です。

　ところで、産業別の付加価値労働生産性を見ると、不動産業は飛び抜けて高い数値が示されます。しかしこれは、統計作成上の約束事として、付加価値額に含まれる持家の帰属家賃が不動産業に計上されていることから生ずる見かけ上の現象に過ぎません。現実には、個人事業者が多く、伝統的な業態に留まる不動産業者も少なくない状況下にあり、実力ベースで見

た不動産業全体の付加価値労働生産性は決して高いものではありません。

　現在、日本の産業構造は、新興国の台頭や生産拠点の海外移転の進展により、今後とも製造業のウエイトが縮小する見込みであり、現在のまま、日本の第三次産業の生産性が低水準に留まると、経済全体の生産性が低下し、国内所得の水準も低下してしまいます。製造業の縮小を受け入れながら、経済全体の所得を高めるには、サービス産業全体の生産性向上が実現されなければなりません。とりわけ、流通・物流分野では、eコマースの拡大やIoT、AI、BIGDATAを活用したネットワーク活用型の新しいビジネスモデルが次々と生まれ、「ロングテール」と言われるきめ細かい個別需要への対応が進んでいます。また、顧客情報や販売データの効率的な管理・分析、広汎な開示情報の活用を通じた業務改善が図られる条件が整いつつあり、これまでこの面での対応が総じて遅れ気味であった不動産流通事業においても、不動産テック（Real Estate Technology）化による業務の効率化、新結合によるイノベーションが強く期待されています。

　現代経営学の大家であるピーター・ドラッカーが、かつて流通・物流分野を暗黒大陸と名付けたのは有名な話ですが、日本の不動産流通の分野においても「暗黒大陸」と言わないまでも、旧来からの規制や不透明な業界慣行などから必要な情報開示が先進諸外国に比べて遅れていると思います。本格的なIoT、AI、BIGDATAの到来時代を迎えて、これらと無関係な伝統的な業態を維持し続けることは難しいと考えられることから、不動産流通事業者は、個々の企業の立場のみならず、業界全体の立場に立って、新しい技術の採用、効率的なビジネスモデルの導入により、低生産性を脱却しなければ、これからの競争に生き残ることは難しいと思われます。本書では、こうした観点から不動産流通業が何を目指すべきかについても光を当てたいと考えています。

　最近目にした京都大学経済研究所教授矢野誠氏及び同附属先端政策分析研究センター教授中澤正彦氏編著による『なぜ科学が豊かさにつながらないのか？』（慶應義塾大学出版会）を読むと、今回の我々のテーマである既存不動産流通市場の活性化を考える上で、もちろん、そのまま当てはまると

は思えないものの、今欠けているものを補うヒントがちりばめられていると感じます。ここでは、編著者のご了解を得て、以下にその記述の一部を紹介させていただき、読者の皆様が将来の既存不動産流通市場の在り方を考える際の素材を提供させていただきたいと思います。

　「わが国では、社会全体として、ニーズからシーズに向けて技術開発を牽引するという意識が定着していません。そのような意識を根付かせるためにはまずエビデンス・ベースの判断がおこなわれる社会を作っていく必要があります。……エビデンス・ベースの社会の形成によって初めて、よい市場ができると私たちは考えます。何を作りたいのか、何を使いたいのか、将来何が必要となるのかといったことに関する人々の判断を集約するのが市場です。したがって、よい市場を作るには、高質な判断に基づいて取引をする売り手と買い手が必要です。そのためにはエビデンス・ベースの思考が大切です」

　「市場には質の高い市場と質の低い市場があり、質の低い市場ではニーズを反映しない製品が出回り、競争が排除され、押し売りが起き、情報が秘匿されて詐欺が起きています。一方、質の高い市場であれば、よりニーズを反映した製品が出てくるでしょうし、競争もうまく起きるでしょうし、詐欺も起きないでしょう。このように考えると経済の健全な発展・成長には高質な市場が不可欠です」

　「市場がパイプであるとすると、市場の質はパイプの質のようなものだということになります。パイプがひどく曲がっていたり、穴が開いていたりしていては、パイプを使って、何かを移動しようとしてもうまくいきません」

　「市場は社会の様々なインフラストラクチャー（基盤、下部構造）に支えられています。それらには、法律や制度、組織や政治（政策）などによって形作られるものだけでなく、倫理、慣習、文化、哲学など人々の心の

在り方にかかわるものもあり、そうした要素を支える教育なども含まれます」

「市場インフラはその時々の科学技術や生産力に応じて異なります。しかし、法律や制度、倫理、意識など、市場インフラの中身は変化の遅いものばかりですので、技術や生産力に合わせて市場インフラをすぐに作りかえることは困難です。その結果、急激な技術革新が起きると、それまでの市場インフラが陳腐化してしまい、経済危機に繋がります」

「市場にとって、市場インフラが大切なのは、市場が競争の場であり、市場インフラが競争の在り方を規定するからです。競争というのは単に競い合うことではありません。ルールに則って競い合うのでなければ競争にならないということです」

「市場は個人個人が好き勝手なことをすることによって、全体としては、調和のとれた取引を可能にします。しかし、そのためには市場に参加する一人一人の市場に対する影響力がバランスしていなくてはなりません。非常に大きな独占力をもつ企業があれば、市場の機能は損なわれます」

「（市場）の目的を達成しようとしたら、たとえ遠回りに感じても、最初に手順を考え、準備をしてから仕事にとりかかるのが効率的です。……社会科学が対象とするような複雑なシステムの中で目的を達成しようとしたら、（政府が市場を直接誘導するのではなく）遠回りをしても、間接的な方法をデザインする方が望ましい結果が得られるというのが二十世紀の社会科学の教えるところです」

「大恐慌前の欧米取引では買い手が充分に情報収集する（品定めをする）ことが求められていました。品定めが足りず変なものをつかまされてもそれは買い手の責任ということです。このルールは欧米では中世から続

き、商取引の基本的ルールとされてきました。しかし急速に拡大する証券取引のルールとしては不適切になり、アメリカの1920年代のバブルとその崩壊の原因になったと見なされました」

　「その結果ニューディールの一環として証券市場の基本ルールとなる情報開示制度が導入されました。このルールでは買い手が情報を収集する責任を負う代わりに売り手が、情報提供する責任を負う。今日では、この制度が世界共通ルールになっています」

　今や、BIGDATA、AIを経営にどう活用し、IoTを新しいビジネスモデルにどうつなげていくかという不動産流通のサービス生産システムの「革新」は、不動産流通業の将来を左右する課題です。最近の日本経済研究センターの研究報告「第4次産業革命の中の日本」（2017年5月25日）によれば、不動産業におけるソフト投資が1％増加した場合の労働生産性は、他産業と比べても大きく向上するという試算結果が示されています。
　情報の流れが加速し、その量・質がともに飛躍的に伸びる時代にあって、国際的に見て遅れていると言われる不動産情報提供の革新が進み、透明で安心な不動産情報のプラットフォームの形成、及び有能な人材の適正配置を通じて不動産流通事業のサービス水準が大きく向上することが、国民経済及び国民生活に占める不動産の重要性に照らしてみても、今ほど期待される時期はないと思います。
　最後に、特に不動産流通業界の関係者の方々には、まだ十分には世に知られているとは言えない不動産流通業務について、顧客本位の経営に努めていることを、機会あるごとに国民の方々に積極的にアピールし、業務内容をしっかり理解していただけるよう努めていただきたいと希望しております。

2017年7月

荒井俊行

目　次

第3部

資料編

第 **1** 部

研究論文編

不動産取引の仲介サービスと事業規制のあり方

日本大学 准教授
安藤 至大

1 はじめに

　労働・住宅・結婚など、様々な市場において、その取引当事者同士が直接的に相手を探すのではなく、仲介事業者が活用されるケースがある。これには、狭義のサーチコストを下げるだけでなく、取引時の情報の非対称を軽減・解消する、また助言により過度な期待を調整するなど多くのメリットが存在する。また各市場において、より良いマッチングを円滑に実現させるための取り組みを個々の事業者が独自に行うほか、業界団体による自主規制や政府による公的規制が行われている。

　しかしこれまで各分野における仲介事業規制は、それぞれ独自に発展しており、他国の制度等は参考にするものの、他分野における取り組みを参考にすることは少なかった。そこで本章では、まず効率的なマッチング形成のための仲介業の役割とそれに対する規制のあり方について経済学の考え方を整理する。また今後の課題として、他分野で行われている規制を参考にすることの意義について議論したい。

2　完全競争市場における取引

　ミクロ経済学において、私たちが最初に学ぶのが交換の利益についてである。例えば、AとBという二人の人間がいて、Aはリンゴを持っているがミカンの方が好きで、またBは反対にミカンを持っているがリンゴの方が好きだとしよう。このとき二人ともがより幸せになる手段がある。それは合意の上で交換を行うことである。

　このような取引が行われると、取引の前よりも双方が満足度を上昇させることになる。その増加分のことを交換の利益、または余剰という。そして長い歴史を持つ価格理論では、交換の利益を最大限に実現させることを目的として、市場における自由な取引と政府介入との間の適切な役割分担が考えられてきた。

　ミクロ経済学の講義では、最初に交換の利益について学んだら、その次のステップとして完全競争市場という理想的環境について学習することになる。ただしこれは現実の世の中の市場がそのような理想的なものであると主張しているわけではない。あくまで現実を理解するための手段として、理想的な姿を先に学んでおくのである。

　それでは完全競争市場とはどのようなものか。それは、特定の財やサービス（例えば青森県産の通常サイズのリンゴ）に注目したときに、

　(1) その財・サービスを取引する市場が存在していること
　(2) その財・サービスの品質を売り手と買い手の双方がそれなりによく知っていること
　(3) 売り手と買い手が多数存在するために、取引が相場の価格で行われていること
　(4) 取引の相手探しや取引条件の交渉といった取引に付随するコストが低いこと
　(5) その財・サービスの生産活動や取引後の消費行動が、取引当事者以外に影響を与えないこと

などの条件を満たす市場である。そしてこのような市場では、取引相手に容易に出会えるため、売り手と買い手が直接的に取引をすることが想定され、取引の仲介者は存在しない。

　完全競争市場の条件を完全に満たす財は少ないが、わかりやすい例として、米ドルと日本円を取引する外国為替市場を考えてみよう。

　ドル円市場は、世の中のありとあらゆる経済活動の中でも、これ以上ないといって良いくらいに円滑な取引が可能な環境だと言える。その理由として次の4点が挙げられる。

(1) まず取引の対象は米ドルや日本円といった通貨なので、お金を払って受け取る「商品」の品質は明らかだ。なにしろ世界中でまったく同じものが取引されている。

(2) またパソコンやスマートフォンを通じてFX取引業者などにアクセスできるため、取引の相手を探すことが容易だ。家にいても、ベッドの中ででも取引ができる。

(3) そして市場は常に開いていて、24時間いつでも取引が可能だ。

(4) 加えて、売り手と買い手が多数存在するために、常に売値と買値が提示されている状況であり、その相場の価格で好きな量だけ売り買いができる。このような環境下では、買い手が相場よりも安く買いたくても誰も売ってくれないし、売り手が高く売りたくても買ってもらえない。よって取引したいなら相場の価格で行うしかなく、取引条件を交渉する余地はない。

　このような外国為替市場の性質を見ると、先ほどの完全競争市場の条件を相当程度は満たしていることがわかる。これに対して、私たちが日々の生活において必要とする財・サービスの取引は、多くの場合、完全競争市場の条件を満たしていない。

　具体例として、既存住宅の流通について考えてみよう。まず住宅には、まったく同じ財というものは存在しない。仮に同じマンションの隣同士の部屋であっても、その広さや間取り、また眺望等に何らかの違いがある。また物件の購入を検討している人が、売り出されている特定の中古物件に関心を持ったとしても、その物件の現状や管理の程度などを知るのは難し

く、情報の非対称が存在する。そして一点ものであることから、相場の価格も存在していない。

3 取引の仲介サービスが果たす機能

　既存住宅を取引する際には、取引当事者同士が直接的に相手を探すことは稀であり、仲介事業者を活用するケースがほとんどである。なぜ直接的に取引をしないのだろうか。

　それにはいくつかの理由がある。まず仲介事業者を利用する方が、直接的に相手を探すよりも探索費用（＝サーチコスト）が下がることが挙げられる。

　例えば、川崎市に住むAさんが、子供が独立したタイミングで家の住み替えを考えているとしよう。具体的には、自分の所有しているマンションの部屋を売却したいケースを考える。このとき自分の家を買ってくれる人を直接探すのではなく、通常は不動産会社に仲介を依頼することになる。これは自分でやるよりも専門家に任せた方がより早く、またより多くの買い手に出会うことができるからだ。

　そして家を探している人にとっても仲介事業者を利用することは有益である。例えば、Bさんが会社への通勤に便利なエリアで、4人家族向けの中古マンションを探しているとしよう。このとき自分で各駅ごとに街を歩いて売り物件を探すようなことは普通はしない。インターネット上のデータベースに希望の条件を入力し、該当する物件を絞り込んでから内覧をしに行くのが普通だ。または地域の不動産会社に行って担当者に希望を伝えて相談に乗ってもらうこともあるだろう。

　仲介事業者を利用することには、他にもメリットがある。仮に、家を探しているBさんが無事に希望条件に合う物件を見つけたとしよう。しかし金額的には予算内であったとしても、その物件の管理状態や最低限のリフォームにどの程度のお金がかかるかといった情報を自分で入手するのは難しい。また不動産売買や登記に必要な手続きについて自分で学んでから

実行に移すのにも手間がかかる。このとき仲介事業者にそれらの手続き等を任せることができれば、探索費用だけでなく、物件購入に付随して発生する取引費用を下げることにもつながる。

　また仲介事業者が果たす別の機能として、取引に関する希望条件についてアドバイスを受けること、また過剰な希望を修正する手助けなどもある。例えば、家を売りたいＡさんは、自分の物件を3,000万円以上で売りたいと考えていたとする。しかしその希望売却価格が高すぎれば、購入希望者はなかなか現れない。思い入れがある物件だから高値で売りたいとか、住宅ローンの残債が3,000万円だから少なくともその金額は欲しいなどと言っても、買い手にとっては関係のないことだからだ。また反対に価格設定が安すぎても、すぐに買い手は見つかるが、もっと高くても売れたはずであり、その差額分だけ損していることになる。このとき専門家によるアドバイスは、売り手にとって適切な価格設定をする助けになるだろう。

　もちろん仲介事業者を用いることには金銭的な費用も発生する。しかし自分で全てやった場合にかかる手間暇を考えると、多くの場合は結果的に「安上がり」になることが考えられる。

4　仲介サービス利用者にとっての不安

　それでは不動産取引の当事者である売り手や買い手が仲介事業者に依頼する際に、どのような点を心配するのかを考えてみたい。まず強引な勧誘を受ける心配があれば、気軽に相談には行けないだろう。またサービス担当者の能力が十分な水準であるか、またアドバイスの内容が標準的な内容なのかがわからない場合にも、やはり依頼しにくくなる。そしてサービスの対価がどの程度の金額になるのかが明確でなければ、事後にトラブルになるかもしれない。

　このように担当者の能力やサービスの質等、様々な面で情報の非対称の問題があるとき、当事者が行うシグナリングやスクリーニングといった自助努力に加えて、業界団体による自主規制や政府による公的規制が重要と

なる。

5　仲介事業への規制

　不動産取引の仲介事業を行う際には、様々な規制に直面することになる。例えば、宅地建物取引業法では、不動産売買や賃貸借を仲介する際に、購入予定者や入居予定者に対して物件や条件面にかかわる重要事項の説明をしなければならないと定められている。

　また手数料にも上限が定められている。まず売買の場合、売主と買主のそれぞれから取引金額の3％＋6万円＋消費税が手数料の上限とされている（取引価格が400万円以上の場合）。また賃貸の場合も、大家と賃借人の合計で賃料1カ月分＋消費税が手数料の上限であり、原則として両者の折半とされている（ただし了承がある場合には、一方から得ることもできる）。

　このような規制は、サービス利用者と仲介事業者との間にある情報の非対称の問題を軽減するためにも有益なものと考えられるが、時代の変化等を踏まえて、その見直しを求める声も大きい。例えば売買に関する手数料の上限規制について、予想される取引価格が低い既存住宅に関しては上限を引き上げてはどうかという意見がある。それは低価格物件の場合、仲介事業者が手間に見合った手数料を得られないために、そもそも媒介契約を締結することを望まないかもしれないこと、また仮に媒介契約を締結しても積極的に取引を成立させようと努力するインセンティブを持たないことが考えられるからだ。

　また日本の不動産取引市場には、社会的観点からは望ましくない商慣行が存在することを指摘する声もある。例えば、米国では、不動産仲介を行う際には、売主か買主のどちらか一方の代理しかできないが、日本では両方の代理（いわゆる両手取引）が可能である。これに対して、利益相反の観点から米国のものと同種の規制を日本でも取り入れるべきではないかといった点は現在でも議論されている。

6 規制改革の手法

　このように時代に合わなくなった規制や望ましくない商慣行などを改革する際には、どのようにすれば良いのだろうか。理論的な研究が参考にされることもあるが、やはり最も有益なのは他国の法制度や商慣行についての情報だろう。

　具体例として、2016年に行われた区分所有建物の標準管理規約改正を考えてみたい。この改正は筆者も委員として参加した「マンションの新たな管理ルールに関する検討会」の議論を経て行われたが、例えば、それまでの標準管理規約では、理事会を置いて、その理事長が管理者になることが標準的な姿として想定されていた。

　これに対して、フランスやイタリアなどでは、マンションの区分所有者が外部の専門家を管理者に選任して、総会や理事会がその管理者を監督する形式を採用することが多い。そこでフランスやイタリアを参考に、外部専門家を活用する管理手法も選択肢として改正規約に取り入れることになった。またこれまでの規約では、管理実務を行う管理業者が、総会や理事会をサポートし、実質的にその意思決定を左右するなど利益相反が起きやすい状況も多かった。これも諸外国では実質的に禁止されていることから、その考え方を参考にしつつ、規約改正の議論が行われた。

　これに対して、他国の制度等を参考にするだけでなく、他分野における規制を参考にしてはどうかという問題意識を筆者は最近持っている。

　私たちの生活において、取引当事者が仲介事業者のサービスを利用するケースは不動産取引以外にも多く見られる。例えば、中古車の売買を行う中古車販売店、求職者と求人企業の間を取り持つ雇用仲介事業者、また結婚したい男女をマッチさせる結婚相談所などがある。これらを大きく分けると、売り手から一度買い取ってから買い手に販売する形式（中古車など）と複数の取引当事者を引き合わせる形式（結婚相談所など）がある。ちなみに既存不動産取引を仲介する場合、どちらのパターンも存在する。

このように仲介事業とは多様なものだが、それぞれの事業分野ごとに様々な事業規制が行われている。

例えば、有料職業紹介の場合、まず市場参入は許可制であり、また原則として労働者側からは対価を取ることはできないという手数料規制が存在する（年収700万円を超える場合などの例外あり）。また結婚相談所の場合、業法による規制はなく、事業者には消費者保護法、特定商取引法、個人情報保護法を守ることが求められる。

このように各分野における仲介事業規制には様々な違いがあり、それぞれ独自に発展してきた。そして規制の見直しを行う際には、他国のルール等が参考にされることが多いが、他分野における取り組みが参考にされることは少ない。

例えば、上記の手数料規制を考える際に、有料職業紹介事業のように労働者側からは原則として手数料を取ることができないことは、本当に労働者にとって望ましいのだろうか。また不動産取引の手数料率上限規制は、比較的取引価格が低い中古物件の流通を阻害しているのではないか。これらのような問題を考える際に、他分野での規制内容を参考にすることで、より良いマッチングを円滑に実現することが可能になるのではないだろうか。

7　仲介事業の経済分析

近年、市場における取引に関して、仲介事業者の果たす役割を直接的に扱った研究が増えている。その代表的なものとして、Rubinstein and Wolinsky（1987）やWatanabe（2010）、また最近ではGautier, Hu, and Watanabe（2016）が挙げられる。これらの研究では、どのようなときに売り手と買い手の間での直接的な取引が行われ、またどのようなときに仲介が必要となるのかを理論的に整理することが主なテーマである。

また仲介事業者の役割について理解するためには、二面市場の研究も重要である。二面市場とは、プラットフォームの両側に消費者と生産者がい

るような状況を指している（Rochet and Tirole, 2006）。例えば、コンピュータゲーム機には、そのゲーム機向けにソフトウェアを開発するゲーム会社も多数存在するし、またそのゲーム機を所有していてソフトを購入する消費者も多数存在する。このとき魅力的なソフトが多ければ、このゲーム機を購入する消費者も増えるし、ゲーム機を所有する消費者が多ければ、潜在的な顧客が多いことからソフトメーカーが魅力的なゲームを開発する動機を持つことになる。このような、利用者が多いことにより利用者にとっての魅力を高める性質をネットワーク外部性という。不動産の仲介についても、同様に、魅力的な物件を多数紹介できる仲介事業者のところに、より多くの利用者とより良い物件がさらに集まる性質がある。

8　おわりに

　私たちの生活を豊かなものにするためには、人々の間で行われる取引をスムースにすることが欠かせない。そのためにも上で紹介したような仲介事業の経済理論的な基礎研究をさらに深めるだけでなく、個別の市場においてどのような事業規制を行うことが望ましいのかを、他分野における規制の仕組み等も参考にしつつ検討することは今後の課題である。

　筆者も具体的な研究計画を既にいくつか進めているが、より良い事業規制の仕組み作りがより活発になることに期待したい。

［参考文献］

Gautier, P., Hu, B., and Watanabe, M. (2016) "Marketmaking Middlemen," *IZA DP*. No.10152.

Rochet, J.-C., and Tirole, J. (2006) "Two-Sided Markets: A Progress Report," *Rand Journal of Economics*, 37, pp.645–667.

Rubinstein, A., and Wolinsky, A. (1987) "Middlemen," *Quarterly Journal of Economics*, 102, pp.581–593.

Watanabe, M. (2010) "A Model of Merchants," *Journal of Economic Theory*, 145, pp.1865–1889.

利益率と生産性から見た不動産産業の市場成果と問題点について

東北大学大学院経済学研究科 教授
泉田 成美

1 はじめに

　筆者が専門としている産業組織論・競争政策は、ミクロ経済学と計量経済学を現実の企業や産業の問題に応用することによって企業行動を分析するとともに、企業レベルや産業レベルの経済活動が効率的に行われているかどうかを検討する学問分野である。

　本章では産業組織論の標準的な手法である総資産利益率と生産性成長率の産業間比較を行うことで、不動産産業の市場成果についての評価を行うとともに、そこから得られた結果を基にして、日本の不動産産業・不動産市場の問題点について考察することにしたい。

2 総資産利益率の産業間比較

　はじめに、産業利益率の産業間比較を行うことで、日本の不動産業が他産業と比較して利益性の面で優れているのかどうかを検討したい。

利益率の産業間比較を行うためには企業の財務会計情報を利用する必要があるが、会計上の利益と経済理論上の利潤は異なった概念[1]であるために、どのような利益率を用いて分析をするべきかという問題が発生する[2]。実務的には売上高営業利益率や、自己資本経常利益率、自己資本当期利益率などの指標が利益性の指標として用いられることが多いが、いずれも産業間比較という点では問題のある指標である。すなわち、売上高営業利益率は売上高借入金比率や資本装備率[3]の影響を大きく受けるし、自己資本経常利益率、自己資本当期利益率は自己資本比率の影響を大きく受けることが知られている。そのため、経済学的には同じ利潤を獲得していたとしても、これらの利益率の指標を用いると技術が労働集約的か資本集約的かという産業間の技術特性の相違や、資金調達方法の違いや資本構成の相違によって異なる利益率となってしまう。そしてその結果、産業間の利益率格差は非常に大きなものとなるが、その差を産業間で比較して経済学的に解釈することにはあまり意味がないと考えられる。そこで、資本集約度や資金調達方法・資本構成の影響を深刻に受けることなく、経済学的な解釈が可能な利益率の指標が必要になる。

　こうした問題を考慮して、本章では利益率の指標として総資産利益率を用いることにしたい。総資産利益率とは、以下の式によって算出される利益率の指標である。

$$総資産利益率＝（経常利益＋金融費用）／総資産$$

　ここで、分母の総資産は自己資本と他人資本（負債）の合計額であり、企業活動で用いた資本の合計金額を表している。一方、分子の（経常利益

1）　会計上の費用は実際に発生した費用であるのに対して、経済学の費用は機会費用であるため、会計的な利益は経済学的な利潤とは一致しなくなる。

2）　産業組織論では、利益率としてどの指標を用いるべきかについての多くの議論が展開されてきた。そうした議論についての詳細は、Waldman and Jensen（2007），Martin（2002）を参照されたい。

3）　資本装備率とは、労働1単位あたりの資本量を表した概念であり、通常は従業員一人あたりの有形固定資産量で計測される。

＋金融費用）は資本の提供者に対して支払われるリターンの合計を表しており、全体として、自他を問わず企業活動で用いた資本1単位に対してどれだけの収益があったのかを表している。経済学では、資本の移動が自由なときに企業間・産業間で利潤率に格差が存在するならば、利潤率の低いところから高いところへと資本が移動することによって長期的には利潤率が均等化すると考える利潤率均等化法則が存在する。この利潤率均等化法則を考えたときに、提供された資本1単位に対するリターンが均等化されるという意味でこの指標を用いるのが自然であろう[4]。

　産業別の総資産利益率を算出するデータとして、本章では財務省「法人企業統計調査」の時系列データを利用した[5]。同調査に基づいて、金融業・保険業を除く[6] 全産業、製造業、農林水産業[7]、鉱業[8]、建設業、電気業、ガス・熱供給・水道業、情報通信業、運輸・郵便業、卸売業・小売業、不動産業[9]、サービス業の総資産利益率と参考のため売上高営業率を算出した結果が図表1に示されている。なお、本章では総資産利益率の算出に当たって、金融費用としては「支払利息・割引料」を用いている。

---

4)　利益率に関する実証分析では、総資産利益率のほかにプライス・キャップマージン（PCM）やトービンのQ、株価収益率などが用いられることが多い。PCMは売上高・資本比率を用いるなどして必要な調整を行わないと産業間比較に適していないことが知られているし、トービンのQや株価収益率は利益率の算出に当たって株価を用いているために、現在の利益だけでなく将来の利益予想などが反映した指標となってしまう。いずれにせよ、利益率の指標としてどの指標を用いるのかという問題は、入手可能なデータの制約と分析内容に応じて決定すべき問題であろう。

5)　産業利益率を算出するためのデータとして、日経NEEDS財務データを利用することも可能であるが、このデータは上場企業に限定されたデータであるため、中小企業の多い産業ではどの程度産業全体の利益率を反映しているのかが疑問である。それに対して財務省「法人企業統計調査」は、資本金1,000万円未満の中小企業まで調査対象となっているため、産業全体の利益率を把握することが可能である。

6)　金融業・保険業は他産業と会計基準が異なるので、単純な利益率の比較はできないと考えられるため分析から除外した。

7)　財務省「法人企業統計調査」は法人を対象とした調査であるため、調査対象となっているのは農業生産法人などの法人として農林水産業に従事している業者のみである。わが国では農林水産業の主要な担い手は法人ではないため、財務省「法人企業統計調査」の数値はかならずしも農林水産業全体の動向を反映しているわけではないことをあらかじめお断りしておきたい。

8)　鉱業には採石業、砂利採取業が含まれている。

9)　不動産業には物品賃貸業は含まれていない。

	総資産利益率（％）	売上高営業利益率（％）
全産業（金融業・保険業を除く）	4.548	3.686
製造業	5.717	4.167
農林水産業	3.024	−0.247
鉱業	11.449	30.646
建設業	5.135	3.236
電気業	1.426	2.774
ガス・熱供給・水道業	6.064	5.221
情報通信業	6.686	7.658
運輸・郵便業	3.945	4.169
卸売業・小売業	3.774	1.448
不動産業	3.561	12.586
サービス業	4.170	5.747

（出所）財務省「法人企業統計調査」のデータを用いて筆者作成

　図表1より売上高営業利益率の産業別の格差が極めて大きいことがただちに観察される。すなわち、農林水産業（−0.247％）と鉱業（30.646％）の間には実に30％以上もの利益率格差が存在している。それに対して、総資産利益率は電気業で1.426％と極めて低い値に、鉱業で11.449％と極めて高い値になっているが、それ以外では最低が農林水産業の3.024％、最高が情報通信業の6.686％となっており、産業間での利潤率の格差は4％未満におさまっている。鉱業の総資産利益率が高いのは、2014年度には原油価格が高止まりしていたことの影響だと考えられる[10] し、電気業の総資産利益率が極めて低い値になったのは2011年の東日本大震災時の原発事故の影響で国内のすべての原子力発電所が運転を停止している影響であると考えられる。

　そうした特殊事情で異常値が発生している産業を除けば、2014年度に総

---

10)　鉱業の利益率は、原油などの資源価格の変動に合わせて大きく変動することが知られている。

1971年度から2014年度の産業別総資産利益率（%）の平均の比較

	1971–2014年平均	70年代平均	80年代平均	90年代平均	2000年以降平均
全産業（金融業・保険業を除く）	5.233	7.202	6.474	4.186	3.924
製造業	5.994	8.056	7.538	4.746	4.560
農林水産業	3.768	6.414	4.541	2.503	2.509
鉱業	11.258	14.300	11.966	6.459	12.162
建設業	4.649	6.494	5.588	4.523	2.999
電気業	5.336	6.581	8.355	5.466	2.489
ガス・熱供給・水道業	6.687	6.596	11.069	4.635	5.188
情報通信業	9.405	15.366	12.020	6.551	5.988
運輸・郵便業	5.040	6.598	6.100	4.347	3.860
卸売業・小売業	4.656	6.434	5.484	3.844	3.578
不動産業	4.211	6.230	5.467	2.817	3.091
サービス業	5.193	7.707	6.195	4.050	3.780

（出所）財務省「法人企業統計調査」のデータを用いて筆者作成

　資産利益率の高い産業は情報通信業（6.686%）、ガス・熱供給・水道業（6.064%）、製造業（5.717%）であり、総資産利益率の低い産業は農林水産業（3.024%）、不動産業（3.561%）、卸売業・小売業（3.774%）である。すなわち、2014年度の不動産業の総資産利益率は製造業や（金融業・保険業を除く）全産業平均の総資産利益率よりも低いばかりではなく、特殊な事情で異常値が発生している電気業を除けば、不動産業の総資産利益率は農林水産業に次いで最低水準であると考えることができる[11]。

　このような不動産業の総資産利益率の低さが一時的なものであるのか長期的なものであるのかを確認するために、1971年から2014年までの各産業の総資産利益率の平均を比較したものが図表2である。図表2からわか

---

11)　農林水産業の総資産利益率が低いのは規制緩和の進展や自由化の影響で農林水産物の価格が低迷している影響と考えられる。

るように、分析期間を1971年から2014年の全期間平均に拡張したとして
も、不動産業の総資産利益率は11産業中農林水産業に次ぐ2番目の低さと
なっている。年代別に見てもほぼそのポジションを維持しており、他産業
のように産業固有の要因によって利益率の順位が変動しているとも考えら
れない。すなわち、低い総資産利益率が持続しているというのは、不動産
業に非効率性を発生させるような構造的な要因が存在している可能性が高
いと考えられる。産業組織論的には、集中度が低く競争的な産業として卸
売業・小売業を考えることが多い。1970年代・80年代には卸売業・小売業
と不動産業の総資産利益率はほぼ同じ水準であるが、1990年代以降不動産
業は卸売業・小売業に比べて総資産利益率が有意に低い値になっているこ
とも示唆的であろう[12]。

3　労働生産性成長率の産業間比較

　総資産利益率に引き続いて、本節では労働生産性の観点から他産業と比
較した不動産業の効率性について考えることにしたい。労働生産性の指標
として利用されることが多い指標は従業員一人あたり付加価値額であるが、
図表3は財務省「法人企業統計調査」で報告されている2014年度（平成26
年度）の産業別従業員一人あたり付加価値額と資本装備率[13] の大きさをま
とめたものである。ここで従業員一人あたり付加価値額とは付加価値額を
期中平均従業員数で割った値であるし、資本装備率とは建設仮勘定を除く
有形固定資産額を期中平均従業員数で割った値であり、その産業が労働集
約的か資本集約的かを判断する指標である。
　図表3で観察されるように、従業員一人あたり付加価値額は産業間格差
の非常に大きな指標である。また、資本装備率が大きいほど従業員一人あ

---

12)　産業ダミーを入れて総資産利益率に関する平均の差の検定を行うと、1970年代・80年代に
　　は卸売業・小売業と不動産業の総資産利益率の間に有意な差は観察されないが、1990年代以降
　　は不動産業の方が統計的に有意に低い値になってしまう。
13)　財務省「法人企業統計調査」では資本装備率のことを労働装備率と呼んでいる。

2014年度（平成26年度）の産業別従業員一人あたり付加価値額の比較

	従業員一人あたり付加価値額（万円）	資本装備率（百万円）
全産業（金融業・保険業を除く）	705	10.855
製造業	818	10.345
農林水産業	469	11.989
鉱業	3,161	26.911
建設業	758	5.877
電気業	2,217	190.422
ガス・熱供給・水道業	2,033	65.780
情報通信業	1,041	9.759
運輸・郵便業	665	14.804
卸売業・小売業	612	7.028
不動産業	1,806	110.638
サービス業	518	4.889

（出所）財務省「法人企業統計調査」

たり付加価値額が大きくなることが知られており、図表3の従業員一人あたり付加価値額と資本装備率を比較すれば、両者の間に強い相関があることが容易に確認できるであろう。したがって、労働集約的な産業ほど従業員一人あたり付加価値額は小さくなり、資本集約的な産業ほど従業員一人あたり付加価値額は大きくなるという傾向が見られるため、単純に従業員一人あたり付加価値額を比較するだけでは、産業間の効率性の比較には用いることができないことに注意する必要がある。労働生産性を用いて産業間の効率性を比較するためには、労働生産性の成長率を比較することによって技術進歩や労働効率の改善のペースが産業間で異なるかどうかを判断すればよい[14]。

　前述したように従業員一人あたり付加価値額は労働生産性の指標として

14）　生産性成長率に反映される技術進歩や効率性の改善のことを、経済学では動態的効率性と呼んでいる。

1994年から2014年における従業員一人あたり付加価値額、産業別GDP

| | 従業員一人あたり付加価値額 | | |
	1994-2014年度	1994-2004年度	2004-2014年度
全産業（金融業・保険業を除く）	0.0	−0.2	0.2
製造業	0.7	1.6	−0.3
農林水産業	−0.2	−0.6	0.2
鉱業	6.1	3.4	8.9
建設業	0.0	−1.0	0.9
電気業	−1.9	0.9	−4.7
ガス・熱供給・水道業	1.7	3.4	0.1
情報通信業	−2.5	−5.4	0.4
運輸・郵便業	−0.6	−0.3	−0.9
卸売業・小売業	−0.1	−0.1	−0.1
不動産業	0.0	0.2	−0.2
サービス業	−0.7	−1.6	0.2

（出所）財務省「法人企業統計調査」、内閣府「国民経済計算」のデータを用いて筆者作成

幅広く利用されている指標ではあるが、従業員一人あたり付加価値額の成長率を労働生産性成長率と解釈することには問題があることも指摘しておかなければならない。生産性は本来、生産活動に用いるインプットと生産活動の結果生み出されたアウトプットの比率を表したものであり、労働生産性の本来の定義は労働投入1単位あたりの商品・サービスの生産量である。実務的には、企業は多様な商品・サービスを生産しているため、多様な商品・サービスの生産量をすべて把握し、それを集計した統計量を作成することは困難であり、より集計が容易な金額ベースの統計量である付加価値額を用いて従業員一人あたりの付加価値額を労働生産性の代理変数としている。それはそれでやむを得ないことであるが、本来数量ベースで計算すべき労働生産性を付加価値ベースで計算したときには、解釈上別の問題が発生することに注意する必要がある。すなわち、付加価値は最終生産物の総価値額を表しており、生産活動の結果生み出された生産物の価格×

デフレーター、物価調整済み労働生産性の産業別年平均変化率（%）の比較

産業別GDPデフレーター			物価調整済み労働生産性		
1994-2014年度	1994-2004年度	2004-2014年度	1994-2014年度	1994-2004年度	2004-2014年度
−0.9	−0.9	−0.8	0.9	0.7	1.0
−2.5	−2.5	−2.4	3.2	4.2	2.2
−1.9	−1.8	−1.9	1.7	1.3	2.2
0.2	−4.9	5.7	5.9	8.7	3.1
0.1	−0.2	0.4	−0.1	−0.8	0.5
−0.4	−3.4	2.7	−1.5	4.5	−7.2
1.0	1.2	0.9	0.7	2.2	−0.8
−1.9	−2.5	−1.2	−0.7	−3.0	1.7
−0.1	−0.2	0.0	−0.5	−0.1	−0.8
−0.2	−0.9	0.5	0.1	0.8	−0.6
−0.4	−0.2	−0.7	0.4	0.3	0.5
−0.4	−0.7	0.0	−0.3	−0.9	0.2

生産量を意味しているので、生産活動に変化がなく同じ生産量の水準であっても生産物の価格が変化すれば付加価値は変化してしまう。そのため、従業員一人あたりの付加価値額が変化したときにそれが価格の変化によってもたらされているのか生産活動の変化によってもたらされているのかを識別しないと解釈上問題が発生してしまう可能性がある。すなわち、生産活動に全く変化がなくても商品・サービスの価格が上昇すれば従業員一人あたりの付加価値額は上昇することになるため、労働生産性が上昇したと考え生産活動の効率性が改善したと誤って解釈する危険が存在する。

　そのような問題を改善するためには、付加価値の変動に占める価格変動の部分を調整することが必要である。本章では、内閣府「国民経済計算」において公表されている産業別のGDPデフレーター[15]を用いて、物価変動に対する調整を行うこととした。すなわち、2005年を100とする連鎖方式の産業別GDPデフレーターを用いて従業員一人あたり付加価値額に対す

る物価調整を行い、それを物価調整済み労働生産性と呼ぶことにした。このような物価調整を行うことによって、物価変動による付加価値の変動部分は一定程度取り除くことができ、生産活動の変化に伴う付加価値の変動をより正確にとらえることが可能になっていると考えられる。その上で、①1994年度から2014年度、②1994年度から2004年度、③2004年度から2014年度の期間[16]における従業員一人あたり付加価値額、産業別GDPデフレーター、物価調整済み労働生産性の産業別年平均変化率をまとめたものが図表4である。

図表4より、従業員一人あたり付加価値額の年平均変化率が、GDPデフレーターの年平均変化率と実質労働生産性の年平均変化率に分解されているのが容易に確認することができる。たとえば、1994年度から2014年度の製造業の従業員一人あたり付加価値額の年平均変化率は0.7％であるが、同期間にGDPデフレーターで表される製造業の生産物の物価水準は年平均で2.5％下落しているため、物価調整した製造業の労働生産性は年平均で3.2％上昇していると考えることができる。このように、付加価値ベースで労働生産性を計算すると、物価変動が大きいときにはその影響を大きく受けてしまうためバイアスを持った推定となってしまうのである。

その上で不動産業の従業員一人あたり付加価値額、産業別GDPデフレーター、物価調整済み労働生産性の産業別年平均変化率に着目すると、1994年度から2014年度までの年平均成長率はそれぞれ0.0％、−0.4％、0.4％であり、付加価値・物価水準・生産性ともにそれほど大きな変化は観

---

15) 物価変動の影響を調整するための物価指数としては、GDPデフレーターのほかに消費者物価指数も存在する。GDPデフレーターは国内での生産活動の結果生み出された商品・サービスに関する物価指数であるのに対して、消費者物価指数は消費者が購入する商品・サービスに対する物価指数であり、その中には輸入品も含まれてしまう。日本国内での生産活動の結果発生した付加価値に対する物価調整であるため、消費者物価指数よりも産業別のGDPデフレーターの方が本分析の目的にはふさわしいと筆者は判断した。また、技術的な問題であるが、消費者物価指数は一定期間バスケットを固定して算出されるため、代替バイアス等の影響により、実際よりも0.5％から1.0％程度高く物価変動を評価してしまう問題が存在することが知られている。それに対してGDPデフレーターの方は、毎年基準年を変更する連鎖方式が採用されているため、消費者物価指数に対して物価変動の過大推定の問題はより少ないと考えられる。

16) 年平均変化率の算出期間が1994年からとなっているのは、それ以前の年度では連鎖方式による産業別GDPデフレーターが公表されていないためである。

察されないことがわかる。さらに期間を1994年度から2004年度と、2004年度から2014年度に分割したとしても物価調整済み労働生産性の産業別年平均変化率はそれぞれ0.3％と0.5％であり、大きな変化は観察されず、ともに（金融業・保険業を除いた）全産業平均を下回っている。以上の点から、付加価値ベースであっても、物価調整済みの労働生産性であっても、不動産業では20年間にわたって労働投入に対する効率性はそれほど改善されていないと指摘することができよう。

4　全要素生産性成長率の産業間比較

　総資産利益率と労働生産性に続いて、技術進歩（動態的効率性）と生産効率性の指標である全要素生産性成長率を産業別に計測することによって、不動産業における技術進歩の有無と物価変動との関係を考察することにしたい。

　全要素生産性成長率とは、生産関数 $Y=F(K, L)$ において、資本投入量K、労働投入量Lの増加率を超えて生産活動の結果生み出されたアウトプットが増加した率を表したものである。生産技術に変化がなく、生産活動の効率性にも変化がない状態で資本投入量と労働投入量が一定割合で増加をすればアウトプットも同じ割合で増加すると考えられるので、そのときには全要素生産性成長率は0になると考えられる。したがって、全要素生産性成長率が正の値をとるときには、技術進歩による動態的効率性の発生か、生産活動の効率性の改善による生産効率性の発生のいずれか（あるいは両方）が発生していると考えられる。逆に全要素生産性成長率が負の値をとるときには、マイナスの技術進歩（技術退歩）が発生しているとは考えられないので、生産活動の効率性が悪化していると考えられる[17]。

　全要素生産性成長率の計測方法にはソロー残差を利用する方法と指数計

---

17)　具体的には、景気の悪化によって遊休設備が発生したり、過剰な人員を抱えているときには生産活動の効率性が悪化することになる。

物価調整済み全要素生産性年平均成長率（%）の産業別比較

	1994–2014年	1994–2004年	2004–2014年
全産業（金融業・保険業を除く）	0.7	0.8	0.4
製造業	2.6	3.4	1.7
農林水産業	1.7	1.3	2.2
鉱業	1.6	6.5	−3.6
建設業	−0.1	−0.4	0.2
電気業	−2.3	3.4	−7.7
ガス・熱供給・水道業	−0.8	0.2	−1.8
情報通信業	0.2	−1.5	1.9
運輸・郵便業	−0.6	−0.4	−0.9
卸売業・小売業	0.0	0.8	−0.9
不動産業	1.5	2.8	0.1
サービス業	−0.2	−0.4	0.0

（出所）財務省「法人企業統計調査」、内閣府「国民経済計算」のデータを用いて筆者作成

算による方法があるが、本節では Theil-Törnqvist 指数を用いて計算することにする[18]。具体的には、0期における資本投入量をK^0、労働投入量をL^0、アウトプットの生産量をY^0、資本分配率を$S_K{}^0$、労働分配率を$S_L{}^0$、全要素生産性をTFP^0、T期における資本投入量をK^T、労働投入量をL^T、アウトプットの生産量をY^T、資本分配率を$S_K{}^T$、労働分配率を$S_L{}^T$、全要素生産性をTFP^Tとすれば、0期からT期までの全要素生産性成長率は、

$$
\begin{aligned}
&Ln(TFP^T/TFP^0) \\
&= Ln(Y^T/Y^0) - 0.5(S_K{}^T + S_K{}^0)Ln(K^T/K^0) \\
&\qquad - 0.5(S_L{}^T + S_L{}^0)Ln(L^T/L^0)
\end{aligned}
$$

で求めることができる。本節では前節に引き続いて財務省「法人企業統計調査」を用いて産業別の全要素生産性成長率を計算するが、Kは資本合計、

18）　全要素生産性について詳しくは中島（2001）を参照されたい。

Lは期中平均従業員数、Yは付加価値額を用いた。ただし、本来数量ベースで計算すべき全要素生産性成長率を付加価値ベースで計算すると成長率には物価変動の影響が含まれてしまうことになるため、前節の労働生産性成長率の計算で行ったように、物価変動による影響を取り除くために内閣府「国民経済計算」の産業別GDPデフレーターを用いて付加価値に対して物価調整を行った値をYとして用いている。

　以上のようにして算出した産業別の物価調整済み全要素生産性の年平均成長率を①1994年度から2014年度、②1994年度から2004年度、③2004年度から2014年度の期間についてまとめたものが図表5である。

　図表5を見ると不動産業の物価調整済み全要素生産性年平均成長率は1994年から2014年の期間で1.5％と、分析対象の11産業中4番目に高い数値であり、着実な生産性の改善が観察される。ただし分析期間を1994年から2004年までと、2004年から2014年に分割すると、前者での全要素生産性年平均成長率は2.8％と高いのに対して後者では0.1％となっており、2004年以降は全要素生産性の改善がほとんど観察されないことがわかる。

　一般的に、全要素生産性成長率と生産される商品・サービスの価格変化率とは負の相関が存在すると考えることができる。すなわち、技術進歩や生産効率性の改善によって生産コストが低下すれば、それは商品やサービスの価格低下につながるため、プラスの全要素生産性成長率とマイナスの価格上昇率が観察される。それとは逆に、需要の減少等によって製品価格の低下が引き起こされた場合に、生産者は生産活動の効率化によって価格低下に対処しようとすれば、やはりプラスの全要素生産性成長率とマイナスの価格上昇率が観察される。生産効率性の悪化によって製造コストが上昇しそれが価格に転嫁される場合には、マイナスの全要素生産性成長率とプラスの価格上昇率が観察される。このような関係が観察されるのかを確認するために、横軸を1994年から2014年の全要素生産性の年平均成長率、縦軸を同期間のGDPデフレーターの年平均変化率とした産業別の散布図を作成したものが図表6である。図表6中の直線は散布図の近似曲線であり、近似曲線が負の傾きを持っていることから、全要素生産性成長率とGDPデフレーター変化率の間には負の相関が存在することが確認できる。ただし

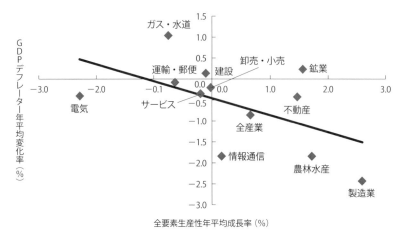

図表6 全要素生産性成長率とGDPデフレーター変化率の関係1994–2014年（年平均変化率）

（出所）図表4、図表5に基づいて筆者作成

産業によって全要素生産性の成長率と価格変化率の関係にはかなりのばらつきが存在する。その中で不動産業は全要素生産性の成長率は比較的大きく、技術進歩や生産活動の効率性の改善が観察されるにもかかわらず、価格低下率は小さな値に留まっており、生産性の改善が価格低下にあまり結びついていないと考えることができる。

5 不動産取引市場における市場の失敗

　以上のように、総資産利益率、労働生産性成長率、全要素生産性成長率と価格変化率の関係を分析した結果、日本の不動産業は総資産利益率の水準が長期的に低い状態が持続しているとともに、労働生産性の成長が低く、全要素生産性は改善しているものの、全要素生産性の改善が価格低下に結びついていないという状態が観察された。これらを総合的に勘案すると、日本の不動産産業において効率的な企業活動の実現を阻害するような構造的な要因が存在していることが推定される。すなわち、市場メカニズムが

十分に機能していないために低い総資産利益率が持続するとともに、生産性の成長が価格低下に反映されていないと考えられる。このような市場メカニズムが十分に機能していないことについて、どのような構造的な要因が存在するのかについて明らかにするためには詳細な産業研究が必要であり、不動産産業・不動産市場の専門家ではない筆者には手に余る問題であるが、日本の不動産市場において効率的な取引や企業活動の実現を阻害していると考えられる要因について指摘することは有益であろう。

　まず考えられることは、不動産市場において市場の失敗[19] が発生している可能性が高いことである。国土交通省「平成26年度　国土交通白書」によれば、日本の住宅市場における中古住宅の流通割合は欧米諸国に比べて極端に低くなっている。すなわち、住宅流通に占める中古住宅の割合は、米国が89.3％、英国が88.0％、フランスが68.4％であるのに対し、日本はわずか14.7％にすぎない。また、荒井（2015）によれば、マンション等の共同住宅よりも戸建て住宅において中古住宅の流通割合は低くなっていることが指摘されている[20]。

　日本において中古住宅の流通割合が極端に低いことは、情報の不確実性・非対称性による市場の失敗が発生している可能性が高いと考えられる。住宅は居住環境や住宅の品質に関する不確実性が大きく、住んでみなければ住宅環境や品質に関する情報が十分にはわからない財であるが、とりわけ中古住宅は、品質に関する不確実性が大きいと考えられる。そのため中古住宅の取引においては、売り手はその住宅の品質に関する情報を十分に持っているが、買い手は情報を持っていないという情報の非対称が発生する。情報の不確実性・非対称性が存在するときの問題は、情報の非対称性が大きい財では品質の良い財の取引が行われなくなり、極端な場合には財

---

19)　経済学では、どのような市場において市場取引が効率的に行われるのかを明らかにするとともに、どのような市場において効率的な取引の実現に失敗することになるのかを明らかにしてきた。市場取引では効率的な取引の実現に失敗することを市場の失敗と呼んでいる。

20)　荒井（2015）によれば、中古持家住宅の流通を戸建てとマンションなどの共同住宅にわけると、戸建て中古住宅の流通割合は10％台で低迷しているのに対し、中古の共同住宅（マンション）の流通割合は平成20年度までは30％未満であったものが平成21年度に急増し、平成25年度には40％程度であることが示されている（荒井（2015）62ページ図表1）。

の取引そのものが消滅してしまう可能性があることである。経済学ではこのような現象を「レモンの原理」と呼んでいる[21]。

　品質に関する情報に不確実性と非対称性が存在するときには、品質の良い財の取引が行われなくなるという現象は古くから観察されている現象であり、貨幣の問題ではグレシャムの法則（悪貨は良貨を駆逐する）と呼ばれている。市場に品質の高い財と品質の低い財が存在するとき、財の品質に関する情報が売り手と買い手の間で共有されているのであれば価格は品質に応じて決定され、品質の高い財は高い価格で、品質の低い財は低い価格で取引が行われることになる。ところが、取引される財の品質に関する不確実性と非対称性が存在し買い手が財の品質を容易に確認できないときには、たとえどんなに売り手が自分の売ろうとしている財が高品質の財であると主張したとしても（買い手はその主張の是非を容易に確認することができないため）買い手を信用させることができず、買い手は高価格を支払おうとはしなくなる。売り手は低価格で高品質の財を販売するのを嫌うため、市場で取引されるのは低価格で取引される品質の低い財だけとなってしまうのである。

　このようにして高品質の財の取引が消滅すれば、その分市場取引が縮小するとともに、資源の無駄による非効率性が発生する。また、新築住宅にせよ中古住宅にせよ情報の不確実性・非対称性により高品質の住宅の取引が円滑に行われなくなると、住宅の生産者、流通業者や居住者のインセンティブ（誘因）を変えてしまうことになる。すなわち品質の高い住宅を製造してもそれが価格に反映されないのであれば品質の高い住宅を生産するインセンティブが失われてしまい、品質の低い住宅を品質に見合った低い価格で販売する取引が主流となってしまう。その結果高品質の住宅を建設する技術を持った住宅建設業者はその強みを発揮することが難しくなり、優良業者が淘汰されて不良業者が残ることになりかねない。また、流通業者

　21）　レモンとは中古自動車市場で不良品を意味するアメリカの俗語であり、レモンは切ってみるまで中が傷んでいるかどうかの区別をつけることができないことから、中古自動車は乗ってみるまでポンコツかどうかわからないという意味に転用されたと考えられている。

（不動産業者）も住宅の品質を適切に開示するインセンティブを持たなくなり、やはり優良業者が淘汰される可能性が発生する。また中古住宅の品質に関しては、現在住んでいる人のライフスタイルや定期的なメンテナンスの有無が住宅の品質に大きな影響を与えることになるが、きちんとメンテナンスを行っても売却時にそれが価格に反映されないということになると、メンテナンスをするインセンティブ（誘因）が失われてしまい、効率的な維持修繕の実現に失敗してやはり非効率性が発生することになる。その結果品質の良い中古住宅がさらに減ってしまい、消費者は中古住宅を敬遠して新築住宅を選択するため、中古住宅の取引量がますます減ってしまうという状況に陥っていると考えられる。

　こうした情報の不確実性・非対称性による市場の失敗を解決するためには、いくつかの解決方法が存在する。一つの解決方法は、取引された財の品質が低かった場合に一定期間は無償で修理することを約束する保証をつけることである。家電製品ではこのような保証書をつけて販売することが一般的であるが、買い手にとっての商品の品質に対する不確実性からくる不安を軽減させて取引の実現が容易になると同時に、売り手にとっては不良品を減らすインセンティブを与えることになる。

　さらにより根本的な解決方法は、取引される住宅の品質に関する情報を買い手（消費者）に対して提供する信頼性の高いルール作りを行うことである。また、販売する財の品質に関する信頼性の高いシグナルを売り手が発信できる仕組み作りが重要である。品質に関するシグナルが十分に信頼性の高いものであれば、品質の高い財は高い価格で取引され、品質の低い財は低い価格で取引されるシグナリングの分離均衡が成立し、市場の失敗の問題は緩和されることになる。

　この点に関して、食品も住宅同様品質に関する情報の不確実性・非対称性の大きい財であるが、食品に関しては景品表示法に基づいた原産地・原材料・成分の表示の義務付けが行われるとともに、品質に応じたランク付け制度や、地域ブランド認証制度の導入、食品の栽培・飼育から加工・製造・流通のプロセスを明確にするトレイサビリティーの導入によって、情報の不確実性・非対称性を軽減し、品質の良い財に対するシグナリング

（高いランクやブランドの付与）を機能させて、品質の良い財を高価格で取引することを可能とする制度導入が進められている。

　同様に住宅市場に関しても、住宅品質について買い手（消費者）に情報が提供される仕組み作りが必要である。新築住宅に関しては住宅品質確保法や住宅瑕疵担保履行法が制定されるとともに、住宅性能表示制度が導入されるなどして住宅の品質を買い手（消費者）が把握しやすくなるとともに、住宅の品質を高める取り組みが行われている。しかしながらいずれも新築住宅に関して比較的最近導入された制度なので、中古住宅の多くは品質・性能に関する保証がなく、情報開示も不十分なままの状態にあるのではないかと考えられる。したがって、中古住宅に関しては住宅品質については専門家による住宅診断（ホームインスペクション）を普及させる取り組みが必要である。国土交通省はすでに2013年に中古住宅のインスペクションに対するガイドラインを公表しているが、このガイドラインは適正な診断に必要な最小限の内容を示したものであるため、より詳細で強制力のある指針が必要である。情報の不確実性・非対称性からくる市場の失敗を解決するためには、中古住宅の取引に際しては事前に住宅診断（ホームインスペクション）を義務付けるなどの強い規制をかけないと問題の解決にはつながらないであろう。

　また日本の住宅市場では住宅の価値に関する評価が単なる経過年数である築年数で評価され、建築後20年から25年を経過した住宅について建物部分は無価値と評価されるケースが多いと言われている[22]。このような築年数のみに基づいた住宅評価の在り方も中古住宅市場を縮小させる原因になっていると考えられる。メンテナンスをきちんとしてもしなくても評価額が同じであれば、費用をかけてメンテナンスをするインセンティブは大きく損なわれるであろう。中古住宅に対する資産価値の評価制度を確立し、それを市場での適正な価格づけに反映させることによって、住宅を米国のように投資効率の高い資産として機能させることが必要である。そうした点においても、住宅診断（ホームインスペクション）の内容を住宅の資産価値

22）　住宅生産団体連合会（2007）による。

の評価に活用できる水準にまで整備し、その情報を住宅価格にフィードバックさせる仕組み作りが必要である。そのような仕組み作りを通じて住宅の資産価値が住宅の品質に応じて評価されるようになると、住宅所有者に対して住宅品質を向上させるインセンティブが生まれると考えられる。その結果、住宅品質が取引価格に反映されて市場メカニズムが十分に機能するようになれば、不動産業の効率性が改善し総資産利益率の上昇と生産性の改善が実現し、生産性の改善が価格の低下につながる好循環が発生すると考えられるのである。

[参考文献]
荒井俊行 (2015)「中古持家住宅取引の現状と課題」,『土地総合研究』第23巻4号、pp.59-82.
泉田成美 (2003)「独占寡占市場における超過利益の検証・上」,『公正取引』638号、pp.48-55.
泉田成美 (2004)「独占寡占市場における超過利益の検証・下」,『公正取引』639号、pp.66-71.
泉田成美・柳川隆 (2008)『プラクティカル産業組織論』、有斐閣.
国土交通省「平成26年度　国土交通白書」.
住宅生産団体連合会 (2007)「住宅の長寿化に関する海外調査及び検討業務報告書」, 2007年3月.
中島隆信 (2001)『日本経済の生産性分析』日本経済新聞社.
Martin, Stephen (2002) *Advanced Industrial Economics, 2nd ed.*, Blackwell.
Waldman, Don E. and Elizabeth J. Jensen (2007) *Industrial Organization: Theory and Practice, 3rd ed.*, Addison-Wesley.

1-3

住宅市場のサーチ理論

九州大学 准教授
今井 亮一

要旨

　本章ではサーチ理論による住宅市場のモデル分析を紹介する。すでに膨大な業績が積み上げられており、全貌を紹介することは不可能なので、研究のスタートとなったWheaton（1990）を中心に説明する。住宅市場は、買い手が同時に売り手となる点で他の市場と異なっている。その結果、市場の厚み（取引量）が取引価格と正の相関を示すという特殊な性質を持つ。とりわけ住宅市場では、家計同士直接取引するより、仲買人がいったん購入し転売する方が経済厚生は高い。したがって、不動産業者が仲介する個人間の住宅取引は社会的に見て過剰である。

1　はじめに

　本章では、サーチ理論による住宅市場のモデル分析を紹介する。近年、住宅市場の動学モデル分析が急増している。テーマは多岐に及んでおり、本章ではそのすべてについて展望することはせず、サーチ理論分析に限定して紹介したい。英語による包括的なサーベイとしてはすでにHan（2014）があるので、参照されたい。

まずサーチ理論（Search Theory）とは何か。経済学の基本的なアプローチである完全競争市場モデルでは、まず消費者は価格を所与として、効用を最大化するよう財・サービスの需要を決める。これに対して生産者は価格を所与として、利益を最大化するように財・サービスの供給量を決める。中央集権的な市場が存在して、それぞれの財・サービスの総需要と総供給が等しくなるように価格と取引量を決める。これが標準的なミクロ経済学における競争市場モデルである。

　ところが、現実の経済では必ずしもこのような中央集権的な市場は存在しない。資源、外国為替、穀物、株式、債券などについては、確かにこのような中央市場が存在するが、それは一般的でない。例えば、労働については、このような市場は存在しない。企業は賃金や労働条件を定めて求人広告を出し、労働者はそれぞれ求人広告を見て個別に応募して面接を受けるなどして採用されるかどうかが決まる。このように価格も取引も分権的に決まる財・サービス取引が現実経済で占める割合は大きく、住宅市場もそのような例の一つである。分権的な取引市場で決まる取引は通常、一時的でなく長期にわたる関係であることも重要である。例えば、就職は一生を左右する重要な取引である。「住宅購入は一生に一度の買い物」とも言われる。そのような市場の分析にとって、集権的市場の一時的な需給一致に基づく競争均衡モデルは必ずしもふさわしくないであろう。サーチ理論は、このような分権的取引のミクロ構造をそのままモデル化しようというものである。

　一口にサーチ理論と言っても、いろいろなタイプの研究がある。まず、供給される財・サービスの価格や質の分布を所与として、買い手の行動をモデル化する研究がある。他方、需要する消費者の特性や留保価格の分布を所与として、売り手の行動をモデル化することもできる。これらの研究を「片方向サーチ（one-sided search）」と呼ぶ。これに対して、買い手と売り手の行動を同時に定式化して、取引量と価格を同時決定する分権市場モデルを「両方向サーチ（two-sided search）」と呼ぶ。本章では、後者に限って説明する。

　両方向サーチ・モデルについては、最近の20年間で急速に研究が進み、

労働市場分析においては中心的なアプローチとしての地位をほぼ確立したと言ってよい。これを主導したのが、Diamond（1982）、およびMortensen and Pissarides(1994) に代表される三教授の研究である。彼らには2010年、ノーベル経済学賞が与えられた[1]。日本語によるサーチ理論の解説書として今井他（2007）がある。

2　既存研究の流れ

そもそも、住宅市場は、他の市場と何が違うのか、どうしてサーチ理論分析が有効と考えられるのか。

まず、住宅市場は非常に分権的である。中央集権的な取引市場は存在しない。取引が非常に局所的であり、価格決定も買い手と売り手の交渉が中心で、定価というものが存在しない。

買い手が同時に売り手になる。国土交通省が毎月発表している「不動産取引件数」統計では、個人と個人の取引が圧倒的に多い（図表1、図表2）。すなわち、家計は、住宅市場では買い手にも売り手にもなって市場の厚みを担う中心的存在である。買い手と売り手が異なる通常の財・サービス市場とは違う。

取引に季節性がある。日本では、就職・進学・転勤が集中する3月に住宅取引が増える（図表1、図表2）。アメリカでは、学校の新学期が迫る8月に住宅取引が多いだけでなく、住宅価格もトレンドを超えて高くなると指摘される（Ngai and Tenreyro（2014））。すなわち、取引量が増えると同時に値上がりする性質を持つ。

取引単位が大きく「一生に一度の買い物」と言われるだけでなく、取引コスト（取引仲介業者の報酬）も大きい。住宅市場の動向はマクロ経済の先行指標とされる。

---

1)　ノーベル委員会ホームページ（英語）。http://www.nobelprize.org/nobel_prizes/economic -sciences/laureates/2010/press.html

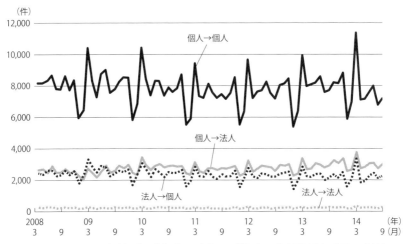

図表1 戸建住宅取引件数（全国）

※個人間取引は、法人間取引の約40倍の件数があり、毎年3月に増加する。法人間取引は、毎月200件程度。
（出所）国土交通省「流動性指標について（2015年3月4日）」
　　　　http://tochi.mlit.go.jp/wp-content/uploads/2015/03/d673d49244e2a78e368388746a2c683d.pdf

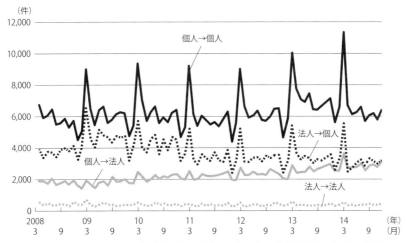

図表2 マンション取引件数（全国）

※個人間取引は、法人間取引の約15倍の件数があり、毎年3月に増加する。法人間取引は、毎月400件程度。
（出所）国土交通省「流動性指標について（2015年3月4日）」
　　　　http://tochi.mlit.go.jp/wp-content/uploads/2015/03/d673d49244e2a78e368388746a2c683d.pdf

両方向サーチ理論を住宅市場に初めて適用したのは、Wheaton（1990）である。本章ではこのWheatonモデルに焦点を絞って、その分析を紹介したい。とはいえ、住宅市場と労働市場では、一つの大きな違いがある。Diamondらが開発、発展させた均衡サーチ理論は、定常状態において失業が存在する現実的な状況を表現できるのがメリットであったが、住宅市場では、家を探しても見つからず野宿している人は滅多にない。ほとんどの場合、どこかに住みながら別の家を探すのが普通である。Wheaton（1990）は、この状態を再現できるようにサーチ理論に修正を加えた。具体的には、誰もがどこかに住んでいる状態から出発する。ある時点で諸事情により住人と物件のミスマッチが生じると、住人は今の場所に住みながら次の住居を探す。新しい住居が見つかると一時的に二重住居の状態になるが、新居に引っ越した上、旧居の買い手を探す。旧居が売れれば、再び単一住居の状態に戻る。住宅価格は、通常のサーチ理論の設定と同様に、売り手と買い手の間のナッシュ交渉で決まる。ナッシュ交渉を説明しようとすると複雑になるが、かいつまんで言うと、住宅取引によって得られる、買い手と売り手の利得の合計を、ちょうど折半するように住宅価格が決まるというものである。

　Díaz and Jerez（2013）は、Wheaton（1990）の分析を方向付けサーチ（Directed Search）の場合に拡張した。「方向付けサーチ」とは、価格が買い手と売り手の交渉によって決まるのではなく、売り手があらかじめ価格を設定して、買い手がそれを見て購入を申し込むという仕組みである。複数の買い手が購入を希望する場合はくじ引きが行われる。ある意味、住宅販売の現状により近い設定と言える。この修正によって彼らは、住宅市場における定型的事実、例えば、物件の回転率と価格の正の相関を示すことに成功した。すなわち、住宅市場の流動性が高い時には、住宅価格も高くなるのである。

　住宅市場では流動性が重要であり、早く売れる家は価格が高い。しかし流動性は、住宅が販売だけでなく賃貸でも提供されるかどうかに依存している。Krainer（2001）はこの問題を分析した。賃貸市場が存在しない時、住まない住宅を抱え込む機会費用は高い。したがって、住宅は早く手放さ

れることになる。これに対して、住宅を賃貸しできれば、売り急ぐ必要は
ないので高めの価格が提示される。結果的に、「回転が早ければ価格が高
い」という傾向は見られなくなるはずである。

「早く売れる市場では価格も高い」という傾向は、「熱い市場と冷たい市
場」(hot and cold markets) 問題として知られている。サーチ理論では、これ
を「需給倍率 (market tightness) ＝買い手と売り手の比率」によって特徴づ
ける。例えば、Novy-Marx (2009) は、「熱い市場」を次のように説明する。
何か住宅需要を喚起するショックが市場に与えられて、住宅が一時的に早
く売れたとする。すると売り手は強気になって、価格を引き上げるはずだ。

しかし、住宅ブームにおいては、買い手だけでなく同時に売り手も増え
るのが普通である。だから住宅の回転率が高くなる。したがって、市場逼
迫率があまり変化しなくても価格が上がるメカニズムを考える必要がある。
これを提案したのがNgai and Tenreyro (2014) である。「熱い市場」では、
新しい家を買うために手持ちの家を売ろうとするから、住宅需要と同時に
供給が増えるのである。その結果、取引回数が増え流動性が上がって住宅
価格が高くなる。売りやすければ買いやすいということで、価格が高くな
るのである。

本章では、以上のような住宅市場分析の基礎となるWheatonモデルに対
象を限定して説明する。まず次節では、基本モデルを、ほとんど数式を使
わずに説明する。続いて第4節で、基本モデルに仲買人 (不動産屋) を導入
する。最後に第5節で、全体を要約する。

3 Wheatonの基本モデル

本節では、最近の不動産市場の基礎モデルとなっているWheaton (1990)
を、できるだけ数式を使わないで解説する。続いて次節で、仲買人
(middleman) を導入して拡張したモデルを紹介する。分析の詳細はImai
(2017) にある。

モデルは連続時間を仮定し、経済には人口Lの家計が存在する。この経

済にはH件の「家」という耐久財が存在する。家は売買できるが賃貸はできない。家計にも家にも2種類のタイプA、Bがあり、両者のタイプが一致している場合、満足度は高く引っ越しの必要はないが、タイプが違う家に住むと不満が生じ、引っ越しの必要が生じる。ここで、家計のタイプはAとBの間で互いに一定確率λで推移するとしよう。例えば、タイプAの家計は当初、タイプAの家に住んでいて満足していたが、ある時、自らがタイプBに変わり、タイプAの家に住むことを不便に感じるようになった。ここでタイプAの家を手放しタイプBの家に引っ越せば、満足度は回復するはずである。

　話が抽象的に聞こえるかもしれないが、こういうことである。例えば、東京で働いていた会社員が大阪に転勤を命じられたとしよう。東京に住んだままでは大阪で勤務できないので、この人は大阪に家を買い求めて引っ越しするだろう。さて、問題は残った東京の家である。Wheatonは、家計が野宿することはできないと仮定して、引っ越す場合は先に新居を購入して引っ越し、その後、旧居を処分すると設定した。

　東京（A）、大阪（B）の例で話を進めると、世の中には、東京に住み働く人と、大阪に住み働く人がいるわけであるが、これ以外に、東京で働きながら大阪の家を売りたいと思っている人と、大阪に転勤の予定があり大阪の家を買い求める人がいて、両者の間に取引が成立する。同時に、大阪で働きながら東京の家を売りたいと思っている人と、東京に転勤する予定なので東京の家を買い求める人との間で取引が成立するはずである。その結果、人々の状態は次のように推移する。

東京で働き東京に住む（家は東京に1件）
　→　大阪に転勤したので大阪の家を買い求める
　　　（家は東京に1件、大阪に1件）
　→　大阪の家で暮らしつつ東京の家を売る
　　　（家は大阪に1件）
　→　東京に転勤するので東京の家を買い求める
　　　（家は東京に1件、大阪に1件）

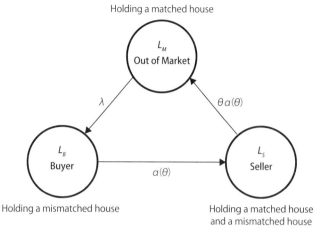

Holding a matched house

L_M
Out of Market

λ $\theta\alpha(\theta)$

L_B
Buyer

$\alpha(\theta)$

L_S
Seller

Holding a mismatched house

Holding a matched house
and a mismatched house

$$L_M+L_B+L_S=1 \; and \; L_M+L_B+2L_S=H$$

（以下、繰り返し）

　すなわち、人々の状態は次の三つに整理される。

M.　住居と職場が一致している状態

B.　転勤先に住居を求める状態

S.　新居に引っ越した後で旧居を売りに出す状態

　ここで、旧居が売れれば再び*M*の状態に戻る。すなわち、この三つの状態を人々が推移するモデルを考えれば十分ということになる。そして住宅市場は、上記の*B*と*S*の人の間の取引によって成立する。

　家計の人口は$L=1$としよう。1万人でも100万人でもとりあえず1と置くのである。これに対し、経済全体でH戸の住宅が存在するとしよう。すると、人々の状態推移は図表3のようになる。すると、上記の3状態に対応する人口をそれぞれ、L_M, L_B, L_Sとすると、人口と住宅の資源制約式は次のように書ける。

$$L_M+L_B+L_S=1, \qquad L_M+L_B+2L_S=H$$

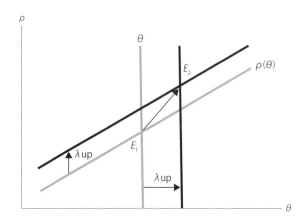

図表4 均衡と比較静学

　ここで、状態Sの家計は家を2件保有していることに注意されたし。

　さて、このモデルでは住宅価格はどう決まるのだろうか。サーチ理論を使った分析では、いろいろな価格決定の方法があり得るが、もっともよく用いられるのは、ナッシュ交渉解（Nash bargaining Solution）である。すなわち、取引によって生じる余剰を、（売り手の）交渉力（β）に応じて折半するように価格が決まると設定するのである。これは、債券や為替、株式、資源や穀物のように大規模な中央集権的取引市場が存在しない財・サービス取引のモデル化にふさわしい価格決定方法と考えられる。

　モデルの詳しい展開はここでは省略し、結果のみかいつまんで紹介しよう。モデルの結果（経済学の言葉でいうと「均衡」）は、図表4で表わされる。ここで横軸は住宅市場の需要の供給に対する倍率θである。労働市場でいう「有効求人倍率」に相当するもので、住宅需要を供給で割ったもの（需給倍率）である。労働市場で、買い手（求人数）を売り手（求職者数）で割ったもので有効求人倍率を表現するように、住宅の買い手の数を売り手の数で割ったものがθである。これに対し縦軸は住宅の取引価格pである。均衡では、状態推移確率λや住宅戸数Hなどの関数として一意に決まる需給倍率θが、状態推移確率λ、住宅の効用差、住宅販売費用eとともに、住

宅価格 p を決める。均衡は、需給倍率 θ を与える倍率曲線と、価格 p を需給倍率 θ の関数として与える価格曲線の交点で与えられる。ここで、需給倍率 θ は価格には依存しないが、価格 p は需給倍率 θ の増加関数である。後者は、買い手が売り手に対して相対的に増えれば、住宅価格は上昇すると考えられるからである。

ここで状態推移確率や効用差、販売費用が具体的に何であるかを説明しよう。まず効用差とは、タイプの一致する家に住む場合と一致しない家に住む場合の満足度の差である。上記の例で言えば、東京で働いているのに大阪に住んでいたら、新幹線で長時間通勤しなければならず、大いに苦痛である。当然、東京で働く人は東京の家に住む方が満足度は高いであろう。

次に、販売費用 e とは、家計が旧居を売りに出す場合にかかる買い手を探す費用（いわゆるサーチ・コスト）である。以下では、新居を探す場合には大したコストはかからないという設定で分析しているが、妥当であろう。

最後に、状態推移確率 λ とは、転居しなければならない事情が生ずる確率（ハザード率）である。これは住宅市場の分析でもっとも重要なパラメーターである。転居が必要になれば、新居への需要だけでなく、旧居の供給が生じる。すなわち、住宅市場の需要と供給を両方支配するパラメーターなのである。状態推移確率 λ の上昇を「流動性ショック」と呼ぶことにする。

さて結果を説明しよう（図表4）。定常均衡は、需給倍率を決める垂直線（倍率曲線）と、需給倍率が価格を決める右上がりの曲線（価格曲線）の交点で与えられる。それぞれに対するパラメーター変化の効果は次のようになる。まず、需給倍率 θ は、住宅戸数 H が増えれば下がる。これに対し、状態推移確率 λ 増加の効果はやや微妙だが、住宅戸数がそれほど大きくなければ、需要倍率を引き上げる。これは、需要も供給も増やすはずのパラメーターの変化が非中立的な効果を持つ、ということである。住宅の需要も供給も増えるけれど、その比率を見ると需要の方が、増え方が大きいのである。

次に住宅価格 p は、効用差の増加関数であり、販売費用 e の減少関数である。前者は自明と思われるが、後者は、販売費用が完全に買い手に転嫁

されるので、買い手は販売費用込みで住宅価格を判断するということである。住宅価格が需給倍率の増加関数であることもごく自然であろう。問題は住宅価格が、需給倍率の変化から間接的に受ける効果を除いて、状態推移確率の変化からどのように影響を受けるかだが、売り手の交渉力が十分に小さければ、プラスである。

さて、状態推移確率 λ 上昇が全体としてもたらす価格効果は、価格曲線を直接引き上げる効果と倍率曲線を動かす間接効果に分解される。流動性ショックは、一定のパラメーター条件の下で、価格そのものを引き上げる直接効果のみならず、需給倍率 θ の変化を通じる間接的な効果によって、住宅市場に増幅された効果をもたらす。まず、状態推移確率が上がると直ちに住宅買換え需要が増加するので、直接的な効果として価格が上昇する。さらに、買換えを済ませた家計は旧宅を売りに出すので、供給も増える。結果的に需要・供給が両方とも増えるので、市場の厚みが増し、取引成立の可能性が大きくなる。これは住宅の流動性が高まるということなので、「早く売れるから買いたい」というメカニズムを通じてさらに価格が上がるのである。ただし、この後者のメカニズムが作動するにはいくつかのパラメーター条件が満たされる必要がある。需要と供給が同時に増える時、需給比率が上昇するかどうかは自明でないからだ。そのため、Krainer (2001) や Ngai and Tenreyro (2014) などの既存研究では、そのメカニズムを強化するために独自の設定を加えている。いずれにしても、この基本モデルは、流動性ショックが住宅の需要、供給をともに引き上げることを通じて、結果的に需給倍率の上昇によって価格を上げるメカニズムを再現している。

さらに、流動性ショックが経済厚生に与える影響も分析できる。経済厚生は、3状態が得る利得を加重平均したものである。具体的には、

住居と職場の一致している家計では効用が高い。

住居と職場が一致せず新住居を探している状態では効用が低い。

新居に移転して旧居を売る状態では効用が高いが、住居販売費用がかかる。

これら3状態の利得を、各状態の人口比で加重平均すれば社会の経済厚生が得られる。それは、効用差に需給倍率をかけたものと販売費用の和

$((u_H - u_L)\, \theta + e)$ の減少関数である。というのも、効用差は住居と職場が一致しない場合に感じる不便の大きさであり、販売費用とともに、小さければ小さい方がよいからである。簡単な計算で、流動性ショックが経済厚生に与える効果は負であることがわかる。これは、流動性ショックが、住居と職場にミスマッチが起こる確率の上昇を意味するので、経済厚生を下げるからである。流動性ショックが起こると、住宅価格の高騰を通じて社会の経済厚生が下がると考えてもよい。以上の結果は次の命題によって要約される。

命題1：流動性ショックは、住宅の需給倍率を引き上げ、住宅価格を上昇させるとともに経済厚生を引き下げる。

この結果は、戦後日本で、経済活動が活発で転居の必要が大きく、人口移動が盛んだった時期に住宅価格の年収倍率が高かった事実と整合である。

ところで上記の分析では、住宅保有者が市場価格を見て、価格が高いからこの機会に少々不満のある我が家を売って住み替えようという動機はモデル化されていない。実際、住宅市場が活況で高く売れると言っても、買い替える家の価格も高いので、住み替えという実需だけを考えれば、住宅ブームの到来を説明するのは難しいと思われる。価格を見て高く売れそうだから市場に参加しようとする家計行動のモデルが必要と思われる。

4　仲買人の役割

本節では、前節までの個人間取引のモデルを拡張して、仲買人が登場するモデルを考える。図表1、図表2で見たように、住宅取引において圧倒的なシェアを占めるのが個人間取引だが、個人→法人、法人→個人の取引も少なからず存在する。この場合、法人とは不動産業者のことであろう。個人が事業会社から直接、住宅を購入するとは考え難い。経済学の言葉で

は、不動産業者は仲買人（middleman）である。

　サーチ理論アプローチを使って、仲買人の役割をモデル化することができる。以下では、具体的な解の紹介は行わず、モデルと解法の説明にとどめる[2]。

　そもそも、なぜ個人は直接取引するだけでなく、仲買人に売ったり、仲買人から買ったりするのだろうか。取引摩擦のある経済では誰かが取引相手探しに専念し探索コストを負担することによって、全体の取引を迅速化し経済厚生を高めることがあり得る。仲買人も、家計が取引相手を直接探すことでかかるコストを肩代わりすることによって利益を得ることが可能である[3]。例えば、個人間の取引では、買い手がその物件を気に入ってくれないと取引は成立しない。気に入ってくれる買い手を探すのには時間がかかる。これに対して不動産屋が買い手であれば、様々な瑕疵を考慮して安く買いたたかれるかもしれないが、通常、迅速に売ることができる。つまり、仲買人は物件について特別な選好を持たないので、素早く取引が成立する。これが仲買人を介する取引のメリットである。もちろん、個人間の取引に比べて仲買人との取引では、買取価格は安く販売価格は高い。このマージンは、選好が一致する買い手を探すのにかかる時間を節約できるメリットを反映している。

　この事態は、例えば、所有する音楽CDや映画のDVDを、中古店に持ち込めば価格は安いけれど早く売れ、ネット・オークションで売れば高く売れるが時間がかかることに対応している。住宅市場について表現すれば次のようになる。転居が必要になった家計は、自分で探せば時間がかかるが、不動産屋に行けばすぐ買えるので、その分、自分で探すより価格は高くなる。同様に、旧居を自分で売ろうとすれば時間がかかるが、不動産屋に売却すればすぐ売れる代わりに、売値は安くなるはずである。これらの取引を通じて「安く買って高く売る」ことによって、不動産屋という商売が成り立つ。

---

2)　モデルの詳細はImai（2017）で展開している。
3)　仲買人のサーチ理論については、渡辺誠（2013）を参照されたし。

仲買人による仲介（家計の状態推移）

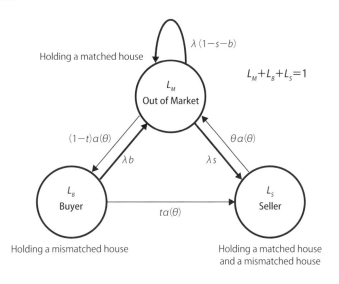

Holding a matched house

L_M
Out of Market

$\lambda(1-s-b)$

$L_M+L_B+L_S=1$

$(1-t)\alpha(\theta)$

λb

$\theta\alpha(\theta)$

λs

L_B
Buyer

L_S
Seller

$t\alpha(\theta)$

Holding a mismatched house

Holding a matched house
and a mismatched house

図表6 仲買人による仲介（仲買人の状態推移）

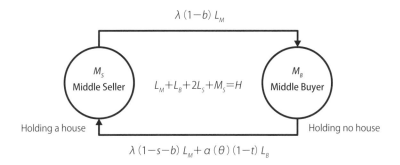

$\lambda(1-b)\,L_M$

M_S
Middle Seller

$L_M+L_B+2L_S+M_S=H$

M_B
Middle Buyer

Holding a house

Holding no house

$\lambda(1-s-b)\,L_M+\alpha(\theta)(1-t)\,L_B$

　Wheatonの基本モデルに仲買人を入れたモデルは、図表5、図表6に示されている。順番に見ていこう。

　家計はまず住居について満足している状態Mから出発する。到来率λで引っ越しの必要が生じるが、三つの選択肢がある。一つは前節同様に、他

の家計から新居を購入する買い手（状態B）となる。これは確率bで起こる。次に、確率sで新居を不動産屋から購入してすぐ引っ越す（状態S）。最後に、確率（$1-b-s$）で直ちに不動産屋から新居を購入すると同時に旧居を売る。最後の場合はすぐ元の状態Mに戻る。さて、買い手（状態B）にいる家計は到来率$\alpha(\theta)$で首尾よく新居を手に入れると二つの選択肢に直面する。一つは家計同士の取引で新居を購入し、旧居の買い手を探す状態Sに移る。これは確率tで起こる。残る確率（$1-t$）で家計は旧居を直ちに仲買人に売り最初の状態Mに戻る。最後に、状態Sにいる家計は到来率$\theta\alpha(\theta)$で買い手を見つけて旧居を処分し、元の状態Mに戻る。ここでθは住宅市場における買い手と売り手の比率（市場逼迫度）であり、$\alpha(\theta)$や$\theta\alpha(\theta)$は標準的なサーチ理論で導かれる取引機会の到来率である。このモデルで明らかなように、仲買人を利用することで家計は取引回数や取引時間を節約することができる。

　次に、仲買人の状態推移を見る仲買人は市場にまず買い手として参加する（状態B）。簡単化のため、仲買人は家を1件しか在庫として持てないことにする。彼が家を購入できるのは、状態Mおよび状態Bの家計が旧居を直接仲買人に売る場合だから、推移確率は図表6にあるような複雑なものとなる。また売り手となった仲買人（状態S）に対して需要が来るのは状態Mの家計が新居を直接、仲買人から購入する場合だから、推移確率は図表6のようになる。

　最後に、制約条件として、家計の人口条件と住宅の供給条件が、それぞれ図表5、図表6に記載されている。状態Sにいる家計は家を2件持っていることに注意されたい。

　このモデルの分析は、動的計画法（dynamic programing）の標準過程に従って行われる。まず定常状態均衡を考えて家計及び仲買人の定常状態を求める。続いて、家計の行動確率b、s、tや、市場逼迫度θを所与として、家計及び仲買人の価値関数を解く。さらにナッシュ交渉解などによって取引価格を求める。最後に、状態推移利得の均等条件から家計の行動確率b、s、tを計算し、またゼロ利潤参入条件から市場逼迫度θを求める。この問題ではマッチング関数$\alpha(\theta)$が非線形であるため、通常、均衡解を誘導系で表

現することは難しく、数値解を求めることになる。具体的な解の紹介はここでは行わず、解法の説明にとどめた。

　最近の経済学研究では、モデルの有効性を強調するため、現実のデータとの整合性を点検することが多い。これを構造アプローチと呼ぶ。例えば、図表1、図表2で表されるような取引パターンの分布がモデルでも発生するように、構造パラメーターを推定するのである。具体的には、戸建て住宅取引については、毎月、個人間取引が8,000件前後、個人と法人の間の取引はそれぞれ2,000件前後あるのに対し、法人同士の取引は無視できるほど少ない。言い換えれば、取引パターンの比率は「4：1：1：0」である。このうち、最後の法人間取引はこのモデルでは元々排除されているから、実際の取引でもゼロというのはモデルと一致している。次に、個人間取引は図表5の細線で、個人と法人の取引は図表5、図表6の太線で表示されている。これらの頻度はモデルから計算できるので、その結果を現実の取引頻度と対照して、妥当なパラメーター値を定めるのである。

　以上、仲買人が取引を仲介する住宅取引モデルの一例を紹介した。このモデルの重要な含意の一つは、仲買人を利用することで取引回数や取引時間を節約することによって、家計の経済厚生は大幅に改善することである。にもかかわらず、実際には、個人と法人の間の取引に比べて、個人間取引が多すぎることである。取引コストが高すぎるとしばしば指摘されるのだが、経済厚生上の観点から見て個人間取引が多すぎるという性質は、モデルで取引コストを表すパラメーターを小さくしても変わらないのである。今後の研究課題であろう。

5　残された課題

　本章では、住宅市場サーチ理論の基礎モデルであるWheaton（1990）を紹介するとともに、それに仲買人を加えた拡張モデルを説明した。分析が示唆するのは、仲買人利用は社会的に見て過少であることである。

　本章では、住宅開発者の役割を分析しなかった。Wheatonの基本モデル

に住宅の老朽化を導入し、老朽化した家を購入し建て替えて売る住宅開発者 (developer) の行動を分析することは可能である。例えば、家計が住み替える時に売る旧居の質が確率変数で、質が低い場合には、仲買人が厳しく査定して安く買い取り、転売する際には建替えやリフォームを行って高い価格で売るという状況をモデル化することができる。この場合、あくまでも家計が仲買人を利用せずに売る場合は質の低い住宅が流通することになる。近年、問題になっている戸建て住宅の流通性の低さの原因の一つはこのへんにあるのではなかろうか。

　我が国の住宅流通や建替えに関しては、他にも様々な問題点が指摘されている。例えば、山崎福寿 (2014) は、日本では中古戸建住宅取引が少なすぎること、また、家計の住宅購入の7割は注文住宅であり、建売は3割にすぎないが、この比率がアメリカでは逆転していることを指摘している。家計の住宅購入が注文に偏っているのは、古家の相続財産評価が低いので、戸建住宅を親から相続して相続税を節約した後で、建て替える人が多いからと言われる。注文住宅は、注文者の好みにしたがって細かいところまでカスタマイズされていることが多いが、その分、他人が使うには不便なので、中古住宅を欲しがる消費者は少ない。その結果、安すぎて売っても面白くないから売らないということになり、中古住宅市場が発展しないというわけである。地方では空き家問題が深刻になっているので、リフォームして転入者に貸し出すという政策を自治体が進めたくても、空き家の所有者が貸したがらない、という問題もある。これらについても、Wheatonモデルを拡張して分析することができるが、その紹介は別稿に譲りたい。

[参考文献]
今井亮一他 (2007)『サーチ理論——分権的取引の経済学』東京大学出版会。
山崎福寿 (2014)『日本の都市のなにが問題か』NTT出版。
渡辺誠 (2013)「仲買人とサーチ市場」、『一橋ビジネスレビュー』61巻1号、22-35頁。
Diamond, P. A. (1982) "Wage Determination and Efficiency in Search Equilibrium." *Review of Economic Studies*, 49, pp.217-227.
Díaz, A. and B. Jerez (2013) "House Prices, Sales, and Time on the Market: A Search-Theoretic

Framework." *International Economic Review*, 54 (3), pp.837–872.

Han, L. and W. C. Strange (2014) *The Microstructure of Housing Markets: Search, Bargaining, and Brokerage*, mimeo.

Imai, Ryoichi (2017) *Middlemen in the Housing Market*, mimeo.

Krainer, J. (2001) "A Theory of Liquidity in Residential Real Estate Markets." *Journal of Urban Economics*, 49, pp.32–53.

Mortensen, D. T. and Pissarides C. A. (1994) "Job Creation and Job Destruction in the Theory of Unemployment." *Review of Economic Studies*, 61, pp.397–415.

Ngai, L. and S. Tenreyro (2014) "Hot and Cold Seasons in the Housing Market," working paper.

Novy-Marx, R. (2009) "Hot and Cold Markets." *Real Estate Economics*, 37 (1), pp.1–22.

Wheaton, W. C. (1990) "Vacancy, Search, and Prices in a Housing Market Matching Model." *Journal of Political Economy*, 98 (6), pp.1270–1292.

不動産流通業と産業組織：今後に向けての研究メモ

東京大学大学院経済学研究科 教授
大橋 弘

1 はじめに

　経済学における不動産産業に関する研究の歴史は古い。都市経済学では、Alonso（1964）[1]を嚆矢とする都市空間モデルが開発されてから、都市内の土地利用や都市の最適規模などが理論的な観点を中心にして分析されてきた。また産業・市場を分析する学問分野に産業組織論があるが、この観点から不動産市場を分析したものも多い。古くは例えば、竹中・鶴田（1973）[2]は、住宅のフローを市場として捉え、その市場構造や成果を分析している[3]。また不動産市場のアウトカムの1つである不動産価格をヘドニックなどの手法を使って分析する実証研究や、リバースモーゲージなどを含む不動産ファイナンスの観点からの分析研究もなされてきた[4]。

---

1) William Alonso (1964) *Location and Land Use: Toward a General Theory of Land Rent*, Cambridge University Press.
2) 竹中一雄・鶴田俊正（1973）「住宅産業」、熊谷尚夫編『日本の産業組織III』中央公論社 第5章所収。
3) さらに過去に遡った研究については、竹中・鶴田（1973）に言及がある。

他方で、不動産の「流通取引」に着目して経済学的な観点から分析する視点は、比較的国内外において乏しかったと思われる。本誌に掲載された論考としては、荒井俊行 (2015a, b)[5] があり、宅建業に関連したデータの紹介をしつつ、利用可能な公のデータがわが国では乏しいことが指摘されている。

　本章では、わが国では研究の蓄積が乏しい不動産流通業、あるいはそのサービスに携わる業としての宅地建物取引業（以下、宅建業）に焦点を当てて、産業組織論の観点から分析をするに当たってのいくつか重要と思われる視点をまとめる。本章は、その性格上、何らかの新規性を含む研究論文ではなく、また過去の研究を網羅的に俯瞰したサーベイでもない。あくまで本分野が今後研究されるに当たっての備忘録として位置づけられるよう本章をまとめている。しかし、宅建業における取引慣行の特徴や独自性を産業組織論の観点から浮き彫りにしようとする試みは、不動産流通業の研究を今後進めていくうえでも、また不動産流通業における制度面の課題を考えるうえでも、一定程度の貢献を果たし得るものと思われる。こうしたやや楽観的な視点から、本章は取りまとめられるに至った。

　本章の構成は以下の通りである。第2節において、不動産流通業が対象とする財の特徴を経済学的な観点から述べる。第3節では、前節における議論から導き出される不動産流通業の特徴と課題について指摘する。同時に、第4次産業革命などといった最近の技術革新も踏まえて、不動産流通業の展望を行う[6]。

---

4)　こうした研究のサーベイとして例えば、金本良嗣・藤原徹 (2016)『都市経済学（第2版）』東洋経済新報社；前川俊一 (2003)『不動産経済学』プログレス；瀬古美喜 (2014)『日本の住宅市場と家計行動』東京大学出版会；山崎福寿・浅田義久 (2008)『都市経済学』日本評論社；中川雅之 (2008)『公共経済学と都市政策』日本評論社を参照のこと。

5)　荒井俊行 (2015a)『リサーチ・メモ「不動産流通業を産業組織の観点から考える」』(2015年7月3日)。荒井俊行 (2015b)『リサーチ・メモ「深められるべき宅地建物取引業の産業組織分析」』(2015年2月27日)。

6)　なお、ここではビル賃貸やマンション管理などといった不動産賃貸・管理については論じない。マンション管理については、大橋弘・西川浩平 (2016)「マンション管理業の経済分析：市場競争と人的資本に関する一考察」『住宅土地経済』No.99、pp.10-19が詳しい。

2 不動産流通業が対象とする財

　一般に不動産取引業が扱う財には、宅地・戸建分譲やマンション分譲などの販売業・土地売買業に加えて、持家売買やアパート賃貸借の仲介といった不動産代理業・不動産仲介業が関連している。宅建業が対象とする財の特徴はいくつもあるが、大きく分けると以下の3つの点に集約できると思われる[7]。

　第1の特徴は、異質性の高さである。全く同じ物件は存在せず、立地場所や立地条件、立地環境によって物件の価値は大きく異なり得る。また取引対象が新築か既築かによっても価値が大きく異なる。物件の価値の違いは、買い手である消費者に好き嫌いがある（選好を有する）ことから生じている。例えば、もし立地場所に対して消費者はどの立地場所でも構わない（無差別である）のであれば、立地場所によって物件の価値が異なるということはあり得ないだろう。宅建業が扱う財の異質性は、消費者が物件に対して異なる選好を持つことの裏返しである[8]。

　各々の物件が異なる価値を持つという点で、経済学が入門として教えるような同質財による完全競争が成り立つ条件は満たされておらず、財の特性としては、産業組織論における製品差別化（product differentiation）された財と見なすのがより現実に近い。一般に製品差別化には、水平的製品差別化[9]と垂直的な製品差別化[10]が存在する。消費者の中に閑静な住宅街を

---

7)　なお不動産流通のように売買において専門的な知見を要する取引は、自動車修理や医療サービス、法律関連サービスやフィナンシャル・プランニングサービスなど多く存在し、ここで論ずる内容は、こうしたサービス全般に共通する側面も多いと考えられる。

8)　ここでの「異なる選好」には、2つの意味が込められている。1つは消費者が総体として立地場所などの非価格要素に対して異なる嗜好を持つという点であり、もう1つは消費者の中にも異なる嗜好を持つものが存在するという点である。ここでは両者を区別する必要はないが、マッチングにおいては後者の点が重要である。

9)　同じ価格であっても消費者によって異なる製品を選択するような差別化。例えば色の違いであれば、同じ価格でも消費者の色の好みに応じて異なる製品が選択されるような場合は水平的な製品差別化と考えられる。

望む人もいれば、繁華街の喧噪を望む人もいるという点では、水平的な製品差別化の側面が宅建業にはあると考えられ、また同時に住居の品質を重視する消費者が存在する点で、垂直的な製品差別化の側面もあると考えられる。

　不動産流通業の2つ目の特徴は、対象とする財が情報の非対称性を伴うという点である。情報の非対称性は、取引を行う段階において、売り手が持つ情報と買い手が持つ情報が等しくない点に起因している。不動産流通業では売り手が持つ情報の方が、買い手が持つ情報よりも、量・質双方の面で上回っている傾向があり、そうした状況においては、両者の間の取引が円滑に進まず、売り手と買い手との間に情報の格差がない場合になされていたはずの取引が遂行されない可能性があることが知られている。

　産業組織論において、情報の非対称性を伴う財には、探索財（search goods）、経験財（experience goods）、信用財（credence goods）の3つがある。「探索財」とは、一定の時間や費用をかけてサーチをすることで情報の非対称性が解消される財であり、「経験財」は実際に利用して初めて買い手が品質を理解することができる財である。「信用財」は長い時間をかけても品質を理解するのは容易でない財を指す。

　不動産流通業が対象とする住宅などの財は、3つの情報の非対称性を異なる局面において有していると考えられる。まず探索財の観点は、売り手と買い手との間に、品質に関する情報の非対称性がなくとも、売り手が持つ物件情報を買い手が認知していない場合に重要となる側面である。探索を通じて売り手と買い手とのニーズがマッチされ、売買が成立するようになるのであれば、取引当事者は探索のための取引費用を払うことに一定の合理性を見出すことになろう。

　同質財の世界では、マッチングは市場機能によってなされる。市場でつけられる価格がシグナルとなり、需要（供給）が超過していれば価格が上がる（下がる）ことを通じて、価格が需給を一致させるという点で、市場が

---

10)　同じ価格であれば、消費者はみな同じ差別化された製品を選択するような差別化。例えば、高品質と低品質の2つの財が同じ価格で販売されていれば、消費者は高品質を選択すると想定される。この場合の製品差別化は垂直的と考えられる。

マッチングの機能を果たす。他方で製品が差別化されているような財では、価格以外の非価格要素も価格同様に重要となる。例えば立地場所や立地環境は、価格と同様に売買において、その判断に影響を与える要素である。とりわけ留意すべき点は、この非価格要素に対するウエイト（重要度の違い）が買い手によって異なるところにある。駅からの距離を重視する買い手もいれば、駅から離れた場所を望む買い手もいるなど、買い手は各々異なる選好を持つことが想定される。

　このように消費者の選好に異質性があり、非価格要素が市場取引の重要な側面である場合には、同質財の経済学が仮定するような価格による市場での需給調整だけでは、売り手と買い手との間のニーズはうまく組み合わせられず、情報の非対称性は解消されないことになる[11]。そこで何らかの形で非価格要素において売り手と買い手とのニーズが組み合わせられるようなシステムが求められることになる。例えば、買い手が複数の町の不動産屋や雑誌から情報を得ることでより良い物件を探したり、あるいは売り手が広告宣伝を行うことで買い手に自らの物件情報を知らせたりすることも、そうした探索財が持つ取引の非効率性を乗り越えようとする取組みと言えるだろう。今日ではウェブ検索によって、消費者はいち早く自らのニーズに合った物件を見つけることが可能になってきており、取引費用は大きく低減してきている。

　不動産流通業が対象とする財は、探索財と同時に、経験財・信用財としての側面も重要である。新築・既築を問わず、買い手が流通取引される住居の品質を購買時に見きわめることは困難な場合が多い。とりわけ構造物としての耐久性や劣化の程度は、目視で判断することは不可能である。こうした品質の中身を知り得る立場にいるのは売り手だが、その売り手の持つ情報は買い手に機械的・自動的に共有されるわけではない。こうした情報の非対称性を放置すると、「レモンの問題」（逆選択ともいう）を引き起こすことになり、本来取引されるべき財も、情報の非対称性のために買い手が疑心暗鬼に陥る結果、取引が行われない可能性がある。効率的な不動産

11）　もちろん非価格要素は、取引成立時には、価格に反映されることになる。

流通取引を実現するためには、何らかの方法で情報の非対称性を乗り越える仕組みがここでも求められることになる[12]。

　不動産流通業が対象とする財の最後の特徴として、耐久財の側面を挙げておきたい。住宅にしてもマンションにしても、不動産流通業が扱うのはストックであり、そのストックから消費者居住に伴うサービスをフローとして受けることになる。耐久財において、産業組織論で知られる有名な理論に、「コースの推論」（Coase conjecture）と呼ばれるものがある。この理論は、耐久財が陳腐化せず、消費者も十分遠い将来と現在を同じ重要度（つまり消費者の割引率はゼロ）とするとき、耐久財の供給に制約がなければ、その耐久財を供給する企業が独占企業であったとしても、耐久財の価格は限界費用と均しくなり、競争的な市場が実現するというものである。その理由は、供給者が独占企業であったとしても、この企業が今期に供給する財（例えば新築）は、過去に供給してきた財（例えば既築）と競合することになるので、十分な競争が働いてしまい、独占企業は独占的な価格づけをすることができないというものである。

　この理論の重要なエッセンスは、新築と既築とは競合関係にあり、たとえ企業が独占的に供給を行う主体であっても、財が耐久財である以上、「過去の自分」と競争をせざるを得なくなるために、独占力を行使できなくなるという点である。そこで企業としては、なるだけ高い利潤を得るために、新築と既築との競争を何らかの形で制約することを考えるだろう。大まかに2つの方法が考えられる。1つの方法は、財の耐久性をできるだけ短くし、既築をなるだけ早く陳腐化させることである。これによって、既築が新築と競合することを防ぎ、新築における独占的な価格づけを回復することができる。2つ目の方法は、新築をなるだけ作らないようにコミットする

---

12)　Levitt and Syverson（2008）は、イリノイ州クック郡における100,000件程の既存住宅物件のデータを分析することで、不動産取引業者が自ら保有している物件と売り手から依頼された物件とでは、前者の方が有意に高い成約価格であり、また成約にいたるまでの時間が長いことを指摘している。複数の仮説を検証しつつ、上記の発見が情報の非対称性と整合的な結果であると議論している。詳しくはSteven D. Levitt and Chad Syverson（2008）"Market Distortions When Agents are Better Informed: The Value of Information in Real Estate Transactions," *Review of Economics and statistics*, 90 (4), pp.599-611を参照のこと。

ことで、既築の価値を高め、既築からの収益を最大化することである。このためには、既築の寿命をできるだけ長く延ばすことが求められる。つまり「コースの推論」を避けるためのこの2つの方策は、新築と既築のいずれを販売において重視するかで、方向性が真逆であることが分かる[13]。

3　不動産流通業の特徴と今後に向けての課題

　戦後の不動産流通業の変遷は、前節で見てきた3つの特徴——異質性、情報の非対称性、そして耐久財の観点から眺めてみることができる。戦後復興において、絶対的に不足していた居住地域を確保するために、わが国は住宅建設五箇年計画のもと、大量の新築を早期に供給する必要に迫られた。物件の異質性が高く、買い手と売り手の間の情報の非対称性が大きいことから地域性が強い不動産流通業は、市場の急速な拡大によって、多くの中小事業者の参入を許すことになった。結果として、中小企業が地域独占する市場が、わが国に無数に登場することになった。他方で、売り手が情報の優位性を使って、新築という購買頻度の比較的小さい財を購入する消費者を、いわば搾取するような性格を不動産流通業はその黎明期から有していたと推察される。こうした「合成の誤謬」[14]を乗り越え、政策的な観点から不動産流通業者が提供するサービスに対し、最低限の質を担保させるためにも、事業者に対して一定の要件を課す必要があった。それが宅建業法であったと考えられる。新築の大量供給が急務である状況において、中古での使用を考慮に入れた住宅を生産するような余裕は概してなく、短い

---

13)　耐久財を扱う他産業においても、「コースの推論」を避けるための様々な取組みが見られる。例えば、教科書の販売においては、版改訂を早めることで、古い版を陳腐化させ、新版のニーズを高めるということが行われている。あるいは航空機などでは、売り切りにしないでリースにすることで、過去に販売した中古の機材と新規の機材とが共喰い（カニバライズ）しないように工夫をしている。

14)　合成の誤謬とは、個々の経済主体の合理的な行動が、社会全体では合理的とは言い難い結果を生み出すことを指す。ここでは、個々の宅建業者が情報の非対称性下で、自らの利潤を最大化するために情報レントを消費者から搾取しようとする結果、社会全体で不動産流通が停滞することを指す。

寿命の新築が多く市場に供給されるようになった。

　全都道府県で住宅総数が世帯総数を上回る状況となった昭和50年代以降、住宅政策の目標は「量の確保」から「質の向上」へと重点が移行し、住宅建設計画法に代わって住生活基本法が2006年に制定されることになった。これを機に、わが国の政策は既存住宅流通とリフォームの推進に舵を切ることになる。しかし、情報の非対称性と地域独占が残るもとで、高い質を持つ長寿命住宅を供給する誘因は事業者に働きにくく、新築中心の業界体質は依然として根強いと言える。この10年間を見ても、既存住宅流通は未だ活性化しているとは言い難く、高齢化と人口減少の中で、空き家・空き地問題は深刻の度を増しているように見受けられる。前節での耐久財の箇所でも議論したように、コースの推論の結果として、既築の寿命を短くし新築供給に重点を置くという定常均衡にわが国は陥っていると言える。

　他方で、第4次産業革命を迎え、情報通信技術の発達に伴ってAI（人工知能）やIoT（モノのインターネット）が実用化の段階に入る中で、これまでの不動産流通業を取り巻く環境も大きく変化している。まずビッグデータ解析によってマッチングが効率的に行われるようになった。銀行やクレジットカード、あるいは不動産賃貸における与信管理をAIによって行うところは今や多い。こうした技術を不動産流通に応用すれば、消費者のニーズに応じて物件情報を提示することが容易になる。例えば、消費者がウェブ上などで自らの求める立地条件などを入力することで、その要件に見合った物件をマッチの程度に合わせて表示をするといった具合である。こうしたマッチングは、ネットワーク効果が働くことが知られている。つまり、物件情報が多く集積しているほど、多くの消費者が訪れてそのサービスを利用するようになり、さらに多くの消費者が利用すれば、より多くの物件情報が集まるようになる。この現象は需要における規模の経済性とも表現することができる。こうした第4次産業革命に伴うネットワーク効果は、今後の不動産流通業の姿を以下の2つの点で変える可能性がある。

　まず1点は、消費者の探索（サーチ）の範囲が限られた地域を越えて大きく拡大する可能性である。これまで、物件の異質性の高さが中小の不動産流通業者の地域独占を可能にし、またそれが情報の非対称性を解消しがた

いものとしてきたが、マッチングの技術がインターネットと融合することで、消費者はもはや限られた地域に独占的に存在する中小の不動産流通業者との取引に縛られることなく、より広い範囲で自らのニーズに合う物件を探せるようになる。そうしたマッチングの技術を搭載したプラットフォームが登場すれば、地域に根ざした中小不動産流通業者による地域独占の役割が縮小する可能性があるとも考えられる。

　2つ目には、情報の非対称性が薄れて、住宅のコモディティー化が進むのではないかという点である。そもそも高齢化が進展する中で、住宅も一生に一回だけの買い物ではなくなりつつあるとともに、住宅購買に伴う消費者の情報がSNS（ソーシャル・ネットワーク・サービス）などを通じて共有されてくると、売り手と買い手との間に横たわる垣根は低くなり、情報の非対称性に伴う取引費用は低減する。他産業を見ても、マッチング技術がAirbnbやUberといった新たなマッチングサービスの登場を促し、これまで不可能と考えられてきたシェアリングのサービスが登場してストックの利活用が大きく進展している。こうした新たなマッチング技術が不動産流通にも用いられるようになれば、戦後長いあいだ新築に重点が置かれてきたわが国の不動産流通業も、資産性を重視したより長寿命の住宅を提供する方向へと進む可能性がある。

　前節でも述べたように、住宅が耐久財であることを考えれば、住宅の長寿命化は新築の売上げを減らすものの、人口減少下で新築の売上げが鈍化しているもとでは、住宅の質を向上させて長寿命化をすることのメリットも大きい。つまり保守修繕・メンテナンス、あるいは既存住宅流通で求められる鑑定や保険といった関連産業を通じての売上げを高めることで、これまでの新築に軸足を置いた「フロー」のビジネスから、「ストック」を源泉に長期的に収益を得るビジネスへと業態が変化する可能性がある。

　実際に、他産業に目を転じれば、例えば航空機のエンジンを販売する米GE（ジェネラル・エレクトリック社）は、販売したエンジンの稼働データを収集することで、エンジンの劣化や故障に関するデータを収集するとともに、故障を未然に防ぐ保守修繕のサービスを提供し、売上げを伸ばしている。新築の売り切りであるフローのビジネスから、購買・買い換えを含む住宅

のライフサイクル全体から収益を得るビジネスへと転換することで、少子高齢化による新築販売の減少を補って、ビッグデータの収集を通じた新たなビジネスの展開が視野に入ってくる。

　無論、仮に上記が宅建業の進む長期的な方向性だとしても、そこに至るまでの過程は必ずしも一直線にはならないだろう。例えばHendel, Nevo, Ortalo-Magné（2009）[15]は、不動産業者が参加するMLS（Multiple Listing Service）の他に、150ドル払えばだれでも自由に物件を紹介できるFSBOMadison.com（以下、FSBO）という民間プラットフォームが利用可能なもとで、売り手と買い手との間でどのような物件が成約されているかを分析している。分析によると、MLSと民間プラットフォームでは、棲み分けが生じており、地域の事情を知っている地元の人はFSBOを使う傾向があり、成約に至るまでにかかる時間も長く、また成約価格も低い傾向があるものの、MLSは逆に成約に至るまでの時間が短く、地域外の買い手が利用している傾向があることが指摘されている。宅建業が担う専門性は、依然として重要であることが示唆される結果と言えるだろう。

　わが国において不動産流通業や宅建業に関する分析が乏しいことを本章の冒頭で指摘した。これには複雑な制度の存在や、多数の中小企業の存在など、様々な理由があり得るだろう。しかし、もっとも大きな理由の1つには、不動産流通業の実態を客観的に捉えるためのデータが欠けていることがあるように思われる。この点は、単にアカデミックな研究の進展の観点に留まらず、政策立案においてもエビデンスに依拠すること[16]ができず、政策効果のみならず、政策の妥当性についても判断が困難にならざるを得ない状況を生み出しかねないと懸念される。

　わが国でも毎年、大量の不動産取引がなされているにもかかわらず、そうした取引データが利用されにくい理由の1つには、営業の秘密や個人情報の問題があるものと思われる。しかし、アカデミックにおいては、匿名

---

15)　Igal Hendel, Aviv Nevo, François Ortalo-Magné（2009）"The Relative Performance of Real Estate Marketing Platforms: MLS versus FSBOMadison.com," *American Economic Review*, 99 (5), pp.1878–1898.

16)　エビデンスに依拠した政策立案はEBPM (evidence-based policy making) とも呼ばれる。

化された情報で十分にデータ利用に耐えられるばかりか、情報技術の発達も相まって、匿名加工情報を厳格なルールとモニタリングのもとでアカデミックユースとして利用させることも不可能ではなくなってきている。

　リアルエステートテックとも言われるように、第4次産業革命に際し、不動産取引業が保有するビッグデータは、異業種との連携も誘発しつつ、不動産業の非連続的な飛躍に向けての潜在的な可能性を有している。Airbnbや Uber のように海外からの事業者がわが国で本格的なビジネスを始める前に、国内事業者が先手を打って国内のデータ基盤を整えつつ、産官学一体となって新たな不動産流通業に関して知見を共有し合うことも、消費者の利便性の更なる向上の観点から望まれるところだろう。

日本の住宅流通市場は、なぜ進化できないのか？[1]
──情報流通整備と新産業の重要性──

日本大学 教授・マサチューセッツ工科大学不動産研究センター 研究員

清水 千弘

Summary

　戦後日本は、高度経済成長・列島改造・国土開発を伴う都市化の進展・三度にわたる不動産バブルとその崩壊を経て、「失われた10年」と揶揄された長期的な経済停滞を経験した。現在、土地の価格は下落の一途をたどり、2000年に入ってからは一部の地域では価格の下げ止まりまたは好転したところもあるものの、国全体のマクロ的な意味では依然として下落基調にある。まず、建物価値に目を移せば、1969年からの建物部分に対する建物投資総額との比較によると、現在の評価額との間で約500兆円も毀損してしまっていることに大きな注目がされ始めている（国民経済計算SNA: System of National Account）。土地資産に至っては、バブルのピーク時から宅地（商業用途も含む）で1,000兆円以上もの資産が消滅してしまった。国民総生産の何倍もの規模に当たる不動産の価値の毀損は、国民生活に対して甚大な影響をもたらしてきたのである。さらに近未来に目を向ければ、日本は有史上どの先進主要国も経験したことのない速度で進む人口減少と高齢化を迎え、土地価格のマクロ的なトレンドは一層マイナス方向へと働き、

---

1) 本章は、私的研究会である「住宅新産業研究会（代表・清水千弘）」の一年間に及ぶ研究活動の成果を提言としてとりまとめたものに、加筆したものである。本章に関わる一切の責任は、筆者に帰属することは言うまでもない。e-mail:cshimizu@nus.edu.sg.

四半世紀後には半分または3分の1までに下落してしまうのではないか、という予測まで出されている（Saita, Shimizu and Watanabe (2013)、清水 (2014a)、清水・川村・西村 (2015)）。空き家は増殖し続け、民間のシンクタンクの調査では、今後10年ほどで空き家は日本の住宅ストック全体の約4分の1まで増加することも予想されている（清水 (2014b, c)）。さらなる住宅資産の毀損は、地方都市を消滅させるほどの問題を引き起こすことが予想される。加えて、東京に代表される大都市部においても、中期的には同様の問題が発生することが予想されている（中川・齊藤・清水 (2014a, b)、清水 (2014b)）。このような問題に対応していくためには、一層強固な住宅市場を再構築し、家計・地域社会にとって重要な資産を守り続けることができるような社会インフラを整備していくことが急務であるといえよう。具体的には、透明で中立的な住宅市場の構築である（清水 (2006)、(2007)、(2012)）。そのような中で、従来型の住宅市場の改善にとどまらず、新しい産業を生み出していくことで将来に発生することが予見されている住宅資産のアセット・メルトダウンを抑止できる可能性を検討し、9つの提案としてまとめた。また、従来型の政策提案の多くは、直感的・経験的な事実に基づいてなされることが多かった。ここでは、できる限り科学的事実に基づく研究成果を踏まえて、政策提言をとりまとめることとした。

Key Words：アセット・メルトダウン；経年減価；情報の非対称性；募集価格と取引価格；イノベーション；ビッグデータ

1　新たな局面を迎える日本の住宅市場

（1）国民の資産として形成されていない建物価値

　人口減少と高齢化が進む中で、住宅市場の再生は急務であるといわれる。経済全体が縮退していくことが予想される中では、その最も大きな影響を受ける市場と考えられているものの一つに住宅市場が挙げられるため

である。

　一連の政策議論の中で最も重要な論点の一つは、住宅建設産業に投入された資金が国民の資産として形成されていないということであろう。マクロ経済上で見たときの建物の劣化が大きいことを意味しているが、この劣化には大きく次の3つの要素が存在する。

(a) 建物そのものの物理的劣化

(b) 建物の技術進歩の中で発生する経済的劣化

(c) 建物が取り壊しされることにより寿命が消滅することによる劣化

である[2]。中でも国民経済計算においては、(c) の取り壊しに伴い投資した建物が消滅することによる劣化が大きく影響する。だが、取り壊しによる資産の消滅は次の意味で注意深く見ておく必要がある。

　第一に、戦後の日本は高い経済成長を達成するために生産性の向上が優先され、列島改造・国土開発などに伴う都市の機能更新速度が早かったことを認識しておかなければならない。第二に、不動産バブル期には投機的な取引が横行し、本来の不動産価値とは関係ない取引や建物投資が行われたことである。とりわけ1980年代に発生した不動産バブル期には、本来の利用とは関係ない形で建物開発が進められたことから、バブル崩壊後にはその本来の建物価値を修復するために再投資が行われ、新しい建物利用へと転換されていった[3]。このようなことに加えて、住宅市場は、経済政策の道具としてしばしば利用されてきた。そのために、本来の住宅需要の量とは関係なく、住宅投資が持続的に拡大してきたのである[4]。

　これらのことは、建物の性能やメンテナンスが適切に行われなかったこ

---

2)　Diewert and Shimizu (2015a)、Diewert, Fox and Shimizu (2014) では、国民経済計算における不動産の建物劣化の計算方法について整理している。また、Diewert and Shimizu (2014) では、東京の不動産市場を対象に、その経年劣化率の計算をしている。

3)　Shimizu, Karato and Asami (2010) では、東京のオフィス市場を対象として、不動産の収益格差によって再開発が促進されたことを実証的に明らかにしている。具体的には、バブル期には、オフィス市場を対象としたバブルが横行することで、ペンシルビルと呼ばれる劣悪な建物が多く開発された。バブル崩壊後には、そのような建物の多くは、建物の寿命を全うすることなく、住宅へと転用されている実態を明らかにしている。

4)　住宅投資が経済政策の道具として利用されてきたことが、現在の空き家問題の大きな原因になっていることにも留意しておかなければならない。詳細は、清水 (2015b) を参照されたい。

とで住宅が取り壊され、日本の住宅の寿命が短くなっているというのではなく、別の理由によって建物が取り壊されていったことで建物の平均寿命が短くなっていたことに留意しておかなければならない。

繰り返しとなるが、戦後の日本においては、寿命を全うしない多くの建物が壊されていった。これは住宅政策や都市政策だけの責任ではなく、住宅投資を景気対策の道具として利用してきたマクロ経済政策の失敗による問題が、国民経済計算上での建物資産の毀損といった形で統計的に現れているのである。

（2）寿命を迎えていないのに市場から淘汰されてしまう住宅資産の問題

さらに問題を深刻化させたのは、都市更新による建物の滅失を見越し、短命さを前提とした建物が多く建設されたことである。そのため欠陥住宅とまではいかなくても、品質の悪い住宅が供給されてしまった。このような形で、建物寿命が短命化してしまったことも否定できないであろう。この問題は、住宅問題として解決しなければならない問題である。

しかし、このような性能の悪い住宅の供給に歯止めをかけるために「長期優良住宅の普及の促進に関する法律」（2009年（平成21年）6月4日施行）に代表されるように、政策的な対応が進められてきた。このような政策によって良質の住宅が社会に供給されるようになってきたことから、時間の経過と共に解決の方向へと向かっている。

では現在、どのような社会的な課題が残っているのであろうか。

先に述べたように、人口減少・高齢化に伴う社会全体のダウンサイジングが進む中では、都市の更新エネルギーは大きく衰退する。よって、寿命を迎える前に取り壊しがされていくような住宅は減少するであろう。むしろ寿命を迎えたにもかかわらず社会に放置されてしまうような「放置住宅」や「空き家」が増加してしまうことになる[5]。

---

5) 清水（2014c）、（2015a, b）では、空き家問題の経済的な課題と共に、その発生メカニズムを整理している。

人口減少・高齢化に伴う経済力の低下は、国民経済計算上での建物価値の劣化を小さくするように作用する。つまり、取り壊しをして都市を更新させるだけのエネルギーを持たないためである。しかし、本来取り壊されなければならないような建物を都市内部に放置させてしまうために、空き家問題という新たな問題を生み出してしまうのである。この問題は、社会にとっては建物価値の劣化といった問題だけでなく、社会全体に負の外部性をもたらすことになるため、一層大きな社会課題へと発展する可能性が高い[6]。

　以上の整理からもわかるように、経済が成長していく過程では、「住宅の寿命を迎えていないのに市場から淘汰されてしまう住宅資産が相対的にも絶対的にも大きいことで建物の資産価値が消滅する」という問題が顕在化していたが、今後においては、「建物の利用価値が消滅しているにもかかわらず都市に放置されている住宅」問題への対応が政策的に求められていると考えてよいのではないか。または、その利用価値を如何に長く存続させるのか、その結果として住宅の資産価値が高まっていくような社会をどのように形成していくのかという問題への対応が、より一層重要になってくるのではないかと考える。

(3) 中立的な住宅市場を熟成させることで社会資源として再生する

　これらの問題を回避していくための有効な手段として、対症療法的な政策介入をしていくのではなく、広い意味での中立的な住宅市場の自浄機能を上昇させるように成熟させていくことが求められている。具体的には、消費者が住宅を購入しようとしたときに、新築住宅、中古住宅を購入する、または賃借するといった選択があるとしよう。この中で特定の市場だけを活性化させようとすれば、必ず市場のどこかに歪みがもたらされる。市場に非効率性が発生するのである。短期的には住宅が不足する時代には新築住宅等を積極的に支援することも必要であったし、それが行きすぎたときには、中古流通市場を政策的に活性化させるといったことは必要であるが、

---

6)　大都市においては、マンションの高齢化問題が加わる。マンション、つまり区分所有建物は、その建て替えや取り壊しは、制度的に多くのハードルを持つことから、都市内部に放置されてしまう可能性が高い。詳細は、中川・齊藤・清水（2014a, b）を参照されたい。

中長期的に、新築・中古を問わず、所有・賃貸を問わず、中立的な住宅市場を育成していかなければならないのである[7]。

　そのような前提の中で、当面においては、中古住宅市場の正常化が急務であることは確かである。寿命を迎えていないにもかかわらず、社会で有効に活用されていない住宅に関しては、それを必要としている消費者とマッチングさせることで資源として再生されなければならない。

　これは中古流通市場の活性化によって対応できる部分も多い。社会的な資源として活用できるにもかかわらずその利用価値を失ってしまう住宅に対しては、リノベーションを施すことで、社会資源として再生していくことが必要となる。または、賃貸として貸してもいいし、B&Bのような一時的な利用者への賃貸も考えられるであろう。

　土地資産のメルトダウン、建物価値の劣化といった予測は、現行の社会経済制度を維持されることを前提に予想されたものである。このような近未来に予想されている社会課題は、中古住宅市場の活性化、リノベーション市場の活性化、賃借市場の整備を通じて、回避できる可能性が高い。

　住宅市場の不透明性や非効率性は、かつては橋本政権下の規制改革委員会や小泉政権下の総合規制改革会議などでも、積極的な議論と提言がなされてきた。それにもかかわらず依然としてこのような問題が指摘されることを考えれば、従来型の産業の変革だけでは、対応が難しいことを意味しているといえよう。不動産取引を含む社会経済制度の抜本的な改革をすすめるとともに、不動産業が新しい産業へと進化していく、全く新しい主体が参入してくることで、新しい産業が誕生していくことで、透明で中立的な市場へと進化させていくことが求められているものと考える。

---

7)　中古住宅市場を活性化させるためには、住宅の住み替え連鎖機能を上昇させていく必要がある。日本では、中古住宅市場の活性化のためには、賃貸市場の整備が重要であるといえよう。詳細は、清水（2012）を参照されたい。

2 情報整備の必要性

(1) 住宅を取り巻く情報の不完全性と不確実性

前節では、住宅資産の毀損は、中古市場の活性化およびリノベーション市場の活性化を通じて回避できる可能性が高いことを述べた。

それでは、どのような改革と産業への発展が必要であろうか。私見を交えて整理してみたい。

ここでは、「情報」整備に注目する。その理由としては、消費者は住宅を購入しているようで、実のところ「情報」の束を購入しているためである。住宅を目視したとしても、専門家ですらわかることは少ないが、開示されている情報を正しいものとして、その性能や快適性を推し量って、その投資の判断をしているためである。

そのため、市場が資源配分機能を十分に発揮するためには、情報が完全であることが前提となる。情報の完全性とは、品質に対応した価格情報が完備されていることを意味する。しかし、住宅はそもそも「同質の財が存在しない」という特性を持つ。

例えば、住宅は立地だけでなく規格や設備は住宅ごとに大なり小なり異なっており、仮に規格や設備が同じであっても「建築後年数」が異なれば、質の劣化の程度が異なり同質のものではなくなる。さらには耐震構造・土壌汚染・アスベスト・欠陥住宅問題に代表される、目に見えない情報の不完全性問題が内在している。つまり、住宅市場においては、品質情報が不足する構造的な問題が指摘される。

加えて品質に対応した「価格」に関する情報の整備も遅れている。

消費者が入手可能な価格情報は、国土交通省により取引価格情報の開示が開始されたが、依然として公示地価や相続税および固定資産税路線価といった鑑定評価情報または情報誌等によって得られる募集価格情報が中心である。しかし、これらの情報は実際の市場価格情報とは異なる（Shimizu and Nishimura（2006））。

また、品質に関する情報に至っては、情報そのものが不足しているという問題のほかに、入手可能な情報が信頼できないという問題を持つ。住宅関連情報を取り巻く問題は、情報そのものが不足しているという量的な問題よりも、むしろ情報の「精度（precision）」「正確度（accuracy）」といった「質」の問題が大きいのである。

　このような情報の不完全性は、消費者や社会全体に対しては大きな不利益をもたらす。

　例えば、住宅を購入する段階では品質に対応した価格情報が入手できないことにより、住宅探索に時間がかかったり、適切な価格を付けることができなかったりする。また品質情報に関する不確実性により、価格そのものを不当に低く見積もったり、逆に適正価格よりも高い価格で取引が行われていたりする。そのため適正価格よりも高い価格で購入した場合には、再販売される段階では大きく価格低下がもたらされることがある。

　また、時間の経過と共に、品質に関する情報が明らかとなることが多く、劣悪な品質のものが多いと時間の経過と共に機能の低下による減価速度を超えて、価格が大きく低下することとなる。こういった構造を持つことが、中古住宅市場の発達を遅らせる一因となっていることが考えられる。

　さらにこのような情報問題は、住宅金融システムに対してリスク管理の困難さを助長する。ローンの貸し付け時に捕捉可能な情報と、時間の経過と共に明らかになる負の品質に関する情報の格差が大きい場合には、予期できぬ価格低下がもたらされてしまうためである。そうすると金融機関はリスクを回避するため、住宅の本源的な価値よりも低く見積もってしまうことが、金融システムの健全性からは合理的な行動となってしまう（清水(2006)、(2007)）。また、リバースモーゲージをはじめとする新しいリスクをとりながら住宅市場に資金を流入させていくことを考えようとしても、精緻なリスクを計算することができないために、本来持つ潜在的な市場規模よりも小さい資金しか流入ができなくなったりしてしまう。

　以上のような問題を解決していくためには、かつては橋本政権下の規制改革委員会、小泉政権下の総合規制改革会議で指摘されているように、不動産の取引価格の整備と消費者に対する適切な開示が必要であることはい

うまでもない。

（2）不動産流通市場における価格情報

ここで、不動産価格とは、一体どのような性質を持つのかということを、内外の先行研究と共に整理してみよう。具体的には、住宅流通市場における価格情報の発生プロセスに関して、我々は様々な形で住宅価格という情報を目にする。それらの住宅の売買の過程で発生する住宅価格情報の発生プロセス（Data Generating Process）に関しては、多くの研究が行われてきている[8]。

住宅取引活動は、住宅の所有者である売り手が、売却希望を持つところからから始まる。住宅市場では、多くの場合で、売り希望を持った売り手は、住宅仲介会社に売却依頼を出す[9]。ここで、初期の価格設定が行われる。

この価格は、売り手にとっての最高売り希望価格（Celling and Reservation Price）であり、取引価格からは上方に乖離するとともに、初期に設定した価格は長い時間売れない限り、売り手はなかなか変更しない（この価格では売れないことを認識するまでに時間がかかる）ことが知られている（Horowitz（1992）、Stanley, et al.（2009））。そのために、ノイズが大きいといわれている。

取引価格が、初期の売り希望価格から出発して、一定の時間や経済活動を経て成約に至った段階での価格ということを考えれば、初期の売り希望価格が取引価格と独立に決定されているとは考えにくい。むしろ、両者に

---

8) 日本の市場を対象とした研究として、Shimizu, Nishimura and Watanabe（2015）が挙げられる。日本では、webサイト、レインズ、国土交通省による取引価格と様々な価格情報があるが、そのような情報がどのような関係にあるのかを明らかにしている。

9) 直接に売り手が住宅を売却することもあり、その専用サイトなども存在している（例えば、For-Sale-By-Owner（FSBO）web）。また、インターネットの普及が、その傾向に拍車をかけるのではないかといったことが指摘されていた。しかし、Saber and Messinger（2010）の研究では、売り手・買い手双方において、不動産仲介会社の仲介機能は、依然として必要とされており、このような指摘が当てはまらないことが報告されている。一方、業者を利用することのメリットとしては、より高い価格で売却されることであるが、不動産仲介会社が介在する場合と、売り手が自らで売却する場合とで、成約価格に差が生まれるかどうかといった研究もなされている（Salant（1991）、Hendel, Nevo and Ortalo-Magane（2007））。加えて、Gwin（2002）では、ネットでの情報開示の量に焦点を当てた研究が進められている。

一定の関係があると考えたほうが自然であり、初期の売り希望価格は、取引価格の先行指標として考えたほうがよい[10]。

　ここで重要となるのが、売り手の売り希望価格として出された価格が、どのように取引価格へと到達していくのかといったことである。そして、初期の売り希望価格の設定やそれを変更していく手続きは、取引価格に到達するまでの時間（以下、市場滞留時間（MOT：Market on Time））や成約確率に影響を与えることが考えられる（Stein（1995）、Haurin, *et al.*（2010））。このような市場滞留時間の存在は、売り手にとって機会費用となるばかりか、買い手にとっても探索費用が発生している（Shimizu, Nishimura and Asami（2004））。そのため、市場での滞留時間が増加していけば取引量が減少し、時間が短くなっていけば取引量は増加していくこととなる（Genesove and Mayer（2001））。

　さらに、この初期の設定価格と市場滞留時間は、初期の設定価格だけではなく、売り手の背後にある個別性によって変化してしまう[11]。

　例えば、住宅ローンの残高が多く残っているような家計では、売り手の売り希望価格（Seller's Researvation Price）を高く設定し、その価格をなかなか引き下げようとはしないであろう（Genesove and Mayer（1997）（2001）、Engelhardt（2003））。しかし、その初期売り希望価格の設定は、住宅ローンの残高（LTV: Loan to Value）が高い家計ほど、慎重（正確）に設定していることも知られている（Salter, Johnson and King（2010））。

　加えて、標準的な物件と大型物件のような特殊物件では市場滞留時間が

---

10)　Knight, Sirmans and Turnbull（1994）では、売り希望価格が取引価格の先行指標（Leading Indicator）であることを明らかにしている。Knight, Sirmans and Turnbull（1998）では、より大規模なデータで取引価格の先行指標になっていることを確認しているが、水準そのものにはバイアスがかかっているために、鑑定評価などの価格水準の決定に利用する際には、注意が必要であることを指摘している。ただし、Dubin（1998）では、米国の不動産業者のデータベースであるMLSを用いて住宅の予測モデルを構築し、一定の精度で予測（鑑定）可能であることを示している。

11)　Glower, Haurin and Hendershot（1998）では、電話調査を用いて、売り手の売却動機期を調査し、売り希望価格と市場滞留時間の関係を調べている。得られた結果を見ると、転職などで早く住宅を売却しないといけない人は、そうでない人と比べて30%程度価格が安くなっていることを示している。鑑定評価で言う、取引事情による差を実証的に調べている先駆的な研究である。

異なり、特殊なものほど長い時間がかかることも知られている（Haurin (1988)）。

　ここで、より問題を複雑化する要因が外部性の存在である。一つの例を挙げれば、長期間、売れ残ってしまった住宅は、そのこと自体によって価格を引き下げたり（Knight (2002)）、市場滞留時間をさらに引き伸ばしたりする（Turnbull and Herbert (2011)）。このような外部性は、風評被害（Stigma）と呼ばれている。

　このような特性を考えたときに、取引価格をどの範囲で信じていいのかといった問題が出てくる。取引価格として観察できる価格は、たまたま取引として発生しているものであり、その背後には多くのストックが存在している。また、その取引がランダムに発生していればよいが、市況によって、売り手が取引市場に参加してくる確率が大きく変化してしまう。そうすると、市場で観察される取引価格は、売り手の売り希望価格と買い手の売り希望価格が一致した点であるが、売り手と買い手に、それぞれの不均一性が存在するときに、そこで成立している価格を完全競争価格として考えていいのか、といった疑問が出てくる。とりわけ下落局面で売却をすれば損が出てしまうようなときに取引市場に参入してくる売り手には強い個別事情が存在しており、そのような市場で観察された価格だけで住宅価格指数を推計したときには、誤ったシグナルを市場に示してしまうことはないか（Goetzmann and Peng (2006)）、といったことが指摘されている。

（3）情報整備と開示の段階

　情報整備と開示については、取引価格は必ずしも市場価格を意味するものではないことで消費者への開示が市場を混乱させてしまう、といったことを理由に反対されることもあった。前項で整理したように、市場情報には様々な情報があるためである。

　確かに不動産取引には、買い進みや売り急ぎといった買い手や売り手の事情が入ることで、平均的な市場の実勢よりも高く取引が行われたり、低い価格で売り買いがなされたりすることはある。また前述のように品質が同じものは何一つとして存在しないために、他の財やサービスと比較して

その比較が困難であるという問題があることも確かである。

このような批判に応えるためには、不動産取引価格情報の整備と開示を分けて考えていく必要がある。

第一段階としては、現在の取引価格の回収率が3割程度しかないといった問題や、アンケートを通じて収集していることで起こる情報鮮度の悪さによる市場の不透明性を高めているといった問題を改善することから始めなければならない。これは情報の整備段階の問題である。第一段階に続く開示段階では、そのように整備された情報を国際的にも進められている不動産価格指数として開示していくことで、宅地建物取引士・不動産鑑定士を通じて「場」へと開示していくということも考えられよう。

つまり、宅地建物取引士や不動産鑑定士間で情報格差が存在することで、市場の不透明性を高めているという状況を考えれば、専門家には詳細かつすべての情報を共通に与えることで市場全体の透明性を高めることができる。

また、特定の主体に対してのみ詳細な情報を開示することが、既得権を作ってしまっている現状を打破するためには、欧米諸国のように消費者を含めて完全に開示していくということも考えられる。

これは、第一段階の整備に続く第二段階としての開示の問題として検討していけばよい。

いずれにしても、その整備と開示が遅れることで、国民全体が受ける社会的な損失が大きくなっていることを認識しなければならない[12]。欧米諸国やアジアの隣国では実現できているにもかかわらず、日本だけができない理由はどこにもないはずである。

取引価格情報の整備・開示の遅れが日本の国際的に見た不動産市場の未成熟さとして揶揄されたこともしばしばあることから、本来持つ不動産市場の市場メカニズムの機能を発揮させるためにも不動産価格情報の整備と

---

12) 英国では、プライバシーを理由に、取引価格の登記簿への掲載を中止した時期があったが、公益性を鑑みその掲載が復活した歴史を持つ。取引価格情報の開示の公益性を改めて検討すべき時期にあるものと考える。

適切な開示は必要となるものと考える。

> ### 提案1．不動産取引価格情報の整備と適切な開示。

3　情報整備の内容

（1）住宅の品質情報

　では、具体的には、誰がどのように情報整備を進めていくべきなのであろうか？

　住宅に付随する情報とは、大きく住宅そのものの品質に関する情報と、住宅を取り巻く環境情報に分けられる。品質情報は、物件の間取り・建築後年数・構造・日照・通風などのスペックを挙げることができる。これらの情報の中には、消費者が情報探索をすることで確認が可能な情報と確認ができない情報に分けられる。さらには、情報が時間の経過と共に変化していく情報が存在することに注意する必要がある。

　間取りや建築後年数・日照・通風は、情報探索や実際の物件を直接に見ることで観察可能であったり、信頼できる文書によって確認したりすることが可能な情報となる。また、その情報の誤差も大きくないであろう。一方、構造やアスベスト・土壌汚染などの目で見ることができない情報は、開示されている情報を信じるしかない。

　多くの他の市場財においても、すべての情報を知ることができるわけではない。製造者によって開示される情報を信頼するしかない。住宅市場においては、構造偽装問題に代表されるような開示情報そのものが信頼できないという問題が大なり小なり存在している。

　特に中古住宅市場においては、その情報がさらに不確実となる。その理由としては、製造段階における情報が蓄積されていなかったり、時間の経過と共に製造段階での情報が大きく変化してしまったりしている可能性があるためである。特に保有段階での住宅の質的変化に対する情報蓄積の社

会的ルールが徹底されていない。また、日照・通風などの情報においては、時間の経過と共に環境要因の変化によって情報が変化してしまう可能性がある[13]。

(2) 建物・地質に関する品質情報

建物や地質に関しては、中古住宅市場において正確な情報を消費者が得ることはきわめて困難である。このような情報は適切に社会において生産していかなければならない。その情報生産は、住宅市場に関わるすべてのものによって行われ、それを社会において蓄積・開示していくことが必要である。

まず製造段階で、生産者が正確な情報を適切に開示していたかどうかという問題である。住宅の販売会社、施工会社、さらにはその下請け会社に至るまで、どのような責任の下で、どのような製造が行われたのか、といった情報を整備し、蓄積・開示していくことが必要となる。情報の生産ルールと開示ルールを明確にしていかなければならない。続いて第一次所有者は、その情報の保管義務を負い、リフォーム等によって品質を変更した場合には、その変更履歴を蓄積していく義務を負うべきである。さらに、所有段階において、製造段階で開示された情報と異なる品質問題が発生した場合には、製造者に対して、その改修を要求していくこととなる。そのような情報も含めて蓄積していかなければならない。

第一次所有者が売却する段階では、蓄積された情報の不動産仲介業者に対する提供義務を負い、不動産流通業者は、提供された情報を精査または調査することとなる。現行制度では、売り手に対して簡単な情報開示を求めるルールがあるだけであり、その他の情報は不動産仲介業者の責任の下で調査されると共に市場に流通されることとなる。そして将来において情報の品質に関しての問題が発覚した場合においては、不動産仲介業者の責任となるケースが多い。

---

13) 清水 (2006) では、住宅情報の生産方法、蓄積方法、その正確性のチェック方法について整理している。

住宅に関しては、目に見えない多くの情報の集合体であるため、一人の専門家によってすべて調査できるものではない。また、現在の調査能力を超える情報も多く含まれる。

> **提案2.　売り手・買い手・仲介業者の責任を明確にすると共に、インスペクションに代表される品質情報を生産する仕組みの一層の普及。**

（3）得られた情報のストック

　このような状況が住宅市場の不透明性・不確実性を高め、住宅の潜在的な価値が市場の中で評価されない原因になっているといっても過言ではない。この問題を解決していくためには、情報の責任を社会全体でシェアしていくことが必要である。

　まず、第一次所有者の責任である。これは、所有段階におけるすべての質的変更の情報を蓄積すると共にその責任を負う。そして、流通段階においては、不動産仲介業者が責任を負うことができる情報と責任を負うことができない情報を明確にすることである。責任を負うことができない隠れたリスクを開示するとともに、それを回避したいと思う第二次取得者は、当該情報を明らかにできる専門家に対して調査を依頼するべきであろう。または、情報が不確実なことで物件を売却できなかったり、安い価格しか設定できなかったりする売り手においては、自らの責任の下で調査を実施して明らかにすべきであろう。

　続いて契約書の問題である。現行の制度下では重要事項説明に多くの情報が集約されている。そのために、責任がより不明確になっているだけでなく、説明される情報が十分に理解できないといった問題が発生している。さらには現在の不動産仲介業者の能力を超える内容も含まれているケースも少なくない。そのため説明される情報の責任が不明確になっているだけでなく、市場全体の不透明性と不確実性を高める要因にもなっている。その結果、中古住宅市場の資産価値の低下をもたらす可能性を持つ。

このような問題を解決していくためにも、各段階別に住宅の品質に関する情報を整備・保管する責任を明確化するだけでなく、契約書も含めた仲介段階での情報開示の限定など、制度の見直しが必要とされているものと考える。

> **提案3.** 製造段階、保有段階、流通段階など様々な局面で蓄積される情報を、製造者、所有者、売り手のそれぞれの責任を明確にした上で情報を生産し、蓄積する社会システムを構築する。

（4）整備されるべき住環境情報

　住宅選択において、周辺環境に関する情報はきわめて重要である。

　住宅の品質に関わる情報は、もし建物に問題があれば自分の努力で改善することが可能である。土壌に関しても同様であろう。しかし自分の所有権の外側にある環境改善は、自分の努力だけではどうしようもないのである。その意味で、住環境情報は住宅選択に対して大きな判断要素の一つであり、住宅選択行動の結果、住宅価格に対して大きな影響を与える。

　そのため、住宅購入者は自分で情報を探索することとなる。周辺環境情報といえども、多くの情報が存在している。例を挙げれば道路交通騒音も該当しよう。しかし、その情報は例えば昼間時に訪問したときに知りえた情報と、夜間時において感じる情報との格差が存在する可能性が考えられる。昼間、生活騒音等により道路交通騒音がそれほど気にならなくても、夜間時においては不快と感じることもある。治安情報も、またきわめて重要な要素となるが、情報探索を行っても正確な情報を知りえないことが多い[14]。

　正の要因としては、気のきいた喫茶店やしゃれた美容院は、住宅探索時においては見落とされがちであるが、いったん生活が始まると、そのよう

---

14)　清水ほか（2001）では、道路交通騒音が住宅価格に与える影響を分析している。そこでは、正確な騒音をどのように測定したらいいのかに関しても提案されている。

なものがないことで不満が高くなっていく可能性も考えられる。そしてその水準によって住宅価格が大きく変化する。

　ネガティブ情報は、近年において、公共部門が中心となって公開されるようになってきている。具体的には、水害のハザードマップ・地震危険度・大気汚染および犯罪発生マップなどである。しかし、住宅の探索時にはこのような情報が消費者に対して十分にいきわたっていないことの方が多い。またこれらの周辺環境は、住宅情報を提供する主体に対して、なんら義務づけられているものでもなく、消費者が自らの責任の下で情報探索を行っている。住宅の品質情報を、周辺環境を含めた広義のものとして捉え、消費者に対しての情報整備と提供の手段を検討していく必要がある。

　住環境情報の重要度は、地域によって大きな差があることも確かである。

　大きな河川や海に面しているような地域であれば、河川の氾濫や有事の津波などに関する浸水被害情報が重要になる。このようなものは、一様にデータベースなどで整備していくといったことも考えられるが、各地域単位で重要と思われる情報を生産し、流通段階でそれを提示・認識させることを義務づけていくといったこともあるであろう。

　例えば、パリにおいてはセーヌ川の氾濫情報を流通段階で開示させることを義務づけている。サンフランシスコにおいては、地震に関する情報を流通段階で開示することを義務づけている。その情報生産は、公的部門と業界団体が共同で実施しているものであるが、参考になるものと考える。

提案4.　開示が必要とされる地域情報を地域単位で定義し、それを整備すると共に消費者に対して提供する仕組みを創設する。

4　新しいビジネスの育成とイノベーション

（1）新しい仲介機能の開発
空き家の増殖が止まらない。

しかし、空き家の中には本来は利用可能な状態にあるにもかかわらず有効に活用されていないものと、すでに利用価値をも失っているものが入り交じっている。空き家が増殖していく原因の一つとしては、流通可能な住宅の品質を維持していたとしても、仲介機能が作用しないことで有効に活用ができていないことも多い[15]。

また、人口減少が進む中では、住宅需要が低下していくために、人口または世帯ベースで見たときの住宅需要が絶対的に不足してしまうということも考えられよう。

そうした中では、現在の空き家またはその候補となっているような家に対しての仲介機能を強化すること、加えて住宅需要を拡大させるような制度変更が求められている。

第一の空き家およびその候補となるような住宅に対する仲介機能について考えよう。

空き家が増殖していく原因として多くのことが考えられる。例えば、売却の意思があっても流通ができない原因としては、十分な価格がつかないためにその仲介がビジネスとして成立しないといったことも考えられる。

つまり、現在の不動産仲介の手数料は価格と連動していることから、住宅の低価格化が進むことでその仲介における事業採算が合わなくなり、誰も仲介をしてくれないといった問題である。

または、当該地域に宅地建物取引士が存在しないといったケースもあろう。また、そのような地域が多くなっていくことも考えられる。事業採算性の低下や事業リスクが高まる中で事業継承が進まないことも多く、専門家が不足してしまう地域が多くなっていくことも予想されている。

このような市場では、住宅仲介におけるコスト構造、生産性を大きく改善していくことが要求される。加えて価格と連動した手数料体系を見直していくことも重要である。実施した作業と労力に見合った手数料が取れる体系が必要になるものと考える（清水・西村・浅見（2004））。

---

15) 不動産仲介業者が得ることができる収益は、手数料収入として売買価格の上限が3%以内と設定されている。そのため、価格が低下していくと、その3%ではコストと見合わないために、仲介機能が作用しなくなることが多く出現してきている。

または、仲介機能が維持できない地域またはセグメント化された市場では、消費者が自分で売却ができるような市場を創設していくことも含めて検討していかなければならないものと考える。

　そのためには、空き家がどのような地域に存在しているのか、その家を所有者はどのようにしたいのかといった情報登録義務を負わせるといったことも考えられよう。現在の空き家バンクの発展的な解消も考えられる。

　古くは、市街化区域内農地の宅地並み課税が進められようとしたときに、所有者に一定の期限を切って「農地として存在させる農地」と「宅地化する農地」を登録させたことがあった。そのような手法もまた、参考になるかもしれない。

> **提案5.　低価格物件、無価値化物件が流通できるように、手数料体系の抜本的見直しを行うと共に、C to C市場の創設の阻害要因となっている制度改正を進める。**

(2) 住宅需要の拡大

　第二に住宅需要を拡大させる方策を考えてみよう。

　住宅需要を拡大させる方法としては、潜在的に眠っている需要を掘り起こしていくことが必要である。

　最も大きな需要としては、海外からの不動産投資である。海外からの住宅に対する投資は、東京を中心として一部の大都市部で拡大しているが、その需要をさらに拡大させていく可能性も考えられる。さらには国内需要においても、多様な住まい方を促進させることも考えられよう。

　具体的にはマルチハビテーションの促進である。国内の交通インフラ・ネットワーク機能の向上によって、時間的な移動距離が短縮される過程で複数地域を拠点として住まうことが容易になりつつある。しかしながら二つ目以上の住宅に対する取得費用は、一つ目の住宅に比較して相対的に大きいことから、その格差によって住宅需要を萎縮させてしまっている可能性も否定できない。そのような需要を一層掘り起こしていくことで空き家

が減少することができれば、社会的なコストを低下させるように作用する。そのように考えれば、二つ目以上の住宅を購入する消費者を政策的に支援していくことの社会的意義は大きいはずである。

続いて住宅の多用途への転換である。

B&Bに代表されるような一時的な利用や、カフェ、スモールビジネスの拠点への転用などといったことも新しい空間需要を創造することができる。そのようなことを実現していくためには、地場に根付いた住宅産業に関わる専門家の地域間連携を進めていかなければならないであろう。いわゆる家守事業と呼ばれるものである。なによりもこのような事業を、ビジネスとして成立するような土壌を育成していかなければならないものと考える。

前述のように住宅価格の低価格化、将来における住宅仲介産業のリスクの高まりが予想される中では、現在の事業モデルのままで不動産仲介の維持ができなくなる地域が多く出てくるものと考える。そのような中で事業の多角化、または事業の一部としての不動産仲介として捉え直していくことが求められるであろう。

その最も有力な候補として、家守事業があると考える。

> 提案6. 海外からの投資、またはB&Bなどに代表される新しい利用方法、リノベーションなどによる建物利用転換などを含む、住宅需要を拡大させる市場育成に努める。

5 ビッグデータの活用・住宅金融市場の整備

（1）ビッグデータが市場にイノベーションを起こす可能性

近年におけるIT技術の進化とビッグデータといわれるような情報蓄積技術・分析技術の進歩は、新しい市場の進化をもたらすことが期待されている。つまり、市場そのものの構造や有り様を大きく変化させることが予想されている。

このような流れの影響を最も受ける市場の一つが、住宅市場である。

その理由としては、前述のように情報の整備の遅れや情報の非対称性の大きい市場であり、新しい技術の影響を受けやすいためである。逆説的に考えれば、そのような市場の変革の流れをうまく利用し、社会課題を解決する中での社会的利益、それに伴い発生する経済的利益を享受できるような市場へと変革させていく可能性が高い。その意味では、成長領域ともいえよう。

このような動きに伴う市場変革の速度を高めるためには、単に情報を生産するだけでは不十分であり、情報流通のルールを確立することが求められる。

具体的には、前述のように製造段階での情報から第一次保有段階での情報、そして第二次、第n次段階へと所有者が入れ替わったとしても当該住宅固有の情報が蓄積されていくルールを明確にしなければならない（清水(2007)）。

そして、その情報が比較可能・分析可能な状態にする必要がある。

さらには蓄積された情報は、広告情報・指定流通機構への登録情報、住宅金融システムでの担保評価情報、契約情報、とすべて連動可能な状態にすることで社会的なコストを大きく低下させることができる。

英国・米国では、民間団体が中心となって投資用不動産に関する情報の共通のコードを構築することで、不動産市場と金融市場との情報融合を一気に進めたケースもある。住宅市場も広い意味での投資市場であることを考えれば、また、日本特有の住宅市場の特性を反映させるためにも、その市場特性を十分に踏まえた情報コードを策定し、その情報を更新する主体を含めて情報に関する責任を明確にしていくことが必要であると考える。

このような情報が生産され、蓄積され、流通されていく中でビッグデータとして様々な形でのデータの融合が始まる。例えば住宅情報と地図情報との融合、政府が進める公的な地域詳細データとの融合、金融情報との融合などである。このように生産された情報と分析技術が結びつくことで、いわゆるビッグデータによる様々な新しい情報が生み出され、市場にイノベーションを起こす可能性が高くなるであろう。

また、産業全体の生産性の向上に寄与することで、新しいビジネス形態が生まれてくるものと考える。

> **提案7. ビッグデータの活用と市場変革、生産性を向上させるために、データ間の融合が可能になるような情報流通の制度を設計する。**

（2）金融イノベーションを起こすことで、住宅市場を活性化させる

住宅市場と住宅金融市場は表裏一体のもので、住宅価格が適切にプライシングすることができれば住宅金融システムが安定化し、住宅金融市場が適正に機能すれば住宅市場も活性化する[16]。

一般に住宅ローンは、長期の個人ローンとしての性格と不動産担保融資としての性格を併せ持っている。特に後者の立場に立てば、長期的な視野に立った資産価値の維持はきわめて重要な問題となる。

適切にプライシングが実施できるためには、住宅に関する品質と価格に関する情報が量的・質的両面において整備されていることが必要となる。

その上で住宅金融システムにおいて求められる価格とは、現在の価値というよりもむしろデフォルトが発生した段階での将来価格（中古価格）である。そのようなことを実現していくためには、リスク評価が可能な広義の不動産価格指数の開発が必要とされるが、現在の情報インフラの状況下では一定の限界がある。

つまり一連の議論の中で整理してきたように、情報が不足することでプライシングモデル・リスク管理モデルを開発することを妨げているのである。それによって、精緻なリスク管理を行うことが困難なことから、不当に高くリスク量が設定されたり新しい金融商品の開発が困難な状況にあったりする。

---

16) 金融リスクを測定するためには、不動産価格指数が不可欠である。不動産価格指数については、Diewert and Shimizu (2015), Shimizu *et al.* (2015), Shimizu, Nishimura and Watanabe (2015) を参照されたい。

逆に先に示したように、ビッグデータ解析が進むことで従来は不可能と考えられていたようなリスクを金融機関がとれるようになったり、一層多くのリスクがコントロールできるようになったりすれば、住宅市場を適正な水準まで拡張する可能性も出てくる。

　具体的にはノンリコースローンやリバースモーゲージ・ホームエクイティローンだけでなく、新しい住宅金融商品の開発を促す可能性が高くなる。または限定された住宅市場からより一般化された市場へと成長させることができる。

　このような技術の進歩は、リノベーション事業などにおけるクラウドファンディングなどを通じた新しい資金の担い手を誕生させることも容易にする。

　それでは、どのようにしたらこのようなことが実現できるのであろうか。

　このこともまた取引価格情報などを含む情報整備と密接に関係してくる。

　金融リスクの評価とビッグデータとの親和性が高いものの、情報がなければいくら技術が発展してもその恩恵を受けることができない。情報整備や様々な情報との融合が進むことで、住宅ローンの審査やリスク管理が一層容易になり、従来では限定的にしか実現できていなかったノンリコースローンやリバースモーゲージなどを適正な水準にまで拡大させるだけでなく、クラウドファンディングまたはそれ以外の新しい性質の資金を住宅市場に参入させる可能性を高めるであろう。

　つまり、金融イノベーションを起こすことで、住宅市場を活性化させるという循環を作ることが可能となるのである。

提案8.　不動産価格指数、リスク評価ができる情報インフラなどが開発できる環境を整備し、市場リスクを評価できる技術開発を進めることで、新しい金融市場が創設できるような情報インフラを整備する。

6 提言：透明で中立的な不動産流通市場の構築のために何が必要か？

（1）9つの提案

　住宅取引の活性化は、住宅市場の資源配分機能を高めることで社会全体を豊かにする。

　しかし日本の中古住宅市場は、その機能が十分に発揮されることなくその市場の成長を著しく遅らせてしまっている。また新築住宅市場と中古住宅流通市場との間に、乖離をもたらしてしまっている。

　それでは、どのような主体がどのような変革を遂げていくべきなのであろうか。すでに自由民主党政務調査会住宅土地・都市政策調査会中古住宅市場活性化小委員会（2015）によって多くの提言が出されており、一連の議論の整理の中で8つの提案をまとめてきたが、再度、ここに1つの提案を加えて、9つの提案をしたい。

提案1　不動産取引価格情報の整備と適切な開示。

提案2　売り手・買い手・仲介業者の責任を明確にすると共に、インスペクションに代表される品質情報を生産する仕組みの一層の普及。

提案3　製造段階、保有段階、流通段階など様々な局面で蓄積される情報を、製造者、所有者、売り手のそれぞれの責任を明確にした上で情報を生産し、蓄積する社会システムを構築する。

提案4　開示が必要とされる地域情報を地域単位で定義し、それを整備すると共に消費者に対して提供する仕組みを創設する。

提案5　低価格物件、無価値化物件が流通できるように、手数料体系の抜本的見直しを行うと共に、C to C市場の創設の阻害要因となっている制度改正を進める。

提案6　海外からの投資、またはB&Bなどに代表される新しい利用方法、リノベーションなどによる建物利用転換などを含む、住宅需要を拡大させる市場育成に努める。

提案7　ビッグデータの活用と市場変革、生産性を向上させるために、データ間の融合が可能になるような情報流通の制度を設計する。

提案8　不動産価格指数、リスク評価ができる情報インフラなどが開発できる環境を整備し、市場リスクを評価できる技術開発を進めることで、新しい金融市場が創設できるような情報インフラを整備する。

提案9　高度不動産人材の育成。

（2）公的部門と消費者をも含む民間部門の双方が改革を

　上記のような提言を実現していくためには、公的部門と消費者をも含む民間部門の双方が改革をしていかなければならない。

　まず、提案1の不動産取引価格情報の整備と適切な開示は、他国の例が示すように、国が行うべき課題である。

　提案2、3は民間部門が一層努力する課題である。民間部門が機能するためには、消費者を含む民間部門の責任を明確にしていかなければならない。また、責任を明確にするためには、責任を限定化していくことも必要であろう（清水・西村・浅見（2004））。

　一つの例を挙げれば、インスペクションを機能させるためには、その物件調査の義務を売り手または買い手のいずれかにしていかなければならないかもしれない。英国で進められたHIP（Home Information Pack）は、住宅流通市場における物件調査の義務を売り手に負わせた。住宅市場に出品するためには、その所有者はその商品に関する情報を整備することを義務づけたのである。一方、米国などでは売り手に対しては一定程度の情報の開示義務を負わせると共に、消費者に対しては、その商品を見極めることの責任を負わせている。そのため、インスペクションやエスクローが発達している。しかし、わが国においてはそのような業務はすべて宅地建物取引士に負わせることとなっている。

　住宅仲介市場を進化させていくためには、市場の透明化を一層進めていくことはその根幹にあることから、公的部門だけでなく、その責任を消費者をも含む民間部門も負いつつ、社会全体で進めていかなければならない

ものと考える。

　このことを進めるためには、提案5も含めて、現在の宅地建物取引業法を抜本的に見直していくことが必要となる。これらのことは公的部門と民間部門とが共に責任を負うべきことであろう。

（3）透明で中立的な不動産市場育成を実現するために

　提案6、7、8もまた公的部門と民間部門が一緒に進めなければならない。

　一層の海外投資を呼び込むためには、情報の開示ルールを含めた不動産投資市場の整備を進めなければならない。民泊、B&Bなどに代表される一時的な利用ニーズを吸収していくためには、制度的な改正も必要になってくる。また、リノベーションを通じた新しい建物利用への転換を含めた不動産需要の拡大には、人材育成をも含めた課題も残る。

　政策目的の不動産価格指数は、すでに国際基準に合わせて政府の責任の下で整備が進められている。

　しかし、まだまだ取引価格の情報インフラが未整備であることから改善の余地はきわめて大きい。加えて、民間での活用が限定されていることから、ビッグデータの恩恵を受けることができず、ひいては、金融市場の進化をもたらすまでには至っていない。

　一層の情報整備とその他の情報との融合によって、様々なイノベーションを起こす可能性があるにもかかわらず、その可能性の芽を摘んでしまっているのである。そのために、住宅金融のリスクを高め、リバースモーゲージやクラウドファンディングなどの新しい資金の呼び込みを行うことが限定的になってしまっているとも考えられる。

　このような透明で中立的な市場を構築していくためには、高度不動産人材を育成していくことが重要となる。いくら情報整備が進み、制度改正が行われ、ビッグデータ解析技術が進歩したとしても、高い専門性を持った人材がいなければ、市場の進化はない。現在の宅地建物取引業における資格制度のあり方を含めて、その資格取得後の継続教育のあり方なども含めて検討をしていかなければならないものと考える。具体的には、現在の宅地建物取引士は広く高い専門性を求めているものの、海外のように継続教

育に重点を置き、建物調査やエスクロー業務を他の専門家にゆだねて、売り手と買い手のマッチングだけに特化した資格制度を構築するということも考えられるであろう。そうした場合には、有資格者だけで一定の制約の下で流通市場で働くといった世界も構築することが可能となる。

　さらには、一層の高い技能を身につけるためには、大学などとの連携も考えられる。高度な専門性を修得する仕組みを産学連携で作っていく可能性は大いにあるであろう。また、民間が主体となって人材を育成していくこともあるものと考える。企業・業界という枠を超えて、社会全体で高度不動産人材を継続的に育成していく必要があるものと考える。

　不動産は、様々な情報の塊である。

　我々は不動産を取引しているのではなく、情報を取引しているということを強く認識しなければならない。そして、その情報は生産するものであり、消費者をも含む官民すべての主体によって実現されなければならない。

　透明で中立的な不動産市場が育成されていくことで、社会全体の厚生水準が大きく高まることを期待したい。

［参考文献］

Diewert, W. E. and C. Shimizu (2014) "Alternative Approaches to Commercial Property Price Indexes for Tokyo, Review of Income and Wealth," (forthcoming), Discussion 14-08, Vancouver School of Economics, University of British Columbia.

Diewert, W. E. and C. Shimizu (2015a) "A Conceptual Framework for Commercial Property Price Indexes," *Journal of Statistical Science and Application*, 3 (9-10), pp.131-152.

Diewert, W. E. and C. Shimizu (2015b) "Residential Property Price Indexes for Tokyo," *Macroeconomic Dynamics*, 19 (08), pp.1659-1714.

Diewert, W. E., K. Fox and C. Shimizu (2014) "Commercial Property Price Indexes and the System of National Accounts," Journal of Economic Surveys, forthcoming, Discussion 14-09, Vancouver School of Economics, University of British Columbia.

Dubin, A. (1998) "Predicting House Prices Using Multiple Listings Data," *Journal of Real Estate Finance and Economics*, 43, pp.401-422.

Engelhardt, G. V. (2003) "Nominal loss aversion, housing equity constraints, and household mobility:evidence from the United States," *Journal of Urban Economics*, 53, pp.171-195.

Genesove, D. and C. Mayer (1997) "Equity and Time to Sale in the Real Estate Market," *American Economic Review*, 87, pp.255-269.

Genesove, D. and C. Mayer (2001) "Loss Aversion and Seller Behavior: Evidence from the Housing Market," *Quarterly Journal of Economics*, 116, pp.1233-1260.

Glower, M., D. R. Haurin and P. H. Hendershot (1998) "Selling Price and Selling Time," *Real Estate Economics*, 26, pp.719-740.

Goetzmann, W. and L. Peng (2006) "Estimating House Price Indexes in the preference of Seller Reservation Prices," *Review of Economics and Statistics*, 88, pp.100-112.

Haurin, D. R. (1988) "The Duration of Marketing Time of Residential Housing," *AREUEA Journal*, 16, pp.396-410.

Haurin, D. R., J. L. Haurin, T. Nadauld and A. Sanders (2010) "List Prices, Sale Prices and Marketing Time: An Application to U.S. Housing Markets," *Real Estate Economics*, 38, pp.659-685.

Hendel, I., A. Nevo and F. Ortalo-Magane (2007) "The Relative Performance of Real Estate Marketing Platforms," NBER Working Paper, 13360.

Horowitz, J. L. (1992) "The Role of List Price in Housing Markets: Theory and an Econometric Model," *Journal of Applied Econometrics*, 7, pp.115-129.

Knight, J. R. (2002) "Listing Price Time on Market and Ultimate Selling Price," *Real Estate Economics*, 30, pp.213-237.

Knight, J. R., C. F. Sirmans and G. K. Turnbull (1994) "List price signaling and buyer behavior in the housing market," *Journal of Real Estate Finance and Economics*, 9, pp.177-192.

Knight, J. R., C. F. Sirmans and G. K. Turnbull (1998) "List Price Information in Residential Appraisal and Underwriting," *Journal of Real Estate Research*, 15, pp.59-76.

中川雅之・齊藤誠・清水千弘 (2014a)「老朽マンションが変える都市の姿」都市住宅学, No.87, pp.6-13. (公益社団法人 都市住宅学会).

中川雅之・齊藤誠・清水千弘 (2014b)「老朽マンションの近隣外部性——老朽マンション集積が住宅価格に与える影響——」住宅土地経済, No.93, pp.20-27. (公益財団法人 日本住宅総合センター).

Saber, J. L. and P. R. Messinger (2010) "The Impact of e-Information on Residential Real Estate Services: Transaction Costs, Social Embeddedness, and Market Conditions," *Canadian Journal of Administrative Sciences*, 27, pp.53-67.

Saita, Y., C. Shimizu and T. Watanabe (2013) "Aging and Real Estate Prices: Evidence from Japanese and US Regional Data," Journal of Housing Markets and Analysis, forthcoming. CARF Working Paper Series (東京大学), CARF-F-334. International.

Salant, S. W. (1991) "For Sale by Owner: When to Use a Broker and How to Price the House," *Journal of Real Estate Finance and Economics*, 4, pp.157-173.

Salter. P. S., K. H. Johnson and E. W. King (2010) "Listing Specialization and Pricing Precision," *Journal of Real Estate Finance and Economics*, 40, pp.245-259.

清水千弘 (2006)「住宅金融市場と住宅価格」住宅金融月報652号, pp.16-23.

清水千弘 (2007)「住宅関連情報の整備と消費者保護」季刊住宅金融, No.2, pp.18-27.

清水千弘 (2012)「既存住宅流通市場と住宅連鎖」日本不動産学会誌, Vol.101, pp.89-95.

Shimizu, C. (2013) "Sustainable Measures and Economic Value in Green Housing," *Open House International Journal*, Vol.38, No.3, pp.57-63.

清水千弘 (2014a)「人口減少・高齢化は住宅価格の暴落をもたらすのか?」土地総合研究, 第22巻第4号, pp.73-85.

清水千弘 (2014b)「メガイベントと不動産市場——オリンピックは不動産市場のファンダメンタルズを改善するのか?——」日本不動産学会誌, 第28巻第1号, pp.67-74.

清水千弘 (2014c)「空き家は資源かゴミか?——市場機能の強化と放置住宅の解消——」Evaluation, No.52, pp.14-20.

Shimizu, C. (2014) "Estimation of Hedonic Single-Family House Price Function Considering Neighborhood Effect Variables," *Sustainability*, Vol.6, pp.2946-2960.

清水千弘 (2015a)「空き家ゾンビ vs. スーパースター」日本建築学会・大会・都市計画部門『時空間的不確実性を包含する都市のプランニング』所収 (2015.9.5)，pp.127-132.

清水千弘 (2015b)「空き家はどうして生まれるのか? ── Why Do Vacant Homes Zombie Born? ──」麗澤学際ジャーナル，第23巻，pp.145-164.

Shimizu, C. and K. G. Nishimura (2006) "Biases in appraisal land price information: the case of Japan," *Journal of Property Investment & Finance*, 24 (2), pp.150-175.

Shimizu, C., S. Imai and E. Diewert (2015) "Housing Rent and Japanese CPI: Nominal Rigidity of Rents," IRES-NUS (National University of Singapore) Working Paper, 2015-009.

Shimizu, C., K. Karato and Y. Asami (2010) "Estimation of Redevelopment Probability using Panel Data ── Asset Bubble Burst and Office Market in Tokyo ──," *Journal of Property Investment & Finance*, 28 (4), pp.285-300.

清水千弘・川村康人・西村清彦 (2015)「誰に扉を開けばいいのか?: Open the Door ──人口減少・少子高齢化への政策選択の効果分析──」麗澤経済研究，第22巻，pp.29-47.

Shimizu, C., K. G. Nishimura and Y. Asami (2004) "Search and Vacancy Costs in the Tokyo housing market: Attempt to measure social costs of imperfect information," *Regional and Urban Development Studies*, 16, pp.210-230.

清水千弘・西村清彦・浅見泰司 (2004)「不動産流通システムのコスト構造」住宅土地経済，No.51，pp.28-37. (公益財団法人 日本住宅総合センター).

Shimizu, C., K. G. Nishimura and T. Watanabe (2010a) "House Prices in Tokyo ── A Comparison of Repeat-sales and Hedonic Measures ──," *Journal of Economics and Statistics*, 230 (6), pp.792-813.

Shimizu, C., K. G. Nishimura and T. Watanabe (2010b) "Residential Rents and Price Rigidity: Micro Structure and Macro Consequences," *Journal of Japanese and International Economy*, 24, pp.282-299.

Shimizu, C., K. G. Nishimura and T.Watanabe (2015) "House Prices at Different Stages of Buying/ Selling Process," IRES-NUS (National University of Singapore) Working Paper, 2015-021.

Shimizu, C., W. E. Diewert, K. G. Nishimura and T. Watanabe (2015) "Estimating Quality Adjusted Commercial Property Price Indexes Using Japanese REIT," *Journal of Property Research*, 32 (3), pp.217-239.

清水千弘・横井広明・杉本裕昭・花澤美紀子・石橋睦美 (2001)「道路交通騒音が住宅価格に与える影響に関する統計的検証」不動産研究，第43巻第3号，pp.61-72. (一般財団法人 日本不動産研究所).

Stanley, M., A. Adair, B. Louise, and J. R. Webb (2009) "Pricing and Time on the Market for Residential Properties in a Major U.K. City," *The Journal of Real Estate Research*, 31, pp.209-233.

Stein, J. C. (1995) "Prices and trading volume in the housing market a model with down-payment effects," *Quarterly Journal of Economics*, 110, pp.379-406.

Turnbull, G. K. and V. Z.-Herbert (2011) "Why Do Vacant Houses Sell for Less:Holding Costs, Bargaining Power or Stigma?" *Real Estate Economics*, 39, pp.19-43.

1-6

日本の住宅市場と家計行動
——借家市場の流動化と整備：定期借家をめぐって——

武蔵野大学 教授・慶應義塾大学 名誉教授
瀬古 美喜

　本章では、消費者の立場から見た借家市場の流動化と整備に関する3つの研究を紹介する。

　具体的には、第1節で日本における借家人保護の建前に立った借地借家法が借家人の転居に及ぼす影響、第2節で定期借家導入の効果、第3節で中途解約可能なリース契約の賃料の期間構造に関する分析という3つのテーマに関する研究を紹介する。

1　我が国の転居に対する借地借家法の影響

（1）はじめに

　日本の現在の住宅市場の状況を見ると、空き家率が全国的に増加していて、平成25年時点で全国平均13.5％という高い水準となっている。少子高齢化という我が国の近年の人口構造変化期に、住宅と家計のミスマッチ、すなわち居住ニーズのミスマッチが生じていることが、その要因と考えられよう。しかしながら、「住宅・土地統計調査」によれば、日本の年間転居率は1973年の8.1％から2013年では3.8％まで低下しているが、老年層だけでなく若年層でも転居率が下がっているので、必ずしも高齢化だけが要

因ではない。そこで、本節では、借地借家法に基づく借家人保護が、借家人の転居を阻害しているという観点から、制度的、政策的要因が、日本の転居率を低くしている可能性を分析する。借地借家法は、第2次世界大戦中に借家人を保護するために作られた法律である。賃貸借家人に契約更新権と家賃の面で、強力な法的保護を与えているという特徴がある。この法律の存在により、家主が市場の状態に合うような家賃の値上げをすることは困難となっている。結果として、市場では家賃が上昇している状況でも、借家人は、同じ借家に継続的に住み続ければ、新たな借家に転居した場合に支払う新規家賃よりも安い（継続）家賃を支払えればよいことになるため、借家人の転居を阻害することになっていると考えられるのである。

このような状況を踏まえて、借地借家法による（暗黙の）家賃統制システムの借家人の転居への影響を分析するために、まず家賃統制の恩恵を享受している継続家賃を支払っている借家人と、継続家賃よりも高い新規家賃を支払っている借家人とを識別し、そのうえで、借地借家法により結果として生じている暗黙の補助金額を求め、借家人の転居に対する借地借家法の影響を分析した。

(2) ハザードモデル

本節では、各世帯は生涯を通じて効用最大化に基づいて居住期間や住み替えのタイミングを決定すると仮定し、住み替えの発生を住み替えハザード率（次期に転居する確率）で捉える。転居の決定要因としては、世帯属性（所得（incomp）、年齢（age）、世帯人数（fsize））、住宅属性（住宅価格（hp）、家賃指数（rent）、築年数（hage）、部屋数（rooms））、労働市場の状況（正規雇用（reg）、自営業（self）、家族従業者（fam）および転職の是非（change））および借地借家法（dirc）を考える。

(3) データ

転居とその結果として得られる居住期間は、家計の動学的最適化行動の結果と考えられる。そこで、このような家計の行動を分析するためには、転居が生じた時点のデータだけではなく、過去のデータも必要となる。本

節では、慶應義塾家計パネル調査（KHPS）が、パネル調査開始前に各世帯が現住居に入居したときの情報や、それ以前の住居に関する情報を使用することができるという利点を用いて、回顧パネル・データを作成し、分析用データ・セットとして使用している。観測期間は1980年1月から2006年1月までである。パネル調査の開始時点である2004年1月を基準時点として、それ以前に前住居、または現住居に入居した世帯を分析の対象としている。

（4）借地借家法の代理変数

　本節は、借地借家法が借家世帯の転居を抑制していたかどうかを調べることが目的である。そこで、転居の決定要因として、借地借家法により生じた暗黙の補助金額の影響を調べるために、以下のような変数を作成して、推計に用いた。具体的には、暗黙の補助額の継続家賃に対する比を用いた。式で表すと、

$$dirc = \frac{借地借家法による暗黙の補助額}{継続家賃} = \frac{市場家賃 - 継続家賃}{継続家賃}$$

となる。継続家賃が、契約更新時の家賃である。日本では、上述したように、新規契約家賃は、借家市場での市場家賃として決定されるが、契約更新時の契約家賃の上昇が認められないため、市場家賃と継続家賃との間に差が生じ、この差が補助金の役割を果たしていると考えられるのである。したがって、この変数は、転居確率にマイナスの影響を与えると予想される。

（5）推定結果とシミュレーション

　図表1が、借家から借家への転居に関するワイブルハザード関数の推定結果である。借地借家法による暗黙の補助率dircの係数はマイナスで、10％水準で有意であり、借地借家法による暗黙の補助が、借家世帯の転居を抑制していることがわかる。

　図表2は、異なるdircの値別に、同じ借家にとどまる非転居確率を求めるシミュレーションを行った結果である。これらのシミュレーションは、世

借家から借家への転居ワイブルハザード関数推定結果

変数	係数	Z値	ハザード率
age	−0.238	−1.84*	0.79
age2	0.003	2.00**	1.00
fsize	0.106	0.26	1.11
age×incomp	0.000	1.25	1.00
age×fsize	−0.006	−0.62	0.99
age×hage	−0.001	−1.37	1.00
hp	0.001	1.19	1.00
hpgrsc3	5.583	1.54+	265.88
rent	0.138	2.70***	1.15
rentgrsc3	−57.332	−3.03***	0.00
dirc	−3.370	−1.95*	0.03
rooms	0.818	6.76***	2.27
reg	1.225	2.06**	3.41
self	0.447	1.07	1.56
fam	−0.049	−0.06	0.95
change	1.424	2.62***	4.16
定数項	−20.061	−2.86***	
p	2.231	7.46***	
世帯数		231	
転居世帯数		50	
観測値数		1714	
対数尤度		−85.4	
AIC		222.8	

（注）有意水準：***：1%，**：5%，*：10%，＋：15%
　　　地域ダミー変数の推定結果は省略されている。
（出所）Seko and Sumita（2007a）, Table 5. 変数の詳細に関しては、Table 1を参照のこと。

帯主年齢が35歳、世帯主は正規雇用として勤務し、現住居に居住し始めた時の実質所得は4,000,000円、世帯人員数は4人、住居の築年数は8年であり、関東地方に立地していると仮定して行ったものである。

　シミュレーションは、dircを補助額がゼロから、補助額が継続家賃と等しい1まで、0.1刻みで増やすことにより行われている。dircが増加するにつれて、非転居確率が1に近づくことがわかる。借地借家法による暗黙の補助額が増加するにつれて、転居の機会費用が増えることになり、転居確率が低くなることがわかる。

図表2 暗黙の家賃補助の借家からの非転居確率への影響 ［dirc (0 (0.1) 1)］

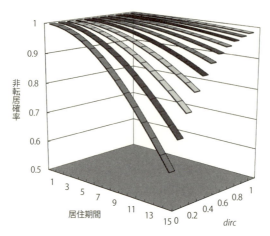

（出所）Seko and Sumita（2007a）, Fig. 6.

(6) おわりに

　本節では、慶應義塾家計パネル調査（KHPS）を用いて、転居ハザード関数を推定し、借家世帯への借地借家法の影響を調べた。その結果、借地借家法は転居に対して、マイナスの影響を及ぼしていることが明らかになった。

　現行借地借家法では継続家賃が抑制されているために、この制度が、借家世帯に補助額を支給する役割を果たし、これにより借家からの転居の機会費用を高めることにより、借家世帯の現在の借家居住期間を長引かせ、転居率を低下させていると思われる。

　借家市場には、2000年3月に新たな居住形態として「定期借家権付き借家」（定期借家）が導入されている。この定期借家での契約では、賃貸契約の更新が家主と借家人の相互の合意に基づいて行われ、家主が市場状況に合わせた家賃を提示できる。継続家賃の裁判所による暗黙の家賃統制の影響を受けないこの定期借家の導入により、今後の転居率の拡大を促進することができると期待されている。

本節はSeko and Sumita（2007a）の分析を要約したものである。より詳
細な分析結果については、Seko and Sumita（2007a）を参照のこと。

2　家計の居住形態選択行動から見た定期借家導入の効果

（1）はじめに

　本節では、近年の借地借家法改正の影響を、家計の居住形態選択行動の
観点から分析する。

　2000年3月に旧借地借家法が改正され、定期借家権という新たな契約形
態の借家が誕生した。この定期借家権は、それまでの日本の賃貸住宅市場
におけるさまざまな問題を解決する狙いで導入されたものである。

　旧借地借家法は1941年から、借家人に家主の意思による立ち退き要求に
対する強力な法的保護を与え、法廷の保護の下での暗黙の家賃統制を作り
出した。第2次世界大戦直後の極度な住宅不足と貧困の拡大していた時期
には、この法律は、社会の安定と調和を作り出す役割を果たしていたが、
現在は状況が大きく変化している。

　そこで、旧借地借家法が改正され、日本の住宅市場に居住形態として第
3の選択肢となる定期借家が導入されることになった。

　新たに導入された定期借家契約は、期間満了によって契約が終了し、契
約の更新のない契約形態である。定期借家の場合、期間満了による契約終
了条件としては、書面による通知は必要だが、正当事由等は不要である。
それに対して、従来から存在する一般借家の場合、貸主側からの一方的な
更新拒絶の場合には、正当事由等が必要である。同一当事者間での契約の
継続に関しては、定期借家契約では更新は認められないので、引き続き借
家関係を継続する場合には、再契約を結ぶことになる。それに対して、一
般借家契約の場合には、正当事由がない限り、契約は更新される。

　このような両借家契約の違いによって、定期借家と一般借家は、異なる
リスクに直面することになる。一般借家契約では、家主が賃料を上げるこ
とは非常に難しいため、借主には、ほとんど賃料増額のリスクがない。し

かし、家主には好ましからざる借家人に居座られるリスクがある。このような借家人がとどまり続けると、マンションのような複数の借家からなる建物の場合、他の借家人に対する魅力が低下し、建物全体としての資産価値が低くなることになる。

　一方、定期借家契約では、市場家賃に関するリスクを家主の計算に含めることができる。この法律の改正により、家主は、市場の状態に合わせ家賃を上げることができるようになった。そして長期の契約を結ぶことも可能になった。さらに家主は、望ましからざる借家人に居座られるというリスクから解放されている。しかし、家主にとっての定期借家契約の欠点は、床面積200平方メートル未満の建物の、居住用の賃貸借の場合に、転居、療養、親族の介護その他のやむをえない事情により、建物を自己の生活の本拠として使用することが困難となった場合には、借家人による契約の解除が法律で認められていることである。

　また、定期借家制度の創設には、政策立案者による、質の高い、大型の賃貸住宅の供給を増やそうという意図が反映されている。立案者たちは、もし法廷による暗黙の家賃統制が存在しなければ、家主が新たな大型の借家を供給するだろうと考えて、この制度を創設した。

　以下、本節では、定期借家を含む3つの居住形態（持ち家、一般借家、定期借家）に対する家計の選択行動の決定要因を分析し、経済厚生の指標として補償変分を求め、この新たな定期借家が市場でどう評価されているかを検討する。

(2) データ

　この項では、分析に用いたデータ・セットと、3居住形態に関するいくつかの記述統計量について説明する。データは、KHPSから抽出されたものである。KHPSの長所は、3居住形態に関する世帯の特徴を示す所得、世帯人員数のみでなく、住宅属性に関するデータも利用できることである。特に、2種類の借家に関する豊富な情報も利用できることが便利な点である。

　このKHPSの第1波、第2波、そして第3波のデータを使用して、現居住世帯に入居したときの住宅と家計に関する次のような情報を集めた。居住

形態、床面積、築年数、部屋数、世帯主年齢、所得、そして世帯人員数である。

　分析対象とした標本は、2000年3月以降に現住居に入居した世帯（以降、転居世帯）に限定している。分析に必要な2000年3月以降から2002年までの情報は、KHPSの調査開始前の情報であるが、第2回KHPSにおいて、現住居に入居した時点での情報が調査されているので、それを利用する。2003年以降に現住居に入居した世帯に関する情報は、KHPSの3年分のデータから利用できる。

　持ち家の平均住宅価格（PRICE）は30,161,200円であり、一般借家の平均家賃（GRENT）は72,000円/月であり、定期借家の平均家賃（FRENT）は61,300円/月であった。一般借家家賃は、定期借家家賃よりも高い。

　住宅の規模を示す変数として、部屋数（ROOMS）を用いている。持ち家の平均部屋数は5.2部屋であり、一般借家は3.4部屋、定期借家は2.9部屋であった。これらの平均の差は有意である。特に持ち家は2種類の借家よりも大きいことがわかる。定期借家を見てみると、より広い借家の供給を増やそうとする目的は達成されていないように見える。

　2つの借家の平均築年数（HAGE）の差は有意ではなかったが、一般借家の築年数が12.4年であるのに対して、定期借家は14.5年であった。これに対して、持ち家は6.9年と比較的新しかった。

　後述の居住形態選択モデルでは、各住居属性変数を表すために、ヘドニック価格モデルの予測値を使用する。ヘドニック価格モデルは次のように表される。

$$\text{PRICE} = f(\text{HAGE, ROOMS}, \cdots) \quad (1)$$
$$\text{GRENT} = g(\text{HAGE, ROOMS}, \cdots) \quad (2)$$
$$\text{FRENT} = h(\text{HAGE, ROOMS}, \cdots, \text{CMONTH}) \quad (3)$$

　(1) 式は、持ち家住宅価格のモデルであり、(2) 式は一般借家家賃のモデルである。そして (3) 式は定期借家家賃のモデルである。最後のモデルだけには、定期借家契約における契約期間の長さを示す変数CMONTHが

含まれている。これは、一般借家は、借主が賃料の増額なしに契約を更新するか契約を終了するかという選択権を持っており、実質的に契約期間が無限で確定していないのに対して、定期借家は契約期間の終了時には契約の更新はなされないという意味で契約期間が確定しているという両借家契約の本質的な違いを反映するためである。長期契約が契約期間を固定することにより市場リスクを減らすと想定される場合には、CMONTHの係数は、正の符号条件を持つと予想される可能性が高い。しかしながら、実際には、借家契約の形態や、市場条件などに関して、どのような理論的な想定をするかによって、定期借家家賃は、契約期間に関して、右上がりになったり、右下がりになったり、両方の混合形態になる可能性があることが示されている（Grenadier（1995）、Yoshida, Seko and Sumita（2016）等を参照のこと）。

　これらのヘドニック・モデルの推定結果を得た後に、全ての世帯に対して、3種類の予測住宅価格を求める。持ち家価格の予測値はPRICEHATである。これらの値は持ち家サンプルに対してのみ計算するのではなく、2つの借家サンプルに対しても計算している。借家サンプルの場合には、持ち家価格の予測値は、借家世帯が住んでいる借家を購入した場合の価格を示している。同様に、一般借家の予測家賃と、定期借家の予測家賃も計算されており、それぞれGRENTHATとFRENTHATとする。

　FRENTHATを計算するときには、契約期間CMONTHに関する情報を利用する必要がある。この変数は、持ち家と一般借家については、契約期限が存在しないために、この情報を用いることはできない。そこで、これら2つの居住形態に関しては、現住居に転居後の居住期間HMONTHを代わりに利用している。

　このようにして求められたGRENTHATとFRENTHATとをPRICEHATで割ることにより、相対価格（RELAP）を求めている。この相対価格は持ち家の資本コストを示していると解釈できる。RELAP1を一般借家家賃と持ち家価格との間の相対価格とし、RELAP2を定期借家家賃と持ち家価格との間の相対価格とする。これらの相対価格を居住形態選択モデルの推定に利用する。

説明変数	係数	標準誤差	z値
RELAP	−3.121	0.534	−5.85***
（一般借家）			
PINCOME	−0.002	0.001	−3.60***
FMEMBER	−0.657	0.108	−6.11***
MARRIED	−0.154	0.354	−0.44
NEWPLACE	2.631	0.911	2.89***
PLAN	0.129	0.676	0.19
HMONTH	−0.007	0.008	−0.90
（定期借家）			
PINCOME	−0.002	0.001	−2.59**
FMEMBER	−0.682	0.138	−4.94***
MARRIED	−1.534	0.364	−4.21***
NEWPLACE	3.930	0.959	4.10***
PLAN	1.040	0.660	1.58+
HMONTH	−0.004	0.010	−0.38
観測値数	492		
対数尤度	−400.545		

（注）有意水準：***：1%、**：5%、*：10%、+：15%
　　　持ち家を、ベースとなる選択肢としている。
（出所）Seko and Sumita（2007b）, Table 5. 変数の詳細に関しては、Table 2を参照のこと。

（3）ヘドニック価格モデルと、条件付ロジット・モデルの推定

　まず、サンプル・セレクションの問題に注意深く対応するために、持ち家価格、一般借家家賃、定期借家家賃に関するヘドニック価格モデル（1）（2）（3）を推計した。次に、この3種類の居住形態の価格の予測値を用いて、持ち家、一般借家、定期借家の3居住形態に関する3選択肢の構造型条件付ロジット・モデルを推計した。図表3に、構造型条件付ロジット・モデルの推定結果がまとめられている。

　3つの居住形態の価格から作成された相対価格（RELAP）は有意であることから、居住形態の違いが反映された価格情報が、居住形態を選択する際に重要な役割を果たしていることがわかる。恒常所得変数（PINCOME）

も負で有意であり、高所得世帯ほど持ち家を選択し、一般借家・定期借家への選択確率は低下する傾向が見られた。定期借家を選択する世帯は、世帯人員数（FMEMBER）が少ない世帯、他県からの転居世帯（NEWPLACEダミー変数が1）、結婚をしていない（MARRIEDダミー変数が0の）世帯主による世帯、5年以内に持ち家購入予定（PLANダミー変数が1の）世帯であった。

（4）定期借家導入の効果

　本項では、定期借家導入という借地借家法の改正による、経済厚生の変化に関する結果を概観する。

　本節では、上述したように、定期借家を含む3つの居住形態（持ち家、一般借家、定期借家）に対する家計の選択行動の決定要因を分析し、経済厚生の指標として補償変分を求め、この新たな定期借家が市場でどう評価されているかを検討した。その結果、（ⅰ）定期借家を選択する世帯は、世帯人数の少ない世帯、県外から転居してきた世帯、単身世帯、近い将来に持ち家を購入する予定のある世帯であることがわかった。また、（ⅱ）定期借家の導入により定期借家居住世帯にもたらされた補償変分の平均値は1,205円であり、彼らの家賃の約1.96％に当たる。若い世帯主・低所得世帯が定期借家の導入により最も多くの恩恵を受けていることがわかった。

（5）おわりに

　本節では、各世帯は生涯を通じて効用最大化に基づいて最適な居住形態（持ち家、一般借家、定期借家）を選択すると仮定し、まず初めに誘導型の居住選択関数を推定し、次に自己選択から生じるバイアスの補正項をヘドニック関数に入れて予測価格を推定し、最後に予測価格から相対価格（家賃／価格）を求め、居住形態選択に関する構造型条件付ロジット・モデルを推定した。そして、借地借家法の経済厚生を分析するために、補償変分（定期借家を含む期待消費者余剰と定期借家が存在しない場合の期待消費者余剰の差分）を借主の属性ごとに求めた。

　このように、本節は、2000年3月に借地借家法の改正により導入された

定期借家を含む居住形態選択関数を推定した研究であるが、その結果、次のことが明らかとなった。(i) 価格項の推定値から、3つの居住形態はいずれも代替財である。(ii) 一般借家世帯も定期借家世帯も恒常所得が増加すると、これらの選択確率は減少するが、前者の方が後者よりも大きく反応していた。(iii) 世帯人員数の少ない世帯、県外からの転居世帯、世帯主が既婚でない世帯、将来持ち家を購入する予定のある世帯に、定期借家を選択する傾向が見られた。すなわち、定期借家の導入により、若年層、低所得、世帯人員数の少ない世帯、少し古い住宅の定期借家世帯での経済厚生の拡大が見られた。

　本節での実証結果は、これまで信用力が乏しいゆえに賃貸市場から排除される傾向の高かった経済的弱者に対しても定期借家制度の導入により居住の確保ができるようになったことを示唆している。しかし、定期借家の導入による家族の多い世帯での経済厚生の拡大は小さく、良質な家族向け賃貸住宅の増加という当初の政策目的が達成されていないことになる。家族向け定期借家を増やすためには、一般借家から定期借家契約への転換を容易にすること、また借家人からの一方的な借家契約解除に制限を設けることなどが挙げられる。それにより、住宅市場における流動性が高まり、持ち家率が低下し、すべての家計の経済厚生は増加すると期待できる。

　本節はSeko and Sumita (2007b) の分析を要約したものである。より詳細な分析結果については、Seko and Sumita (2007b) を参照のこと。

3 中途解約可能なリース契約の賃料の期間構造：一般借家家賃と定期借家家賃の期間構造の比較分析

　本節では、中途解約可能なリース契約（オペレーティングリースや日本の2,000万戸の借家契約に共通）の賃料の期間構造を理論的・実証的に検討した。換言するならば、摩擦要因と賃料のリスクプレミアムが存在する場合の、借り手の最適な中途解約および解約決定行動と、貸し手の合理的な登録賃料決定行動をモデル化した際の、中途解約可能リース契約の均衡賃料

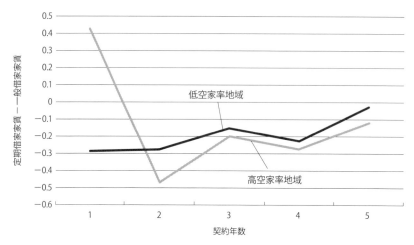

図表4　定期借家家賃と一般借家家賃との差

（出所）Yoshida, Seko, Sumita（2016）Figure 5 より作成。

期間構造の分析を行った。

　Yoshida, Seko and Sumita（2016）によれば、理論的に我が国の借家契約のような中途解約が可能な場合、家主の直面する取引コスト（契約コストや空室によるコスト）が低い場合には、契約期間が長くなるに従い、定期借家家賃は一般借家家賃に接近する傾向を示す。つまり、理論的には、借主がリース契約をいかなる時点でも解約可能ならば、摩擦のない経済では賃料の期間構造は右上がりになることを示すことができる。

　しかし、家主の取引コストが高い場合には、短い契約期間の家賃は、家主にとっての取引コストを埋め合わせるためにも、一般借家家賃よりも高くなる傾向がある。定期借家契約の家賃では、取引コストが重要となるのである。つまり、貸主のリースコスト（摩擦要因）をモデルに加えると、短期の契約においては初期賃料が高く設定され、これらは日本の借家市場のデータを用いた実証結果と整合的である。この場合、短期契約における賃貸市場は借主の信用度によって分断される。たとえば、少数の信用力の低い借主は、彼らに長期のリースが提示されないならば、高い短期賃料を受け入れざるを得ないという説明が可能である。

図表4に、空家率を取引コストの代理変数としてJHPS/KHPS[1]を用いて分析した結果が示されている。低空家率地域では、契約期間が長くなると、定期借家と一般借家の家賃の差は0に接近するが、高空家率地域では、短期の契約において、定期借家の家賃は一般借家よりも高くなる傾向が確認できた。

この研究結果は、契約の期間構造を解釈する際には内包されたオプション、契約費用、市場の空室率等に注意を払う必要があることを示している。

本節は、Yoshida, Seko and Sumita(2016)の分析を要約したものである。より詳細な分析結果については、Yoshida, Seko and Sumita (2016) を参照のこと。

以上、借家市場の流動化と整備という観点より、その中でも主に、定期借家をめぐる3つの研究を紹介したが、今後の不動産流通の促進のためには、定期借家を普及することの有効性が、積極的に検討されるべきであろう。

［参考文献］
瀬古美喜『日本の住宅市場と家計行動』東京大学出版会、2014年.
Grenadier, S. R. (1995) "Valuing Lease Contracts: A Real-Option Approach," *Journal of Financial Economics*, 38 (3), pp.297-331.
Seko, Miki and Kazuto Sumita (2007a) "Effects of Government Policies on Residential Mobility in Japan: Income Tax Deduction System and the Rental Act," *Journal of Housing Economics*, 16 (2), pp.167-188 (邦語短縮版：「わが国の住替えに関する制度・政策の影響」『季刊住宅土地経済』2008年夏季号, No.69, pp.12-22).
Seko, Miki and Kazuto Sumita (2007b) "Japanese Housing Tenure Choice and Welfare Implications After the Revision of the Tenant Protection Law," *Journal of Real Estate Finance and Economics*, 35 (3), pp.357-383 (邦語短縮版：「借地借家法改正後の居住形態選択と経済厚生の変化」『季刊住宅土地経済』2011年夏季号, No.81, pp.26-38).
Yoshida, Jiro, Miki Seko and Kazuto Sumita (2016) "The Rent Term Premium for Cancellable Leases," *Journal of Real Estate Finance and Economics*, 52 (4), pp.480-511 (邦語短縮板：「中途解約可能な賃貸借契約の賃料期間構造」『季刊住宅土地経済』2017年秋季号, No.106, 近刊).

---

1) JHPS/KHPSとは、日本家計パネル調査、Japan Household Panel Surveyをさす。

1-7

不動産業者の役割とテクノロジー

日本大学経済学部 教授
中川 雅之

1 はじめに

　2016年に決定された新しい住生活基本計画においては、中古住宅市場の活性化が大きなテーマとして取り上げられている。この中古住宅市場の活性化にあたっては、不動産業者の新しい役割が求められることが多くなっている。実際に、不動産業者の重要事項説明にインスペクションの有無を入れた、宅地建物取引業法の改正案が成立した。

　また近年、real estate tech、property tech などの言葉を聞くようになった。不動産市場にITをはじめとした新しいテクノロジーを導入する動きを、そのように呼ぶことが多い。このような動きは不動産市場をどのように変えるのか、それとも何も変わるところはないであろうか。

　不動産業者には新しい機能が求められることが多くなっている現状に鑑み、本章ではまず不動産業者が果たす役割の社会的な意味を整理したい。その上で、テクノロジーの進化が、不動産業者の機能や、不動産市場自体に与える影響を明らかにすることを試みてみたい。このため、ここで取り上げる不動産市場とは、売り手と買い手の間に仲介業者としての不動産業

者が入る形の取引を考える。つまり、売り手や買い手がテクノロジーを用いて、直接何らかの情報を得ること、取引を行うことを対象とせずに、間に立つ不動産業者の役割に注目した議論を展開したい。

本章は以下のように展開される。第2節においては、そもそも不動産業者がどのような役割を果たしていたのかを、経済学的に解説する。第3節では日本及び米国で、どのようなテクノロジーの導入が行われているのかについて解説する。第4節では、数値例を用いてテクノロジーの導入が不動産市場をどのように変化させるかを検討する。

2　不動産業の存在意義

そもそもなぜ、不動産業者という自ら何の生産活動も行わない主体が、存在するのだろうか。このような売り手と買い手の間に立って、その取引の取次を行う主体は、経済学ではMiddlemanと呼ばれる。ここでは仲介人と呼び、それがどのような役割を果たしているのかに関する既存研究を紹介しよう。

Rubinstein and Wolinsky（1987）では、財の売り手と買い手が存在し、それらが直接取引してもよく、間に仲介人を立てて取引してもいい世界が描かれている。売り手と買い手は、市場でお互いに相手を見つけて、その後交渉し価格を決めて、取引を決定する。

図表1にあるように、売り手Sと買い手BがL人市場に存在するが、新規の売り手Sと買い手Bが、eの比率で市場に参入する。一方、潜在的な仲介人はK'存在し、市場にK人存在する仲介人は、財を持っていない仲介人Nと、財を持っている仲介人Mの二種類がある。つまり、売り手と出会った財を持っていない仲介人Nはそれを買い取って、財を持つ仲介人Mとなり、買い手と出会った場合にそれを売って、再び財を持たない仲介人Nとなる。

この場合、仲介人が売り手と買い手のマッチング確率を上げる場合にだけ、仲介人が存在する均衡が存在することをRubinstein and Wolinsky

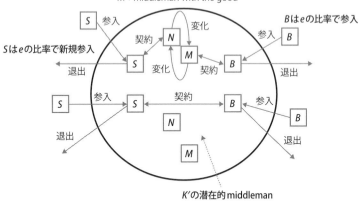

図表1 Rubinstein and Wolinsky（1987）で描かれる世界

B：buyers
S：sellers
N：middleman without the good
M：middleman with the good

S はeの比率で新規参入
Bはeの比率で参入

参入　変化
契約　　N
変化
M
退出

参入　契約　参入
退出　退出

K'の潜在的 middleman

（出所）著者作成

（1987）では証明している。

　ではなぜ、仲介人が介在した場合に、売り手と買い手のマッチング確率が高まるのであろうか。

　Shevchenko（2004）では、複数の財の在庫を備えることができる仲介人が描かれる（図表2）。この世界の生産者は生産も消費も行うが、たまたま自分の生産している財を選好している場合を除き、市場に参入して他の生産者との財の交換を行うことが前提となる。ランダムマッチング過程で取引ができるのは、欲望の二重の一致があった場合に限られる。

　一方仲介人は、「全ての財を消費できる」、言い換えれば、消費について特別の選好がないという仮定から、生産者と仲介人の取引には、欲望の二重の一致は必要とされない。つまり仲介人は、全ての生産者から財を引き受けることが可能である。しかし、生産者は自らが欲しい財を仲介人が持っている場合にだけ、取引を行うこととなる。

　仲介人はkの棚を持っており、その棚に財を1単位ずつ保管しておける。

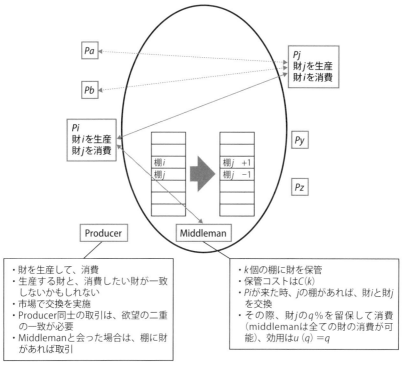

図表2 Shevchenko（2004）で描かれる世界

（出所）著者作成

その際のコストはC（k）であり、kが多いほどコストも高くなる。一方kが多いほど、ランダムに訪れる生産者の欲しい財を持っている可能性が高くなる。

　このように仲介者は、在庫コストとマッチング確率のトレードオフ関係から、棚の数kを決定することになるが、複数の在庫あるいは情報を抱えることで、生産者の探索費用を節約させるという役割を果たす。

　また、Biglaiser and Friedman（1994）においては、仲介人の役割として、品質情報などについて、情報の非対称性を緩和できることが強調されている。

　このように仲介者としての不動産業者の存在意義は、「たくさんのバラエティーの不動産の在庫、情報を抱えること」と、「情報の非対称性を緩和す

ること」により、売り手と買い手のマッチング確率を上げるところにあると、まとめることができよう。それでは、テクノロジーの導入は、この不動産業者の役割にどのような影響を与えるのであろうか。

3　ITテクノロジーの導入状況

（1）日本の現況

　近年、不動産市場においても、ITをはじめとしたテクノロジーの導入が積極的に行われようとしている。その背景としては、不動産や地域に関連した情報が電子化され、その蓄積が進みつつあることと、AIが発達することで、機械学習により、このビッグデータについてより優れた解析を行うことが可能になっていることがあげられよう。またそれだけでなく、VR（仮想現実）などのテクノロジーの発達も、これらの動きを後押ししている。日本で普及しつつある取組のいくつかを紹介しよう。

　価格推定サービス
　IESHIL（株式会社リブセンスが提供する3,000万件の売買、賃貸履歴などのデータを活用し、各物件の価格推移を明示し、市場価値をリアルタイムで算出するサービス）のほか、Gate.（株式会社リーウェイズ）、HOME'S プライスマップ（株式会社LIFULL）などのサービスが展開されている。

　3D間取りシミュレーター
　GRID VRICK（株式会社LIFULLが提供する、おもちゃのブロックでつくった間取りが3Dの家となる、バーチャル空間を体験できるサービス。買い手の購入後の生活イメージの構築が可能となる。）

　バーチャル内覧
　SUUMOスコープ（リクルート住まいカンパニーが提供する、スマートフォンと組み合わせることでマンションのモデルルームをバーチャル内覧できるコンテン

ツ）のほか、Room VR（株式会社LIFULL）などがある。

スマートロック

三菱地所グループ、東京グループなどでは、インターネット対応スマートロックを利用した無人内覧サービスを提供しているほか、HOME'S PRO（株式会社LIFULLが提供している内覧予約と、スマートキーによる鍵の開け閉めを可能とするサービス）などがある。これらのサービスにより、内覧のスケジュール管理と鍵の管理のコストを大きく低下させることができる。

顧客とのコミュニケーションサービス

HOME'S LIVE（株式会社LIFULLが提供するIT重説を行うためのソフトであり、社会実験中のIT重説に用いられているもの。時間、空間的な制約にかかわらず重要事項説明を行い、売買を進めることが可能となる。）などが用いられている。

以上にあげたサービスは、不動産業者が主に買い手に対して行う様々なサービス、つまり価格査定、参考価格の提示、内覧、購入後の住生活のコンサルティングなどのコストを下げ、重要事項説明という法律上の義務の履行のコストを下げる効果を有する。大量の客観性を備えた参考価格の提示、多くの物件の内覧による視覚情報の提供、購入後の住生活に関する3-Dを用いたコンサルティングにより、それがない場合に比べて多くの情報が買い手に提供されることになり、情報の非対称性の一定の緩和につながることが期待される。

（2）米国の現況

それでは次に、米国におけるテクノロジーの導入状況を解説しよう。2016年11月に行われたNAR EXPO/Conferenceでは多くのITテクノロジーを活用した商品、サービスの展示、紹介が行われていた。非常に大くくりに言えば、それらも自動価格査定、VRによる内覧、スマートフォンを通じた顧客とのコミュニケーションのためのアプリケーション、電子契約

などによって構成されており、基本的には日本で導入されようとしているものと大きな相違はないように感じられた。

　しかし、異なる点が1点存在する。一つは、テクノロジーの普及状況である。上記のテクノロジーを用いた商品、サービスは、一般の不動産業者の日常業務において頻繁に用いられている一方で、日本においては、これらの商品、サービスの提供は始まったばかりである。一般に、年齢が若いほどITテクノロジーに関するリテラシーが高いと言われているが、米国の不動産業者の平均年齢は50歳台後半であり、日本と比較して特別に若いわけではない。しかし、後述のMLSにおいては、不動産業者に関するIT技術講習が頻繁に行われており、年齢の高い不動産業者であっても、これらの技術を習得することが、あまり大きなコストを払うことなく可能となっている。

　二つ目に、MLS（Multi Listing Services）の存在をあげることができよう。これは、情報システムを共同利用して、個々の不動産業者がアクセスできる物件情報の数を、地域の不動産市場を網羅するレベルまで引き上げる仕組みである。つまり、地域の不動産市場ごとに、全ての売り物件の情報が集中して管理されているだけでなく、対象物件の状態に関する情報、売買履歴、周辺の物件の売買の履歴や成約価格、周辺地域の人口、経済活動、災害等の情報が、重ねられる形で閲覧することができるようになっている。MLSに加盟している不動産業者は、この統合情報システムを利用することができる代わりに、全ての物件をMLSにあげる義務や、売買や交渉に関する情報の管理を厳格に行う義務を負っている。さらに、このMLSに接続する形で、前述のスマートロックに該当するキイボックスサービスや、統一契約書、電子契約サービスなどが利用できるようになっている。このMLSに代表されるシステムは、不動産業者の共同作業を通じて、不動産業者が抱える在庫、情報を飛躍的に拡大する効果を持つものと整理することができよう。

（3）テクノロジーを導入することの意味

　これまで説明してきたようなテクノロジーはそもそも、不動産業者の機

能にどのような影響を与えるのであろうか。第2節で説明したように、そもそも仲介人としての不動産業者は大きな在庫ストックあるいは情報を抱えることで、売り手、買い手のマッチング確率を上げること、売り手と買い手間の情報の非対称性を解消することに、その存在意義があった。ITテクノロジーは、前者の物件情報の蓄積や管理コストを、飛躍的に引き下げるという影響を持つであろう。また、大量の売買価格情報に基づく、ヘドニック法を用いた参考価格情報の提供、AIを用いたその精度の担保、スマートフォンなどのコミュニケーションツール、VR技術の発達は、顧客との時間的、空間的制約を取り払って、より詳細な情報提供を可能とするため、情報の非対称性を解消するコストも、引き下げる影響を与えるものと考えられる。

このようにテクノロジーの導入は、一般的に、不動産業者の機能を強化し、不動産市場の効率化に寄与するものと考えられる。しかし、前述のように日本と米国ではその導入状況に、一定の差異が存在する。次節では、この導入状況の差異が何をもたらすかを、数値例を使って検証してみる。このため、もう一度日米のテクノロジーの導入状況の差異を確認してみよう。米国でのIT技術の導入の状況を概念図としてまとめてみた。図表3にあるように、米国での不動産流通を促進するために用いられているテクノロジーは、

　　　タイプα：個々の不動産の情報伝達コストを引き下げ、顧客（売り手、買い手）への情報伝達量を増加させるタイプのもの（図表3の実線で表現されている部分）

　　　タイプβ：MLSという不動産市場全体の、つまり、参加する不動産事業者全ての情報伝達コストを引き下げるタイプのもの（図の点線で表現されている部分）

に分類される。

先述の日本において導入されようとしているテクノロジーは、上記のタイプαのものがほとんどであることがわかる。日本においては、レインズという売り物件の統一情報システムがあるが、ステータス管理の厳格化が始まったばかりであり、地域情報との重ね合わせは、不動産情報ストック構

図表3　米国におけるテクノロジーの導入状況

魅力的なBtoCサイト（たくさんの写真、バーチャルツアー、バーチャルリアリティ、豊富な情報を提供することで、MLSからのレポートのみならず、直接的な情報を提供

ソーシャルメディア、顧客管理ソフトを使用することで、緊密なエージェント⇔顧客のコミュニケーション

キーボックスを連動させることで、showingの取引費用を逓減電子サインのシステムを連動させることで、契約の取引コストを逓減

全ての売り物件の情報を集約して、MLS参加者はここを通して厳格な管理しか売買できない。

自動査定や、他物件の状況を踏まえた物件や環境の評価などのコンサルティング

Data Companyが、登記情報、地域の人口、経済状況、環境などの情報を収集して、重ねる

自動査定や他物件の状況を踏まえた物件の透明性のある査定、売るタイミングなどのコンサルティング

MLS

売り手 A	→	Sagent A	→	物件 A	Bagent A	←	買い手 A
売り手 B	→	Sagent B	→	物件 B	Bagent B	←	買い手 B
売り手 C	→	Sagent C	→	物件 C	Bagent C	←	買い手 C
売り手 D	→	Sagent D	→	物件 D	Bagent D	←	買い手 D
売り手 E	→	Sagent E	→	物件 E	Bagent E	←	買い手 E
売り手 F	→	Sagent F	→	物件 F	Bagent F	←	買い手 F
売り手 G	→	Sagent G	→	物件 G	Bagent G	←	買い手 G
売り手 H	→	Sagent H	→	物件 H	Bagent H	←	買い手 H

想として横浜市で実施されているが、実用化のめどは立っていない。

4　テクノロジーの導入が不動産市場をどう変えるか

　この節では、テクノロジーの導入が不動産市場にどのような影響を与えるかを、数値例を通じて検討してみる。一定の状況下で、個々の不動産業者の情報提供コストを引き下げるテクノロジーの導入（タイプα）と、不動産業者によって分断されている市場を統合し、不動産市場全体の効率化を達成するテクノロジーの導入（タイプβ）の不動産市場への影響のシミュレーションを行う。

（1）設定
　ここである不動産市場が二つの小地域（小地域1、小地域2）から構成されており、それぞれの地域には、次のような特徴を持つ売り手と買い手が存在するものとする。

〈売り手〉
・不動産物件には、3つの属性があり、それぞれの属性ごとに良質、低質なものがある。このため物件は2×2×2＝8種類存在する（図表4）。
・それぞれの物件は1人の売り手に帰属し、売り手はそれぞれの属性について、良質であれば80、低質であれば40のオファー価格を持っている。全体のオファー価格はそれぞれの属性の単純平均とする。
・小地域1には売り手1〜4が、小地域2には売り手5〜8が存在する。

〈買い手〉
・買い手の付値は、それぞれの属性について良質なものは90、低質なものは45とする。
・なお、属性ごとに以下の性質を持っている。
　属性1：コストなしで観察できる属性

図表4 シミュレーションの前提

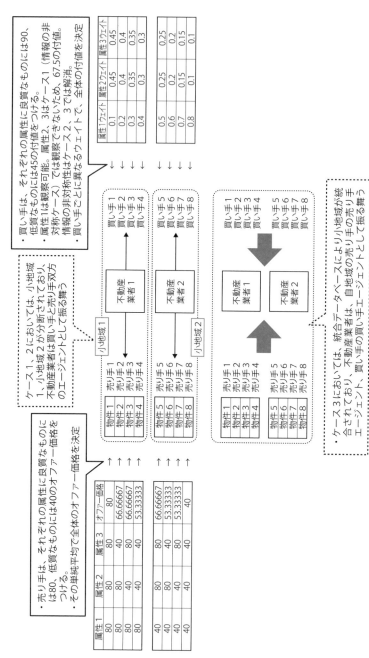

属性1ウェイト	属性2ウェイト	属性3ウェイト
0.1	0.45	0.45
0.2	0.4	0.4
0.3	0.35	0.35
0.4	0.3	0.3

属性1ウェイト	属性2ウェイト	属性3ウェイト
0.5	0.25	0.25
0.6	0.2	0.2
0.7	0.15	0.15
0.8	0.1	0.1

属性1	属性2	属性3	オファー価格
80	80	80	80
80	80	40	66.66667
80	40	80	66.66667
80	40	40	53.33333

属性1	属性2	属性3	オファー価格
40	80	80	66.66667
40	80	40	53.33333
40	40	80	53.33333
40	40	40	40

・買い手は、それぞれの属性に良質なものには90、低質なものには45の付値をつける。
・属性1は観察可能。属性2、3はケース1（情報の非対称ケース）では観察できないため、67.50の付値。情報の非対称性はケース2、3では解消。
・買い手ごとに異なるウェイトで、全体の付値を決定

ケース1、2においては、小地域1、小地域2が分断されており、不動産業者は買い手と売り手双方のエージェントとして振る舞う

・売り手は、それぞれの属性に良質なものには80、低質なものには40の付値をつける。
・その単純平均で全体の40のオファー価格を決定

・ケース3においては、統合データベースにより小地域が統合されており、不動産業者は、自地域の売り手エージェント、買い手の買い手エージェントとして振る舞う

買い手1 / 買い手2 / 買い手3 / 買い手4
買い手5 / 買い手6 / 買い手7 / 買い手8

不動産業者1
不動産業者2

小地域1
小地域2

売り手1 / 売り手2 / 売り手3 / 売り手4
売り手5 / 売り手6 / 売り手7 / 売り手8

物件1 / 物件2 / 物件3 / 物件4
物件5 / 物件6 / 物件7 / 物件8

属性2、3：コストをかけなければ観察できない属性であり、タイプ α
　　　　のテクノロジー導入前はそのコストが禁止的に高い

　このため、タイプ α のテクノロジー導入前は、情報の非対称性が属性
2、3について存在するため、買い手の付値は良質なものと低質なもの
の平均67.5となる。

・8人の買い手がいるものとするが、買い手は全体の付値を属性1〜3の
　付値の加重平均で出すものとし、そのウェイトが買い手ごとに異なる
　ものとする（図表4）。
・小地域1には買い手1〜4が、小地域2には買い手5〜8が存在する。

〈不動産業者〉
・小地域1に不動産業者1が、小地域2に不動産業者2が存在する。
・不動産業者は、売り手、買い手のエージェントとなって不動産売買を
　成立させる。小地域1と小地域2が、不動産市場として分断されてい
　る場合は、不動産業者が独占的に振る舞うため、売り手、買い手双方
　のエージェントとして行動する。双方の市場が統合されたケースにお
　いては、それぞれの小地域に存在する、買い手のための買い手エー
　ジェント、売り手のための売り手エージェントとして行動する。
・買い手又は売り手のエージェントとして行動し、売買が成立した場合
　は、成約価格の3％を、買い手及び売り手のエージェントとして行動
　し、売買が成立した場合はその6％を手数料として徴収する。
・成約価格が高い方が手数料収入が高くなるため、オファー価格の高い
　順に入札にかけて、最も高い付値をつけた買い手と契約することとす
　る。その際、オファー価格を上回る付値を入札する者がいない場合は、
　取引が成立しない。
・また、買い手と売り手の交渉力は対等であり、オファー価格と付値の
　平均価格が成約価格となるものとする。

　このような設定の下で、以下の3つのケースについて、不動産業者はど
のくらいの売り手と買い手を、マッチングさせることができるのかをみて

みよう。

　　ケース1：タイプα、タイプβのテクノロジーは、どちらも導入されてい
　　　　　　　ないため、物件の属性2、3について情報の非対称性が存在
　　　　　　　し、小地域1、小地域2の不動産市場は分断されている。

　　ケース2：タイプαのテクノロジーが導入されることで、属性2、3の情
　　　　　　　報の非対称性問題は解決している。しかし、二つの小地域の
　　　　　　　不動産市場は分断されたままである。

　　ケース3：タイプα、タイプβのテクノロジーが導入されることで、情報
　　　　　　　の非対称性問題が解決されるだけでなく、二つの小地域の不
　　　　　　　動産市場が統合されている。

（2）シミュレーションの結果

〈入札結果〉

以下にそれぞれのケースごとに入札結果を示す。

　ケース1においては、小地域1（買い手1〜4と物件1〜4のマッチング）、小地域2（買い手5〜8と物件5〜8のマッチング）で、それぞれ3件の取引が成立している。オファー価格を付値が上回ったために成立した取引は、図表5では網掛けされて表示されている。情報の非対称性があるため、小地域1では物件1、小地域2では物件5という良質な不動産が、市場から排除されている。

　ケース2においては、小地域1で4件の、小地域2で3件の取引が成立している。情報の非対称性が解消されたため、良質物件（小地域1の物件1、小地域2の物件5）の取引が成立するようになった。また、低質物件（小地域1の物件4、小地域2の物件8）の付値が低下している。

　ケース3においては、8件の取引が成立している。買い手1〜4が物件5〜8と、買い手5〜8が物件1〜4とマッチングされているため、不動産業者1は買い手1〜4の買い手エージェントとして、売り手1〜4の売り手エージェントとして、不動産業者2は、買い手5〜8の買い手エージェントとして、売り手5〜8の売り手エージェントとして行動している。ケース1、2の場合と比較して、買い手1〜4と物件5〜8の、買い手5〜8と物件1〜4の

入札結果（ケース1）

	物件1	物件2	物件3	物件4	物件5	物件6	物件7	物件8
オファー価格	80	66.66667	66.66667	53.33333	66.66667	53.33333	53.33333	40
付値　買い手1	69.75	69.75	69.75	69.75				
付値　買い手2	72	72	72	72				
付値　買い手3	74.25	74.25	74.25	74.25				
付値　買い手4	76.5	76.5	76.5	76.5				
付値　買い手5					56.25	56.25	56.25	56.25
付値　買い手6					54	54	54	54
付値　買い手7					51.75	51.75	51.75	51.75
付値　買い手8					49.5	49.5	49.5	49.5

入札結果（ケース2）

	物件1	物件2	物件3	物件4	物件5	物件6	物件7	物件8
オファー価格	80	66.66667	66.66667	53.33333	66.66667	53.33333	53.33333	40
付値　買い手1	90	69.75	69.75	49.5				
付値　買い手2	90	72	72	54				
付値　買い手3	90	74.25	74.25	58.5				
付値　買い手4	90	76.5	76.5	63				
付値　買い手5					67.5	56.25	56.25	45
付値　買い手6					63	54	54	45
付値　買い手7					58.5	51.75	51.75	45
付値　買い手8					54	49.5	49.5	45

入札結果（ケース3）

	物件1	物件2	物件3	物件4	物件5	物件6	物件7	物件8
オファー価格	80	66.66667	66.66667	53.33333	66.66667	53.33333	53.33333	40
付値　買い手1	90	69.75	69.75	49.5	85.5	65.25	65.25	45
付値　買い手2	90	72	72	54	81	63	63	45
付値　買い手3	90	74.25	74.25	58.5	76.5	60.75	60.75	45
付値　買い手4	90	76.5	76.5	63	72	58.5	58.5	45
付値　買い手5	90	78.75	78.75	67.5	67.5	56.25	56.25	45
付値　買い手6	90	81	81	72	63	54	54	45
付値　買い手7	90	83.25	83.25	76.5	58.5	51.75	51.75	45
付値　買い手8	90	85.5	85.5	81	54	49.5	49.5	45

（出所）著者作成

図表6 成約価格（シミュレーション結果）

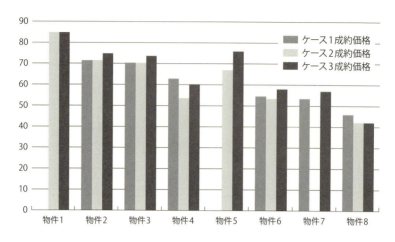

（出所）著者作成

　マッチングが可能となったため、より高い付値での落札が実現している。

　図表6は、この入札によって成立した成約価格を物件ごと、ケースごとに描写している。前述の通り、制約価格は買い手と売り手の交渉力が対等であるため、オファー価格と付値の平均としている。ケース1とケース2を比較すると、後者の方が成立している取引件数が多いが、情報の非対称性が解消されることで、低質物件である物件4、物件8の成約価格が低下している。ケース3では、より高い付値をつける買い手とのマッチングが可能になることで、ほとんどの取引で成約価格が上昇しているが、物件4などではケース1に比べて成約価格が低下しているものもある。

　図表7と図表8は、この取引による不動産業者1と不動産業者2の手数料収入を、描写している。ケース1とケース2を比較すると、ケース2において良質物件の取引成立により、高い手数料を得ることに成功していることがわかる。ケース2とケース3を比較すると、不動産業者1も不動産業者2もケース3において、全ての物件のマッチングから手数料収入を得ることができている。しかし、買い手又は売り手片方からの手数料収入となるため、取引物件当たりの手数料収入は低下している。

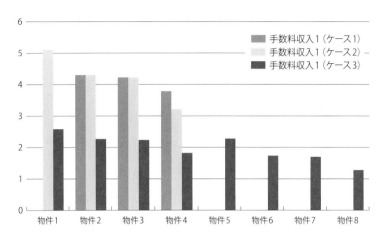

（出所）著者作成

〈テクノロジー導入のインセンティブ〉

　図表9では、この手数料収入の合計を不動産業者ごとに、またその合計を不動産市場規模として表示している。

　ケース1とケース2を比較すると、全ての不動産業者の手数料収入が増加し、不動産市場規模も拡大している。タイプ α のテクノロジーの導入にあたって、何らかのコストがかかるとすれば、この収入の増加がコストを上回っている限り、各不動産業者はテクノロジーの導入を進めるインセンティブがある。

　一方ケース2とケース3を比較してみよう。不動産市場規模は大きく拡大し、不動産業者2の収入も増加している。しかし、不動産業者1の収入が減少している。これは、図表7から明らかなように、成約価格が高めの物件1〜4について、売り手からも買い手からも手数料収入をケース1、2では得ていたが、ケース3ではそれが売り手側からだけの手数料収入となり、買い手側からの手数料収入が、低めの成約価格の物件5〜8からのものに替わったことによる。つまり、不動産市場の統合を進めるタイプ β 型のテクノロジーの導入は、不動産市場の拡大するマグニチュードが、テクノロ

図表8 不動産業者2の手数料収入（シミュレーション結果）

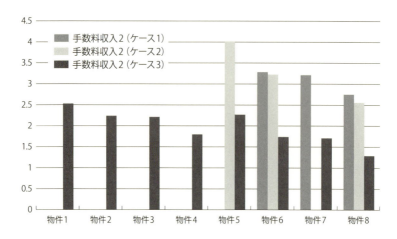

（出所）著者作成

図表9 ケースによる不動産業者の収益比較

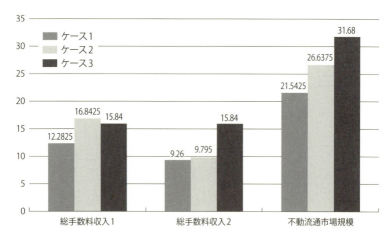

（出所）著者作成

ジー導入のコストを上回っているだけでなく、手数料収入が減少する不動産業者との調整を行う必要が出てくる。

5　おわりに

　ビッグデータの蓄積、AIやVRなどの様々な技術開発、普及の進展を背景に、不動産市場にそれらのテクノロジーを導入する条件が、日本においても整いつつある。これは、テクノロジーの導入が相当進んでいる、米国のような不動産市場の実現を予想させるものかもしれない。

　しかし、萌芽的に進みつつある日本におけるテクノロジーの導入は、個々の不動産業者と売り手又は買い手へのサービスの効率性を向上させるものに偏っている傾向がある。つまり、市場の統合を進め、物件の一覧性、総覧性を実現するタイプのテクノロジーの導入は日本においては、まだ途上にあると受け止められる。

　本章では、買い手に対する情報の非対称性を緩和するタイプのテクノロジーと、市場の統合を実現するタイプのテクノロジーが、それぞれ不動産市場や不動産業者にどのような影響を与えるかをシミュレートしてみた。

　その結果、二つのタイプのテクノロジーの導入とも、不動産市場の拡大をもたらすため、テクノロジーの導入のコストがそれを下回る限り、その導入の社会的意義は大きいものと評価することができた。しかし、後者の市場を統合するタイプのテクノロジーについては、市場の統合前に良質で高価格の手数料を独占した不動産業者の収益を引き下げる可能性も指摘された。このため、このタイプのテクノロジーの導入にあたっては、不動産市場の拡大に関する明確なビジョンの提供、あるいは参加業者の集団的意思決定に基づく共同行為が必要になるものと考えられる。

※本研究は文科省科学研究費補助（基盤研究B25285083）の助成を受けている。

［参考文献］

Biglaiser, G. and Friedman, J. W. (1994) "Middlemen as guarantors of quality," *International Journal of Industrial Organization*, 12 (4), pp.509–531.

Rubinstein A. and A. Wolinsky (1987) "Middlemen," *Quarterly Journal of Economics*, 102, pp.499–510.

Shevchenko, A. (2004) "Middleman," *International Economic Review*, 45 (1), pp.1–24.

既存住宅市場における情報の非対称性とそれに対する対策[1]

椙山女学園大学 教授・明海大学 名誉教授
前川 俊一

1 はじめに

(1) 我が国の既存住宅市場の実態

我が国の既存住宅市場の実態を示したものが図表1である。

既存住宅市場の売り手、買い手はともに一生のうちに数回だけ市場に登場する個人であり、取引相手とマッチングするためには仲介業者の介在が必要となる。すなわち、既存住宅市場は仲介業者が介在する市場となり、既存住宅の売り手（個人の住宅需要者）は自己居住住宅を売却するために仲介業者と媒介契約を締結する。その際仲介業者と相談の上、登録価格を設定する。媒介契約には、専任媒介契約、専属専任媒介契約、一般媒介契約があり、専任媒介契約の場合指定流通機構（以下レインズという）に7日以内に登録することが必要である。一般媒介契約の場合はレインズへの登録は任意である。

---

1) 本章は前川（2016）「中古住宅市場の活性化のための理論的検討」『経済成長と経済政策』中央大学出版部（第10章）の一部を加筆、修正したものである。

我が国の既存住宅流通市場

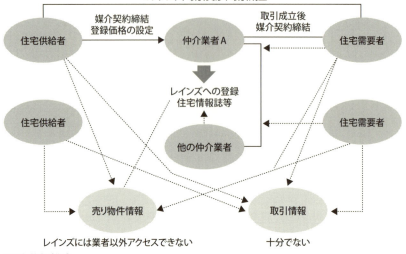

（出所）筆者が作成

　レインズに登録された売り物件情報は会員（業者）以外見ることはできない。売主と媒介契約を交わした業者だけでなく他の業者もレインズから情報を得て売り物件を店頭に張り出す。買い手は不動産業者の店頭、新聞の折り込み広告、住宅情報誌、インターネットなどから住宅を探索する。住宅の売り手と買い手がマッチングし、交渉をして取引が成立すれば買い手を連れてきた仲介業者と買い手の間で媒介契約が締結される。

　我が国の既存住宅市場の特徴を整理すると次のようになる。

①住宅の売り手、買い手が利用できる売り物件情報、取引情報が少ない

　取引情報に関しては不動産取引価格情報提供システムがある。全体の取引の30％弱をカバーするにすぎないがインターネット上で見ることができる。ただし、プライバシー問題もあり、場所は特定できない、曹雲珍・前川俊一（2015）によれば同じアジアの香港では過去の取引情報などを含む登記情報を土地登記局に手数料を支払って見ることができ、正確な情報の入手が可能である。売り物件情報に関しては不動産業者の店頭、住宅情

誌、新聞の折り込み広告、インターネットの情報サイトなどで情報を収集することになる。

②品質に関する情報が不十分である

我が国の場合売主の情報の開示義務はなく、業者に法定開示義務が課されている。重要事項説明である。しかし、開示が義務付けられた情報は、土地の権利関係、都市計画法・建築基準法等の法令上の規制、道路、下水道等公共公益施設、取引条件等限定的であり、取引履歴、土地利用履歴、リフォーム履歴は開示されないし、住宅の状態（修繕の必要性）、性能の情報も開示されず、地域の災害危険度、周辺状況も開示されない。齊藤広子・中城康彦（2012）によれば、アメリカでは、売り手は住宅について知りえる情報を開示する責任があり、TDR（Transfer Disclosures Statement　物件情報開示レポート）を買主に渡さなければならない。開示される情報も我が国より多い。

国土交通省が主導し近畿不動産活性化協議会などが住宅ファイル制度等を検討している。望ましい方向に歩みだしているように思える。近畿不動産活性化協議会の住宅ファイルの内容は①宅地建物取引士による物件調査、重要事項説明、②建築士（インスペクター）による物件診断、瑕疵保険付保調査、フラット35適合検査、耐震診断、補修費用積算、③防蟻業者によるシロアリ点検（保証付）、④不動産鑑定士による住宅価格調査、である。検討している段階であるが義務付けまで考えているわけではない。TDRと類似したシステムと考えられるが、買い手がこれを信頼するか、すなわちシグナリングとして機能するかが問題となる。シグナリングとして機能しなければ売り手に開示のインセンティブはない。開示された情報をシグナリングとして機能させるために方策の検討が必要である。シグナリングについては次の節で理論的に整理する。

③欧米に比べると取引に介在する専門家の数が少ない

アメリカでは売り手の仲介業者と買い手の仲介業者は別の業者であるが、我が国の場合は必ずしも別の業者でなければならないことはない。大手不

動産業者では両手をとる（売り手、買い手双方の媒介契約を結ぶ）ことが多い。

　アメリカは仲介業者以外にも多くの専門家が関わる。登記制度が契約書（deed）を綴っただけのものであり、真の所有者が分かり難いこともあるが、権限保険会社が介在する。権限保険会社は売り手が真の所有者か、他者の権利の存否など権利の内容、固定資産税が支払われているかなどの確認を行う。売り手と買い手と仮契約を結んだ段階でエスクロー会社が介在することになる。エスクロー会社は資金管理、取引決済、登記などの事務、公的な法規制の調査、法律への適合性の確認、資金の預かりなどの業務を行う。また、多くの場合買主が建物検査会社（インスペクター）に建物検査（インスペクション）を依頼する。

　我が国の場合多くの専門家が介在することなく媒介契約を締結した不動産業者に仕事が集中する。専門家の関わりについてはコスト効果を考えなければ一概には言えないが、不動産業者に専門性が問われることになる。

　なお、インスペクションに関して、2015年11月の宅地建物取引業法の改正で①媒介契約締結時：宅建業者がインスペクション業者の斡旋の可否を示し、媒介契約者の意向に応じて斡旋、②重要事項説明時：宅建業者がインスペクション結果について買主に対して説明、③売買契約締結時：基礎、外壁等の現況を売主、買主が相互に確認し、その内容を宅建業者から売主、買主に書面で交付することとなった。しかし、インスペクションが定着するかについては不確実な要素がある。

④双方と媒介契約を結ぶことができる

　先に説明したようにアメリカでは売り手と買い手の代理人として別々の業者と契約するが、我が国では売り手と買い手の両方と媒介契約を結ぶことができる。代理契約ではないのでこれが可能となるのである。いわゆる「両手問題」である。双方から仲介手数料を3％ずつとれば大きな利益になることから、優良物件を抱え込むインセンティブが存在することになる。専任媒介契約の場合7日以内にレインズに登録すればよい（アメリカのMLSは48時間以内）ので、契約を遅らせることを含めて登録前に買い手を見つけてくる努力をすることが考えられる。本章では仲介業者と買い手または売

り手との間のエージェンシー問題として議論することにする。

(2) 既存住宅市場における情報の非対称性問題

　前項で議論した問題は情報の非対称性問題として整理できる。情報の非対称性とはある主体が情報を十分に持っているのに対して一方の主体が十分な情報を持っていないことであり、「隠れた情報」と「隠れた行動」で整理される。

　隠れた情報とは、財の品質またはエージェント（代理人）の特性などの情報をプリンシパル（依頼者）が持っていないことをいい、隠れた行動とはプリンシパルがエージェントの行動を観察できないことをいう。

　本章では隠れた情報に関しては「住宅の品質」を扱うが、この場合逆選抜問題が生じる。逆選抜問題としてはAkerlof（1970）が議論した「レモンの原理」が有名である。レモンの原理は、中古自動車市場において売り手は品質を知っているが買い手が十分に知らない場合、買い手は中古自動車の品質を平均的な質と判断して取引する。この場合良質の中古自動車を保有している売り手は自分の中古自動車を正しく評価されないことから市場を撤退する。良質な中古自動車が市場から撤退すると市場で流通する中古自動車の平均的な質は低下するので、次に良質な中古自動車の売り手が市場から撤退することになる。市場は小さくなり質の悪い中古自動車だけが市場に残ることになるとするものである。このような逆選抜が起こらないように情報の開示を含めたシステムの構築が必要となる。

　住宅に関して質の情報としては図表2のような情報がある。

　仲介業者が「重要事項説明」において開示されなければならない情報（法定開示情報）が定められているが、住宅のリフォーム履歴、維持修繕履歴、現在の住宅の物的状況、土地利用履歴など隠れた情報が数多く存在する。隠れた情報に対する対策としては「瑕疵担保責任」、「売り手による無償保証」、「情報開示ルールの確立」および売り手による「シグナリング」などがある。これらについて次節で検討する。

　隠れた行動に関しては買い手または売り手（プリンシパル）が仲介業者（エージェント）の行動を観察できない場合、仲介業者は買い手または売り

図表2 既存住宅に関する品質の情報

住宅（建物）に関する情報	権利関係、施行者、築年次、構造、間取り、リフォーム履歴、維持修繕履歴、現在の物的な状況、現在の居住性など
土地に関する情報	権利関係、土地利用規制、地勢・地盤、土地利用履歴、震災等の被害履歴、土壌汚染などの危険性など
利便性に関する情報	最寄り駅、最寄り駅までの距離、最寄り駅から都心までの時間、商業施設への接近性、公共施設への接近性、前面道路、道路系統など
住環境に関する情報	周辺の土地利用状況、緑被率、火災の危険性、地震発生時の危険性、周辺住民の状況など

（出所）筆者が作成

手のために働かなければならないが、彼らの利益を最大にするようにではなく自分の利益を最大にするように行動するインセンティブが働く。モラルハザードの発生である。

　仲介業者に対する報酬（仲介手数料）は図表3のように取引価格の一定割合の上限が設けられているだけであるが、高額な住宅は別として普通住宅は競争が働かず多くの場合上限に張り付いている。

　このため仲介手数料は取引価格が高いほど高いことになる。したがって、仲介業者と買い手の間に利益相反が存在し、仲介業者が高い住宅を買わせるといったモラルハザードが生じやすいといえる。仲介業者と売り手は双方とも取引価格が高ければ利益が大きいことから利益相反がないように見えるが、両者の最適な登録価格が異なることから利益相反が生じる。特に先に議論した両手問題から登録価格を低く設定して買い手を見つけやすくするように行動する可能性がある。隠れた行動に関する議論は第3節で行う。

（3）本章の構成

　本章では「隠れた情報」と「隠れた行動」について説明して、対策を検討することとする。第2節において隠れた情報を、第3節において隠れた行動（エージェンシー問題）を扱うこととする。

売買等の価格	報酬料率	
200万円以下の金額	5.40%	
200万円超400万円以下の金額	4.32%	400万円超の速算式
400万円超の金額	3.24%	売買金額×3.24％＋6.48万円

（出所）きんざいファイナンシャル・プランナーズ・センター編著『FP技能検定教本2級（6分冊）16-17年版』P31図表1

2 隠れた情報に対する対応

（1）はじめに

隠れた情報存在により逆選抜問題が生じるが、その重要な対策として売り手の情報開示について検討する。情報開示させる手法として、まず、瑕疵担保責任、売主による無償保証の可能性を議論した上で、現実的な対応として売り手の情報開示の義務付けを検討する。そして、売り手が適切な情報を開示するインセンティブがあるのかについてシグナリング理論から検討する。

（2）売り手の情報開示

隠れた情報に対する対策の一つとして売り手に瑕疵担保責任を課す、または売り手が無担保保証をすることが考えられるが、前者は現実問題として難しく、後者は売り手がこのような保証をすることはない。現実的な提案は売り手に情報開示の義務付けを行うことである。以下瑕疵担保責任、売り手の無償保証、売り手の情報開示義務とその有効性について検討する。

①瑕疵担保責任

瑕疵担保責任とは目的物に隠れた瑕疵（買主が瑕疵について善意・無過失）がある場合売主が買主に負うべき責任（民法570条の責任）を瑕疵担保責任

という。

　瑕疵担保責任には法定責任説と契約責任説がある。法定責任説は瑕疵担保責任が契約の義務の例外規定として法が特に設けた責任とするものであり、契約責任説は瑕疵のある物の引渡しは債務不履行であるとするものである。なお、長期にわたって売主が瑕疵担保責任を持つのは売主にとってかなり厳しいので、瑕疵担保責任の行使期間は瑕疵を知ったときから1年である。

　瑕疵担保責任が問われるとなれば正確な情報を十分に提供しようとすることになるが、隠れた情報問題を瑕疵担保責任で解決するのは無理がある。既存住宅の売り手に2、3カ月という時限を設けたとしても瑕疵担保責任を課すのは厳しい。我が国では、売り手が多くの場合個人であり生産者でもなく、むしろ消費者であることから既存住宅の売り手に瑕疵担保責任はないとしている。また、アメリカにおいても既存住宅の売り手に瑕疵担保責任を課していない。

　②売主による無償保証

　売り手の無償保証は、売り手が継続取引を前提とすると、質の悪い商品を売ると次の取引に影響を与えることがある場合に良質な商品を供給しブランドを獲得しようとして、自主的に行うものである。しかし、既存住宅市場の売り手は唯一の住宅を売却する主体で継続取引をしない。したがって、無償保証を宣言することはない。

　③売り手の情報開示

　現実問題として、隠れた情報に関する有効な方法は既存住宅に関する情報を開示することを義務付けるルールを確立することがある。この可能性について議論してみよう。

　(i) 情報開示の現状

　すでに述べたように、我が国では売り手に情報開示義務はない。仲介業者には法定開示情報「重要事項説明」がある。「重要事項説明」の開示情報は不十分であり、重要事項以外の情報は任意であり開示されないことが

多い。アメリカでは、売り手に情報を開示する責任がある（TDR（Transfer Disclosures Statement）物件情報開示レポート）。有害物質情報開示については売主が開示し、業者が署名することとなっている。自然災害情報宣言書の開示義務については法定で定めている。

アメリカのTDRを参考としながら売り手の情報開示義務を課する方向で検討すべきである。宅地建物取引業法の改正によるインスペクションの売り手への斡旋の明記、既存住宅活性化に向けた「住宅ファイル」などの検討は大きな前進であるが、義務付けまで視野に入れているというわけでもない。

売り手が開示した情報が信用できるものなのかも検討する必要がある。本目で売り手の情報開示ルールを有効にする仕組みを検討し、次項においてシグナリング理論に基づいて売り手の情報開示のインセンティブについて検討することとする。

(ii) 情報開示ルールの有効性とそれに対する政策

情報開示ルールが有効であるためには、取引当事者以外の第三者が開示された情報の適否を判断できなければならない（立証可能性）。立証可能であれば自発的な情報開示ルールができるが、立証可能でない場合売り手の情報を開示するインセンティブが存在しない。

たとえば、売り出されている住宅が耐震化対策を講じているかを立証可能であるとする。耐震化対策を講じていない住宅を販売している売り手が「耐震化対策を講じている」と嘘をつくと、買い手は購入後そのことが分かったら裁判所に訴えることができ、裁判所も耐震化対策が講じられているかを判断できるので、このような住宅を販売している売り手は「耐震化対策を講じている」という嘘の情報は流さない。「耐震化対策を講じている」住宅を売り出している売り手はその情報を開示しないと、耐震化対策を講じていないとみなされるのでその情報を開示することになる。これは立証可能であるときの「解きほぐし」といわれ、売り手が自発的に情報開示を行うことになる。

しかし、立証可能でなければ、耐震化対策、住宅の損傷、性能等に関する「売り手の情報開示をしないという行動」から買い手は何の情報も引き

出せない。この場合売り手が自発的に情報開示を行うことはない。既存住宅の場合、さらに売り手は正確に自分の住宅の質の情報を知らない可能性がある。この場合情報開示が行われない可能性がある。

売り手の情報開示が有効となるためには立証可能性を付与することが必要となる。完全な立証可能性を確立させることは難しいが、ある程度立証可能性を持たせることは可能である。立証可能性を確保するために、地方自治体は次の事項について検討することが必要と考える。

①地盤情報、震災等の災害の危険区域等の情報に関して整備、公開

②開発許可、建築確認等の情報に関して整備、公開

③大規模な修繕（リフォーム）の届け出の義務付け、10㎡未満の増築の届け出の義務付けを行い、それらの情報の整備、公開。なお、行政のコスト、住民のコストは大きくなるが、コストを考慮して簡易な届け出を義務付けることが考えられる。

（3）シグナリングとしての情報開示

売り手が自分の所有する住宅の質に関する情報を何の努力もすることなく集めることができるわけではない。建物の状態については建物検査の専門家（建築士）に調査を依頼しなければ分からないし、シロアリ点検は防蟻業者に依頼して調べるしかない。これらはコストがかかるものであり、このようなコストをかけて調査して情報開示をするインセンティブが売り手にあるかを検討する必要がある。

この項ではインスペクションを例としてシグナリング理論を使ってその点を検討することとする。

住宅の売り手がインスペクションを行い建物の状態を明らかにする。そして建物の状態が悪いことが判明した場合は修繕を行わなければ買い手に建物の質が良好なものであることをシグナルできないものと考える。すなわち、良質な住宅の売り手はインスペクションを行い優良であることを確認すればよいだけであり、良質でない住宅の売り手は良質にするためのコストをかける必要があるとする。

買い手に対する情報開示でのシグナリングレベルをXとし、シグナリング

図表4 売り手のシグナリングコスト

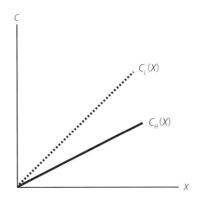

（出所）筆者が作成

レベルXに対するインスペクション費用と修繕コストを含むコストを$C(X)$とする。買い手はシグナリングレベルがX^*に達したとき、良質と判断するが、売り手の情報開示を高く評価する場合と低く評価する場合があるとする。評価は住宅の購入価格に現れる。何もアナウンス（情報開示）をしない場合住宅の価格はY_2であり、シグナリングレベルがX^*に達し買い手が優良住宅として高く評価したときに住宅価格はY_1に、売り手の情報開示に信頼性がない場合住宅価格はY_1ほど上昇せずにY_3（$Y_2 < Y_3 < Y_1$）になるとする。

　売り手Lの所有住宅は比較的優良でなく買い手に優良であることを示すシグナリングコスト（$C_L(X)$）は高く、売り手Hの所有住宅は比較的優良で買い手に優良であることを示すシグナリングコスト（$C_H(X)$）は低いとする。図表4にシグナリングレベルを関数とした売り手Lの所有住宅のシグナリングコスト$C_L(X)$と売り手Hの所有住宅のシグナリングコスト$C_H(X)$を原点からの直線で表す。同一のシグナルを送るのに売り手Hのコストが売り手Lのコストより低いので、シグナリングコストは$C_H(X) < C_L(X)$であり、図において$C_H(X)$の勾配が$C_L(X)$の勾配より小さく描かれている。

　図表5のa）とb）は縦軸を住宅価格Yとし、横軸をシグナリングレベルXとして、売り手がシグナルを送るかの選択を示したものである。

　図表5のa）は優良な住宅をもつ売り手Hと優良でない住宅をもつ売り手

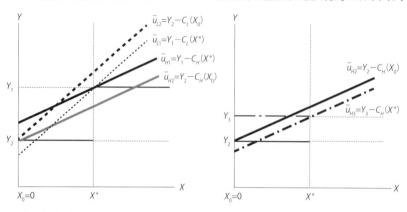

図表5 シグナリングの選択

a) 売り手Lと売り手Hのシグナリング

$\bar{u}_{L2}=Y_2-C_L(X_0)$
$\bar{u}_{L1}=Y_1-C_L(X^*)$
$\bar{u}_{H1}=Y_1-C_H(X^*)$
$\bar{u}_{H2}=Y_2-C_H(X_0)$

b) 買い手が信頼しないときの売り手Hのシグナリング

$\bar{u}_{H2}=Y_2-C_H(X_0)$
$\bar{u}_{H3}=Y_3-C_H(X^*)$

（出所）筆者が作成

　Lのシグナリングを考えたものである。すでに述べたように優良住宅として買い手に認められれば売却収入はY_1となり、優良とは認めない場合売却収入はY_2となる。買い手はシグナリングレベルがX^*に達すると優良住宅と認めるとする。

　各売り手の効用は次のように表されるとする。

$$u_j = Y_i - C_j(X) \quad j=L, H \quad i=1, 2 \cdots\cdots\cdots\cdots\cdots\cdots\cdots\cdots\cdots\cdots\cdots\cdots 1$$

　図表5のa）の$\bar{u}_{L1}$と$\bar{u}_{L2}$は売り手Lの無差別曲線を、$\bar{u}_{H1}$と$\bar{u}_{H2}$は売り手Hの無差別曲線を示し、上方の無差別曲線ほど効用が高い。図表4に示すように売り手Hのシグナリングコストが売り手Lのシグナリングコストより低いので無差別曲線の勾配は売り手Hの無差別曲線の方が緩やかに描かれる。

　売り手Lのシグナリング行動を考える。$\bar{u}_{L2} = Y_2 - C_L(X_0)$ の直線は売り手Lがなんのシグナルも送らず（$X_0=0$）良質でない住宅として販売したときの効用水準に相当する無差別曲線であり、$\bar{u}_{L1} = Y_1 - C_L(X^*)$ の直線は売り手LがX^*の水準のシグナルを送り良質な住宅として販売したときの

効用水準に相当する無差別曲線である。前者の無差別曲線が上方に位置し売り手Lは何のシグナルも送らず不良なままで住宅を販売する。すなわち、売り手Lは優良と認めさせるシグナリングコストが高いためにインスペクションを行い優良住宅とするために適当な修繕をすることはなく、不良な住宅として販売する。

次に、売り手Hのシグナリング行動を考える。$\bar{u}_{H2} = Y_2 - C_H(X_0)$ の直線は売り手Hがなんのシグナルも送らず（$X_0 = 0$）良質でない住宅として販売したときの効用水準に相当する無差別曲線であり、$\bar{u}_{H1} = Y_1 - C_H(X^*)$ の直線は売り手HがX^*の水準のシグナルを送り良質な住宅として販売したときの効用水準に相当する無差別曲線である。後者の無差別曲線が上方に位置し売り手HはX^*の水準のシグナルを送り良質な住宅を販売する。すなわち、売り手Hはシグナリングを行う。

図表5のb）は優良な住宅をもつ売り手Hが送るシグナリングを買い手が完全には信頼せず、住宅価格が優良とは認められた場合のY_1に達せず、住宅価格がY_3（$Y_2 < Y_3 < Y_1$）に留まる場合を検討したものである。この場合、売り手Hがシグナルを送ったときの効用水準に相当する無差別曲線は$\bar{u}_{H3} = Y_3 - C_H(X^*)$ となり、その無差別曲線はシグナルを送らないときの効用水準に相当する無差別曲線の$\bar{u}_{H2} = Y_2 - C_H(X_0)$ の下に位置することになる。すなわち、このような場合優良な住宅をもつ売り手Hであってもシグナルを送ることはない。

優良な住宅をもつ売り手Hと優良でない住宅をもつ売り手Lの両者がシグナルを送らない場合、買い手はどちらの住宅が優良かを判断することはできなくなる。すなわち、優良な住宅をもつ売り手Hは適切に品質を判断してもらえなくなるので市場から撤退する可能性がある（逆選抜）。

以上の検討からシグナリングコストが高い、シグナリングをしても買い手の反応が鈍い場合売り手がシグナルを送ることはない。すなわち、買い手がシグナルを信頼してくれるのであれば優良な住宅を所有している売り手のシグナリングコストが高くない場合、情報開示のシステムは有効に働

く。しかし、買い手がシグナルを信頼しない、あるいは優良な住宅を所有している売り手であってもシグナリングコストが高い場合優良な住宅を所有している売り手もシグナルを送らないことになり、情報開示のシステムが有効に働かない。

情報開示が義務付けられないケースにおいて、売り手（特に優良な住宅を所有する売り手）に情報開示させるために、①買い手がそれを信頼するような信用が得られているインスペクターによるインスペクション等情報開示に信頼できる第三者の関与が必要となり、②情報開示の売り手のコストをできるだけ低くすることが必要である。

情報開示が義務付けられるケースにおいて、インスペクション、その他の第三者の介在を要求した場合、価格は低くてもコストをかけない情報開示をするという選択を奪うことになるので、義務付けのレベルについては十分に検討しなければ逆に社会的損失が生まれることも考えられる。

3 隠れた行動（エージェンシー問題）

(1) はじめに

依頼者（プリンシパル）である売り手または買い手は代理人（エージェント）である仲介業者の行動を観察できない。この場合エージェントはプリンシパルのために働くのでなく、自分の利益を最大にするように行動するインセンティブが働く（モラルハザード）。これがエージェンシー・プリンシパル問題である。

本節ではこの問題を理論的に検討することとする。既存住宅市場を扱った論文は数多くある。Horowitz（1992）はアクティブに探索活動を行う主体が供給者のみであるとし登録価格（list price）の分析を行い、Knight, Sirmans and Turnbull（1994）は登録価格が成約価格を推定するための有用な情報を含むかに関して理論的、実証的な研究をした。Yavas and Yange（1995）は供給者のほか需要者と仲介業者の行動にも着目し、探索活動の強度をも考慮し、不動産売買における登録価格の戦略的な役割につ

いて理論的に検討した上で、登録価格と滞留期間の関係を実証的に分析している。

本節のようにエージェンシー問題を扱った文献もいくつか見られる。Arnord（1992）は、Lippman and McCall（1976）のサーチモデルを使い、売り手の最適留保価格が仲介業者のそれに等しくなるような最適報酬契約を検討し、売り手の住宅の持ち越し費用と仲介業者の探索費用から適切な報酬率を定めることにより固定報酬率の仲介手数料が誘因両立条件を満たすことを証明する。なお、Arnord（1992）は登録価格を明示しないで、留保価格を仲介業者が誘導可能なものとして扱う。また、曹偉如・前川（2007）は、J-REITと外部運用会社の現行の報酬体系が「外部運用会社がJ-REITのために働く」形になっていないことを不動産取得の場合に焦点をあてて理論的に説明し、取引価格が低いほど報酬が高くなるインセンティブ報酬を提案する。この議論は外部運用会社を仲介業者に、J-REITを買い手に置き換えればそのまま適用できる。前川・曹雲珍（2010）は売り手と仲介業者の間のエージェンシー問題を扱った。彼らは登録価格を定義し、登録価格の設定に関するエージェンシー問題および探索努力に関するエージェンシー問題に焦点をあてて議論している。

本節は買い手と仲介業者との間のエージェンシー問題を扱ったのは曹偉如・前川（2007）、売り手と仲介業者との間のエージェンシー問題を扱ったのは前川・曹雲珍（2010）を参考にして議論した前川（2016）に基づくものである。

（2）買い手と仲介業者との間のエージェンシー問題

先に述べたように、エージェント（仲介業者）はプリンシパル（買い手）のために働かなければならないが、プリンシパルはエージェントの行動を観察できず、観察できるのは成果のみである。この場合、エージェントはプリンシパルの利益が最大となるように行動するのでなく、自己の利益を最大となるように行動する（エージェンシー問題）。

現行の仲介手数料は取引価格の一定割合（上限が定められているが上限で契約されることが多い）であることから、両者の間に明らかな利益相反があ

る。すなわち、仲介業者は取引価格が高いほど利益が大きいが、買い手は取引価格が低いほど利益が大きい。

現行の報酬体系が利益相反をもたらしているので、理論的にエージェントがプリンシパルのために働くようなインセンティブを与える次善の報酬体系を検討する必要がある。

単純化のため以下の想定をして議論する。①全く同一の便益をもたらす2つの住宅（住宅1と住宅2）があるが、2つの住宅価格は違う。住宅1の価格がY_1、住宅2の価格がY_2であり、住宅1の価格は住宅2の価格より安い（$Y_1 < Y_2$）。②仲介業者の行動はaとbがあり、行動aを採用すると住宅1を取得する確率はP_aとなり、探索のコストはC_aとなる。行動bを採用すると住宅1を取得する確率はP_bとなり、探索のコストはC_bとなる。そして、行動aを採用した方が住宅1を取得する確率が高くなり（$P_a > P_b$）、探索費用は行動aを採用した方が大きくなる（$C_a > C_b$）。

①ファーストベストの状況

まず、買い手が仲介業者の行動を観察でき仲介業者が社会的に最適な行動（ファーストベスト）を採用した場合の報酬体系を検討する。

以下の式が成立するとき、社会的に仲介業者が行動aをとることが望ましい。本項ではこれを仮定する。

$$(P_a - P_b)(Y_2 - Y_1) > C_a - C_b \quad \cdots\cdots\cdots\cdots\cdots\cdots\cdots 2$$

2式左辺は行動aを採用することによる購入コストの削減を意味し、右辺は行動aとbのコスト差である。

ファーストベストの状況ではプリンシパルがエージェントの行動を観察でき望ましい行動をとるようにエージェントに指示でき、最適なリスク（本項では住宅1を取得するか住宅2を取得するかといった不確実性）の配分を決定できる。したがって、ファーストベストの状況では2式の仮定のもとで行動aを採用させる。そして最適なリスクの配分に関してはプリンシパルとエージェントのリスク回避度に依存する。図表6は買い手、仲介業者がリスク

ファーストベストの報酬体系

買い手・仲介業者		最適な報酬体系
買い手リスク中立者 リスクを持てる	仲介業者リスク回避者 リスクの影響を受ける	固定報酬仲介業者 リスクなし
買い手リスク回避者 リスクの影響を受ける	仲介業者リスク中立者 リスクを持てる	住宅1を取得したとき報酬高 仲介業者がリスクを持つ

(出所) 筆者が作成

中立か、リスク回避かによる最適な報酬体系を示したものである。

　買い手がリスク中立であり仲介業者がリスク回避的であればファーストベストの状況では一定の報酬を与える（結果として買い手がリスクをもつ）ことが最適である。なぜなら、買い手がリスク中立的であるのでリスクをもつことができ、仲介業者はリスク回避者なのでリスクを避けることから、固定報酬が最適となるからである。

　仲介業者がリスク中立であり買い手がリスク回避的であれば、仲介業者に支払われる仲介手数料が変化しても構わないので、住宅1（価格が安い住宅）を取得したとき高い報酬を支払い、住宅2（価格が高い住宅）を取得したとき低い報酬を支払う（結果として買い手の利益は一定）形の報酬体系が最適となる。

　本項では、モラルハザード問題を単純に示すために、買い手がリスク中立であり仲介業者がリスク回避者であることを仮定する。この仮定のもとでファーストベストの状況では一定の報酬を与えることが最適である。

②セカンドベストの報酬体系

　買い手は仲介業者の行動を観察できない状況では仲介業者は報酬が一定なら費用が最小になる行動 b を採用することになる。

　セカンドベストの報酬体系は仲介業者が行動 a の行動を採用するようなインセンティブを与えたもとで、買い手の利益が最大となるような報酬体系である。

　まず、仲介業者が行動 a の行動を採用する誘因制約・合理性条件を検討

する。

仲介業者の期待効用は次式で示すことができるとする。

$$P_j u(\beta_1) + (1 - P_j) u(\beta_2) - C_j \quad j = a, b \quad \cdots\cdots\cdots\cdots\cdots\cdots 3$$

仲介業者に行動aを採用させるための誘因制約（IC）は次式で示される。

$$P_a u(\beta_1) + (1 - P_a) u(\beta_2) - C_a \geq P_b u(\beta_1) + (1 - P_b) u(\beta_2) - C_b \cdots\cdots 4$$

4式の左辺が仲介業者は行動aを採用したときの期待効用で右辺が行動bを採用したときの期待効用であり、4式は行動aを採用させるためにはそのときの期待効用が行動bを採用したときのそれ以上であることを要求している。

4式の誘因制約条件（IC）は次のように整理される。

$$(P_a - P_b)(u(\beta_1) - u(\beta_2)) \geq C_a - C_b \quad \cdots\cdots\cdots\cdots\cdots\cdots\cdots\cdots 5a$$

$$\therefore \quad u(\beta_2) \leq u(\beta_1) - \frac{C_a - C_b}{P_a - P_b} \quad \cdots\cdots\cdots\cdots\cdots\cdots\cdots\cdots 5b$$

5a式の左辺は行動aを採用したときの効用の増加を示し、右辺が費用の増加を示す。

また、エージェントの行動aを採用したときの期待効用が非負であることが要求される。これは合理性条件（IR）といわれ、6a式のように示される。

$$P_a u(\beta_1) + (1 - P_a) u(\beta_2) - C_a \geq 0 \quad \cdots\cdots\cdots\cdots\cdots\cdots\cdots 6a$$

$$\therefore \quad u(\beta_2) \geq -\frac{P_a}{1 - P_a} u(\beta_1) + \frac{C_a}{1 - P_a} \quad \cdots\cdots\cdots\cdots\cdots\cdots 6b$$

5b式と6b式を図表7の第1象限に示す。5b式が等号で成立している状況を図表7のIC曲線で示し、5b式の誘因制約条件（IC）を満たす領域はIC

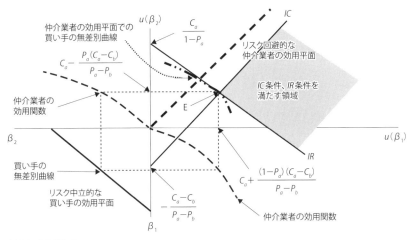

（出所）筆者が作成

曲線の下方の領域である。6b式が等号で成立している状況を図表7のIR曲線で示し、6b式の合理性条件（IR）を満たす領域はIR曲線の上方の領域である。したがって、誘因制約条件（IC）と合理性条件（IR）を同時に満たす領域はIC曲線の下方でかつIR曲線の上方であり、図表7の扇型状の灰色の領域となる。

　この領域において買い手の効用が最大になる報酬体系を選択すればよいことになる。買い手の効用は7式で示すこととする。

$$U_{buy} = u(H) - (P_a Y_1 + (1-P_a) Y_2) - (P_a \beta_1 + (1-P_a) \beta_2) \quad \cdots\cdots\cdots\cdots 7$$

　7式右辺第1項は住宅から受ける効用を示し、仮定により住宅1でも住宅2でも同じである。第2項は住宅の期待価格（期待支払額）であるが、仲介業者が行動aの行動を採ったときの期待支払額（第2項）は一定である。第3項が仲介業者に対する仲介手数料の期待支払額である。現在検討している報酬体系は第3項のみに着目できる。第1項と第2項が一定なので、第3

項のみに着目した無差別曲線を図表7の第3象限に示すことができる。買い手はリスク中立的であるので、45°の直線で示される。支払額が少ないほど効用が高いので原点に近いほど高い効用をもつ無差別曲線である。この買い手の無差別曲線をリスク回避的な仲介業者の効用平面に移転する。

　各報酬を仲介業者の効用平面に移転するために、第2象限と第4象限に仲介業者の危険回避的な効用関数を示し、この効用関数を変換の関数として、第3象限の買い手の無差別曲線を第1象限の仲介業者の効用平面に移転する。その結果が図表7の第1象限の2点破線である。これも原点に近いほど買い手の効用が高くなる。第1象限の仲介業者の効用平面で示す買い手の無差別曲線は上方に凸になる。

　誘因制約条件（IC）と合理性条件（IR）を同時に満たし、買い手の効用が最大になる点は図表7の第1象限のE点である。

　E点はセカンドベストの報酬体系を示すもので、5b式と6b式を等号で成立した（IC曲線とIR曲線）式を解いたものとなり、8式がセカンドベストの報酬体系となる。

$$u(\beta_1) = C_a + \frac{(1-P_a)(C_a - C_b)}{P_a - P_b}$$

$$u(\beta_2) = C_a - \frac{P_a(C_a - C_b)}{P_a - P_b} \quad \cdots\cdots\cdots\cdots\cdots\cdots\cdots\cdots\cdots\cdots\cdots\cdots 8$$

　8式で示される買い手の最適な契約の意味を検討する。なお、最適契約のもとで住宅1を取得したときと住宅2を取得したときの報酬格差は9式で示される。すなわち、質が同じで安い住宅1を買ったときの方が報酬は高くなるようにする必要がある。

$$u(\beta_1) - u(\beta_2) = \frac{C_a - C_b}{P_a - P_b} \quad \cdots\cdots\cdots\cdots\cdots\cdots\cdots\cdots\cdots\cdots\cdots 9$$

　なお、第1象限の45°線（破線）は固定報酬（$\beta_1 = \beta_2$）を示す直線である。

③提案される報酬体系

　現在の報酬体系は図表7の第1象限の45°線（＝固定報酬）の左側であり、前目で議論したセカンドベストの報酬体系は45°線（破線）の右側にある。

現在の報酬体系では仲介業者が行動aを採用するインセンティブはない（IC条件を満たさない）。

　提案される報酬体系は9式で示される報酬体系であるが、少なくとも買い手のために安い住宅を取得したとき報酬が高くなるものである。現行のような高い住宅を買わせた方が高い報酬になるような報酬体系は是正すべきである。

（3）売り手と仲介業者との間のエージェンシー問題
①売り手と仲介業者の最適登録価格の決定について
　売り手と仲介業者の間のエージェンシー問題は最適登録価格の決定に注目して議論する。まず、最適な登録価格の決定について説明する。
　図表8は売り手の登録価格の決定の考え方を示したものである。
　登録価格を定めるとその登録価格をみて買い手が探索してくる。登録価格が高いと探索する可能性がある買い手が減少して、売却までに要する時間（市場滞留期間）が長くなる。また、登録価格が定められると探索してきた買い手との交渉で決定する価格が影響される。宅地建物取引業法により住宅市場で成約（取引）価格は登録価格以上とすることはできず[2]、また既存住宅市場では一戸の住宅を販売する売り手（個人）は買い手の値下げ交渉に応じる。取引価格は交渉により売り手の留保価格[3]と登録価格の間で決まってくる。登録価格を高くすると取引価格が高くなる可能性が高くなる。売り手はある水準に登録価格を設定したときの市場滞留期間、買い手との交渉による取引価格を予測し、彼の期待利益が最大になるように登録価格を決定する。これが最適登録価格の決定である（図表8）。
　売り手の最適登録価格の決定について説明したが、仲介業者にとっても彼の期待利益を最大にする登録価格が存在する。売り手にとっての最適な

---

2)　我が国では宅地建物取引業法により成約価格（取引価格）が登録価格を超えてはいけないことになっているが、欧米ではそのような制約はないので需給が逼迫している時期は取引価格が登録価格を超えることがある。ここでは日本型の流通市場を想定する。
3)　留保価格は取引するか否かの基準価格で売り手の留保価格は売ってもよいと思う下限値である。留保価格に関する詳しい議論は前川・曹雲珍（2010）を参照。

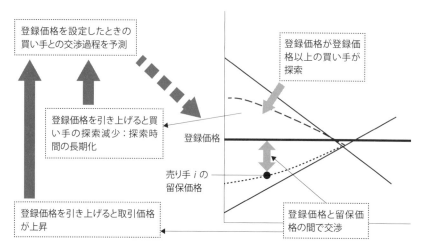

図表8 売り手の登録価格の決定

登録価格を設定したときの買い手との交渉過程を予測

登録価格が登録価格以上の買い手が探索

登録価格を引き上げると買い手の探索減少：探索時間の長期化

登録価格

売り手 i の留保価格

登録価格を引き上げると取引価格が上昇

登録価格と留保価格の間で交渉

（出所）筆者が作成

登録価格と仲介業者にとっての最適登録価格が異なるとき、仲介業者は自分にとって最適な登録価格に誘導する可能性がある。これが売り手と仲介業者の一つのエージェンシー問題である。仲介業者が媒介契約における両手をとることを狙う場合は売り手の最適登録価格とさらに乖離する可能性がある。以下これについて検討する。

②売り手の最適登録価格

売り手の期待利益（π_{si}）は次のように書かれる。なお、探索努力に対するコストはすべて仲介業者が負担することとする。

$$\pi_{si} = \max_{\bar{S}_i} \left(E\left[\delta\left(TOM(\bar{S}_i)\right)\left((1-\lambda_s)\,P(z_i,\bar{S}_i)-z_i\right) \right] \right) \quad \cdots\cdots 10$$

$\delta(TOM(\bar{S}_i))$ は市場滞留期間（$TOM(\bar{S}_i)$）によって説明される割引因子である。市場滞留期間（$TOM(\bar{S}_i)$）は登録価格（$\bar{S}_i$）に依存する。$P(z_i,\bar{S}_i)$ は取引価格であり、売り手iの留保価格（z_i）と登録価格（$\bar{S}_i$）に依存して決定する。λ_s は仲介手数料が取引価格に比例するとした仲介手数率である。

登録価格（$\bar{S}_i$）を引き上げると、市場滞留期間（$TOM(\bar{S}_i)$）が長くなり、割引因子（$\delta(TOM(\bar{S}_i))$）が小さくなる一方、取引価格（$P(z_i, \bar{S}_i)$）は上昇する可能性が高まる。

割引因子を $\delta(TOM(\bar{S}_i)) = e^{-r \cdot TOM}$ と定義すると、登録価格（$\bar{S}_i$）で偏微分すると負となる。

$$\frac{\partial \delta}{\partial \bar{S}_i} = \frac{\partial \delta}{\partial TOM} \frac{\partial TOM}{\partial \bar{S}_i} = -re^{-r \cdot TOM} \frac{\partial TOM}{\partial \bar{S}_i} < 0$$

なお、$\dfrac{\partial TOM}{\partial \bar{S}_i} > 0$、$\dfrac{\partial^2 TOM}{\partial \bar{S}_i^2} > 0$ ················11

また、取引価格を $P(z_i, \bar{S}_i) = \alpha \cdot z_i + (1 - \alpha)\bar{S}_i$ と定義する（α は交渉係数）[4] と、登録価格（$\bar{S}_i$）で偏微分すると次のようになる。

$$\frac{\partial P}{\partial \bar{S}_i} = (1 - \alpha) - (\bar{S}_i - z_i)\frac{\partial \alpha}{\partial \bar{S}_i}$$ ················12

登録価格が高くなると交渉係数（α）が大きくなってゆくと $\dfrac{\partial \alpha}{\partial \bar{S}_i} \geq 0$ であるが、登録価格（$\bar{S}_i$）が相対的に低いときは $\dfrac{\partial \alpha}{\partial \bar{S}_i}$ はゼロに近い値であり、12式右辺は正となり $\dfrac{\partial P}{\partial \bar{S}_i} > 0$ となる。そして、登録価格（$\bar{S}_i$）が大きくなるにしたがって12式右辺の正の値は小さくなると考えられる。売り手の期待利益（π_{si}）を示す10式を登録価格（$\bar{S}_i$）で偏微分して最適な登録価格の1階の条件を示すと次のようになる。

$$\frac{\partial \pi_{si}}{\partial \bar{S}_i} = \frac{\partial \delta}{\partial \bar{S}_i}\left((1 - \lambda_s)P(z_i, \bar{S}_i) - z_i\right) + \delta(1 - \lambda_s)\frac{\partial P}{\partial \bar{S}_i} = 0$$ ·······13

---

4) 交渉モデルとしてはRubinstain（1982、1985）がある。Rubinstain（1982）は完備情報ゲームであり、Rubinstain（1985）非完備情報ゲームであるが、両方の解とも $P(z_i, \bar{S}_i) = \alpha \cdot z_i + (1 - \alpha)\bar{S}_i$ の形に整理することができる。ここでは α を交渉係数として登録価格の関数として議論する。

2階の条件は2階の微分値が負となることであり、$\dfrac{\partial^2 TOM}{\partial \bar{S}_i^2} > 0$、

$\dfrac{\partial^2 \alpha}{\partial \bar{S}_i^2} > 0$ であると仮定すると2階の条件を満たす。

13式を $\delta(1-\lambda_2)P(z_i, \bar{S}_i)$ で割って展開すると最適な登録価格の1階の条件は14式のようになる。

$$-\frac{\dfrac{\partial \delta}{\partial \bar{S}_i}}{\delta}\left(1 - \frac{z_i}{(1-\lambda_s)P}\right) = \frac{\dfrac{\partial P}{\partial \bar{S}}}{P} \quad\cdots\cdots\cdots\cdots\cdots\cdots 14$$

$\dfrac{\dfrac{\partial \delta}{\partial \bar{S}_i}}{\delta}$ は登録価格の引き上げによる割引因子の変化率であり Ω で示し、

$\dfrac{\dfrac{\partial P}{\partial \bar{S}}}{P}$ は登録価格の引き上げによる取引価格の変化率であり Γ で示すと、15式のようになる。

$$-\Omega\left(1 - \frac{z_i}{(1-\lambda_s)P}\right) = \Gamma \quad\cdots\cdots\cdots\cdots\cdots\cdots 15$$

15式は陰関数であるので、登録価格（$\bar{S}_i$）の変化による左辺と右辺の値の変化から15式を安定的に成立させる登録価格（$\bar{S}_i$）の存在を検討する。登録価格（$\bar{S}_i$）の変化による左辺と右辺の値の変化を示し、安定的解が存在することを示したものが図表9である。

左辺と右辺の値の変化の形状を検討すると、左辺は $\Omega < 0$ から正となるが、登録価格（$\bar{S}_i$）が極めて低いときは $\Omega = 0$ で、登録価格（$\bar{S}_i$）が高くなるほど割引因子が小さくなる効果が大きくなり（$\dfrac{\partial \Omega}{\partial \bar{S}_i} < 0$）、左辺の正値は大きくなることから左辺の値の点の軌跡は右上がりの曲線で示される。右辺は $\Gamma > 0$ であり正であるが、登録価格（$\bar{S}_i$）が留保価格（z_i）と等しいときは登録価格引き上げによる取引価格の上昇効果（Γ）は大きく、登録価格（$\bar{S}_i$）が高くなるほど取引価格が大きくなる効果が小さくなり（$\dfrac{\partial^2 P}{\partial \bar{S}_i^2} < 0 \quad \therefore \dfrac{\partial \Gamma}{\partial \bar{S}_i} < 0$）、右辺の正値は小さくなることから右辺の値の点の

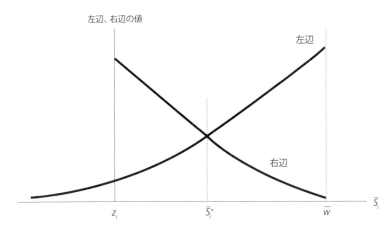

図表9 売り手の最適登録価格

左辺、右辺の値

左辺

右辺

z_i $\bar{S}_i^*$ $\bar{w}$ $\bar{S}_i$

（出所）筆者が作成

軌跡は右下がりの曲線で示される。

　左辺と右辺が等しくさせる登録価格（$\bar{S}_i$）が売り手の最適登録価格（$\bar{S}_i{}^*$）である。

　③仲介業者の最適登録価格
　仲介業者の期待利益（π_{in}）は次のように書かれる。

$$\pi_{in} = \max_{\bar{S}i} \left(E\left[\delta\left(TOM(\bar{S}_i)\right)\lambda_s P(z_i,\bar{S}_i)\right] - C_{in}(a,\bar{S}_i) \right) \quad \cdots\cdots 16$$

　なお、16式の第1項は仲介手数料の期待現在価値であり、第2項のC_{in} $(a,\bar{S}_i)$ は探索費用で探索努力（a）と登録価格（$\bar{S}_i$）に依存する。そして、$\dfrac{\partial C_{in}}{\partial a}\dfrac{\partial a}{\partial \bar{S}_i} + \dfrac{\partial C_{in}}{\partial \bar{S}_i} > 0$。以下ではこれを$\dfrac{\partial C_{in}}{\partial \bar{S}_i} > 0$と書く。この2階の微分は$\dfrac{\partial^2 C_{in}}{\partial \bar{S}_i^2} > 0$である。

　仲介業者の最適登録価格を求めるため$\bar{S}_i$で偏微分すると17式のようになる。なお、2階の条件については売り手の最適登録価格と同様に満たさ

図表10 仲介業者の最適登録価格

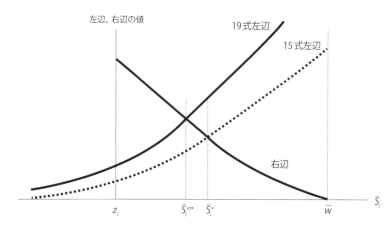

（出所）筆者が作成

れる。

$$\frac{\partial \pi_{in}}{\partial \bar{S}_i} = \frac{\partial \delta}{\partial \bar{S}_i} \lambda_s P + \delta \cdot \lambda_s \frac{\partial P}{\partial \bar{S}_i} - \frac{\partial C_{in}}{\partial \bar{S}_i} = 0 \quad \cdots\cdots 17$$

17式を $\delta \lambda_S P(z_i, \bar{S}_i)$ で割って展開すると18式のようになる。

$$-\frac{\frac{\partial \delta}{\partial \bar{S}_i}}{\delta} + \frac{\frac{\partial C_{in}}{\partial \bar{S}_i}}{\delta \lambda_S P} = \frac{\frac{\partial P}{\partial \bar{S}}}{P} \quad \cdots\cdots 18$$

$\dfrac{\frac{\partial \delta}{\partial \bar{S}_i}}{\delta} = \Omega$ 、 $\dfrac{\frac{\partial P}{\partial \bar{S}}}{P} = \Gamma$ とし、

$\dfrac{\frac{\partial C_{in}}{\partial \bar{S}}}{\delta \lambda_S P} = \Phi$ すると、19式のようになる。

$$-\Omega + \Phi = \Gamma \quad \cdots\cdots 19$$

19式は15式と同様に陰関数であるので、安定的な解が存在するか確認する（図表10）。

19式と15式を比較すると、右辺は同じである。左辺を比較すると、$\dfrac{\partial C_{in}}{\partial \bar{S}_i} > 0$ から $\Phi > 0$ であり、かつ $-\Omega > -\Omega\left(1 - \dfrac{z_i}{(1-\lambda_s)P}\right)$ であることから、19式左辺は15式左辺より大きいことになる。すなわち、仲介業者の最適登録価格を求めるための右辺は売り手のそれより大きいことになる。したがって、図表10に示す仲介業者の最適登録価格（$\bar{S}_i^{in*}$）は売り手にとっての最適登録価格（$\bar{S}_i^{*}$）より低くなる。

④仲介業者が両手をとることを考慮した場合の最適登録価格

売り手と買い手の両手仲介を考慮した場合の仲介業者の期待利益は20式のようになる。

$$\pi_{ind} = \max_{\bar{S}i}\left(E\left[\delta(TOM(\bar{S}_i))\lambda_s(1+\kappa(\bar{S}_i))P(z_i,\bar{S}_i)\right] - C_{in}(a,\bar{S}_i)\right)$$
..........20

$\kappa(\bar{S}_i)$ は仲介業者が両手仲介を行う確率であり、登録価格（$\bar{S}_i$）に依存する。登録価格が高いほどその確率が低下するので、$\dfrac{\partial \kappa}{\partial \bar{S}_i} < 0$ である。両手をとることを考慮した仲介手数料は $(1+\kappa(\bar{S}_i))\lambda P(z_i,\bar{S}_i)$ である。20式を $\bar{S}_i$ で偏微分して両手を考慮した仲介業者の期待利益の最大化の1階の条件は21式のようになる。

$$\frac{\partial \pi_{in}}{\partial \bar{S}_i} = \frac{\partial \delta}{\partial \bar{S}_i}\lambda_s(1+\kappa)P + \delta \cdot \lambda_s \cdot P\frac{\partial \kappa}{\partial \bar{S}_i}$$

$$+ \delta \cdot \lambda_s(1+\kappa)\frac{\partial P}{\partial \bar{S}_i} - \frac{\partial C_{in}}{\partial \bar{S}_i} = 0 \quad\cdots\cdots\cdots\cdots\cdots\cdots\cdots 21$$

21式は次のように整理される。

$$-\left(\frac{\partial \delta}{\partial \bar{S}_i}\lambda_s(1+\kappa)P + \delta \cdot \lambda_s \cdot P\frac{\partial \kappa}{\partial \bar{S}_i}\right) + \frac{\partial C_{in}}{\partial \bar{S}_i}$$

$$= \delta \cdot \lambda_s(1+\kappa)\frac{\partial P}{\partial \bar{S}_i} \quad\cdots\cdots\cdots\cdots\cdots\cdots\cdots\cdots\cdots 22$$

22式の両辺を $\delta\lambda_S(1+\kappa)P$ で割って整理すると22式は23式のようになる。

$$-\frac{\frac{\partial \delta}{\partial \bar{S}_i}}{\delta} - \frac{1}{1+\kappa}\frac{\partial \kappa}{\partial \bar{S}_i} + \frac{\frac{\partial C_{in}}{\partial \bar{S}_i}}{\delta \cdot \lambda_s (1+\kappa) P} = \frac{\frac{\partial P}{\partial \bar{S}}}{P} \quad \text{......................23}$$

$\dfrac{\frac{\partial \delta}{\partial \bar{S}_i}}{\delta} = \Omega$、$\dfrac{\frac{\partial P}{\partial \bar{S}}}{P} = \Gamma$ とし、$\dfrac{\frac{\partial C_{in}}{\partial \bar{S}_i}}{\delta \cdot \lambda_s (1+\kappa) P} = \Phi'$、すると、24式のようになる。

$$-\left(\Omega + \frac{1}{1+\kappa}\frac{\partial \kappa}{\partial \bar{S}_i}\right) + \Phi' = \Gamma \quad \text{.. 24}$$

$\dfrac{\partial \kappa}{\partial \bar{S}_i} < 0$ であることから、

$$-\left(\Omega + \frac{1}{1+\kappa}\frac{\partial \kappa}{\partial \bar{S}_i}\right) > -\Omega > -\Omega\left(1 - \frac{z_i}{(1-\lambda_s)P}\right) \text{。しかし、} \Phi < \Phi'$$

$< \Phi$であるので24式左辺は15式左辺より大きいが、19式左辺との比較ではどちらが大きいかは不定である。登録価格の引き上げが両手仲介の確率への効果（$\frac{\partial \kappa}{\partial \bar{S}_i} < 0$）が大きいとき24式左辺が19式左辺より大きくなる確率が大きくなるが、逆に登録価格の引き上げが両手仲介の確率への効果（$\frac{\partial \kappa}{\partial \bar{S}_i} < 0$）が小さいとき24式左辺が19式左辺より大きくなる確率は小さくなる。図表11は前者のケースを想定し、両手を考慮した仲介業者の最適登録価格（$\bar{S}_i^{in*}$）は考慮しない仲介業者の最適登録価格（$\bar{S}_i^{in*}$）よりさらに低くなることを示している。

　⑤売り手にとってのセカンドベストの登録価格
　この項では、以上の議論を踏まえて売り手にとってのセカンドベストの登録価格を検討する。
　買い手と仲介業者の間のエージェンシー問題ではIC条件とIR条件から検討した。ここでのIC条件は仲介業者にとっての最適登録価格を設定したときの利益を確保することであり、IR条件は仲介業者の報酬が非負となることである。そして、IC条件とIR条件を満たした上で、登録価格設定に

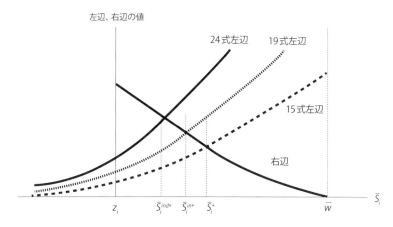

図表11 両手を考慮した仲介業者の最適登録価格

左辺、右辺の値

24式左辺　19式左辺

15式左辺

右辺

z_i　　$\bar{S}_i^{ind*}$　$\bar{S}_i^{in*}$　$\bar{S}_i^*$　　　　$\bar{w}$　　$\bar{S}_i$

（出所）筆者が作成

関して売り手の効用を最大にするような報酬がセカンドベストな報酬体系である。これについては前川・曹雲珍（2010）を参照としてインセンティブ報酬を提案する。

　図表12において売り手の期待超過利益を最大にする登録価格（$\bar{S}_i^*$）と仲介業者の期待利益を最大にする登録価格（$\bar{S}_i^{in*}$）が示されている。仲介業者の最適登録価格における期待利益を維持するように「登録価格を引き上げることによる仲介業者の期待利益の減少分」を補填するようにインセンティブ報酬を設定して、次に売り手のインセンティブ報酬支払い後の期待超過利益が最大になるような登録価格を設定する。図表12では売り手のセカンドベストの登録価格は$\bar{S}_i^S$となる。なお、この登録価格（$\bar{S}_i^S$）は売り手と仲介業者の合計の期待利益を最大にするものでもある[5]。

　セカンドベストの登録価格に導くためのインセンティブ報酬をどのように設定するかが問題となる。「基準となる取引価格」を決めることができれば、それより登録価格を高くする場合は報酬を高くし、逆に低くなる場合

5）　前川・曹雲珍（2010）を参照。

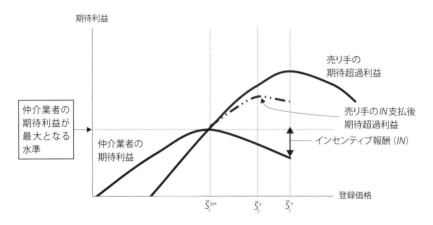

期待利益

売り手の
期待超過利益

仲介業者の
期待利益が
最大となる
水準

売り手の*IN*支払後
期待超過利益

仲介業者の
期待利益

インセンティブ報酬（*IN*）

登録価格

$\bar{S}_i^{in*}$　$\bar{S}_i^s$　$\bar{S}_i^*$

（出所）筆者が作成

は報酬を低くすればよい。しかし、「基準となる取引価格」の設定が難しい
し、設定するのが仲介業者であるとすれば「基準となる取引価格の設定」
に関するエージェンシー問題が生じることになる。

　第三者の簡易な評価システムがあれば、その評価システムで評価した価
格を「基準となる取引価格」とすればよい。

（4）仲介業者の役割とエージェンシー問題

　既存住宅市場で仲介業者がいなければ買い手、売り手の探索時間を含む
探索コストは、仲介業者が介在する場合の探索コストより大きくなるもの
と考えられる。これが、仲介業者が市場に介在することの社会的意義であ
る。しかし、エージェンシー問題は重大な問題であり、その検討は仲介業
の在り方を考える上で重要である。

　仲介業者は、依頼者が売り手である場合には売り手のために、依頼者が
買い手である場合には買い手のために働くことが当然であるが、依頼者が
仲介業者の行動が観察できないことから仲介業者が自分のために働くと
いった問題がエージェンシー問題である。これは媒介契約における仲介業

者をエージェント（代理人）であると位置付け、依頼者のために取引の交渉を行う人と捉えていることによる。しかし、現実には両手をとることも多く、仲介業者をエージェントではなく取引を仲介する人（仲介人）と捉えることができる。この場合、仲介業者は特定の個人のために働くのではなく、売り手と買い手のマッチングを助け、適切な取引価格に導くことが役割となる。この場合のエージェンシー問題は仲介業者が取引価格を適切な価格に導くのではなく、自分の期待利益が最大になるような取引価格に導くことである。「自分の期待利益が最大になるような取引価格に導く」ためには前項で議論した仲介業者にとっての最適な登録価格の設定となる。売り手にとっての最適登録価格より低くなり、売り手の期待利益を最大にすることにはならないが、買い手が安く住宅を購入する利益を与えることになる。一方で買い手になるべく高い価格で住宅を購入するように誘導することで取引を早く制約させ自分の利益を大きくする戦略をとることも可能である。この場合売り手にとっては利益となる。仲介業者の利益を最大にすることが結果として一方の取引当事者の利益になるのである。

　相対取引で考える場合、取引価格は取引の合計の利益（需要価格－供給価格）の配分と考えることができる。社会的に考えれば最適な状況は探索時間を含めた探索コストを低くすることであり、取引価格、仲介手数料は取引の合計の利益を売り手、買い手、仲介業者で配分することと捉えることができる。

　このような視点から仲介業者が両手をとることの問題点を考えてみよう。取引価格自体は取引当事者の利益の配分であるとしたとき、特に取引価格を低く誘導する可能性のある「両手をとること」は売り手にとっては望ましくないかもしれないが買い手に利益をもたらすから社会的には問題とはならない。仲介業者が「両手をとること」の問題は、市場の分断である。仲介業者がレインズに登録せず（または登録する前に）情報を抱え込み、他の業者に情報が渡らないようにする場合、その仲介業者が一つの市場を持つことになる。各仲介業者がこのような行動をとるとき、市場が仲介業者の数だけ分断されることになる。市場が分断されることによって効率的な取引が阻害され、不効率な取引が実現することになる。

仲介業者が両手をとることを禁止した場合は仲介業者が一方の取引当事者のエージェント的な役割を担うことになり、この章で議論したエージェンシー問題が生じる。

4　まとめ

　本章では我が国の既存住宅市場の特色を整理した上で、情報の非対称性の問題を中心に議論することとした。情報の非対称性には隠れた情報と隠れた行動があるが、第2節で隠れた情報に対する対策を議論して、第3節で仲介業者の隠れた行動の問題であるエージェンシー問題を議論した。

　隠れた情報の対策としては売り手の情報開示の義務付けを取り上げた。品質に関する隠れた情報に対する対応として、リフォーム、大規模修繕、増築などの届け出制度を充実させて情報を蓄積して立証可能性を確保した上で売り主に対して情報開示を義務付けることが必要であることを示した。そして売り手の情報開示のインセンティブがあるかを検討する意味から売り手の情報開示がシグナリングとして十分に機能するかの条件を検討した。

　エージェンシー問題では買い手、売り手と仲介業者間のエージェンシー問題を議論した。買い手と仲介業者のエージェンシー問題では両者は取引価格に関して利益相反しており、仲介業者に買い手のために働くインセンティブを与えるために取引価格が安くなるときに仲介手数料が高くなるような報酬体系を見直す必要があることを示した。

　売り手と仲介業者のエージェンシー問題は両者の期待利益を最大にする最適登録価格が異なることによって生じ、仲介業者が売り手のために働くような仲介手数料として登録価格を高くすればするほど仲介手数料が高くなるようなインセンティブ報酬を提案する。また、最後に仲介業者が両手をとる問題も議論した。

[参考文献]

Akerlof, G. (1970) "The Market for 'Lemons': Quality Uncertainty and the Market Mechanism," *Quarterly Journal of Economics*, 84, pp.488-500.

Arnord, M. A. (1992) "The Principal-Agent Relationship in Real Estate Brokerage Service," *Journal of American Real Estate and Urban Economics Association*, V20.1, pp.89-106.

Horowitz, Joel L. (1992) "The Role of the Listing Price in Housing Market: Theory and Econometric Model," *Journal of Applied Econometrics*, 7, pp.115-129.

Ines Macho-Stadler and J. David Perez-Castrillo (2001) *An Introduction to the Economics of Information: Incentives and Contracts*, Oxford University Press.

Knight, J. R., C. F. Sirmans and G. K. Turnbull (1994) "Listing Price Signaling and buyer Behavior in the Housing Market," *Journal of Real Estate Finance and Economics*, 9, pp.177-192.

Laffont, J. J. and D. Martimort (2002) *The Theory of Incentives: The Principal-Agent Model*, Princeton University Press.

Lippman, S. and J. McCall (1976) "The Economic of Job Search; A Survey," *Economic Inquiry*, XIV, pp.155-189.

Muthoo, A. (1999) *Bargaining Theory with Application*, Cambridge University Press.

Nishimura, K. G. (1999) "Expectations Heterogeneity and Excessive Price Sensitivity in the Land Market," *Japanese Economic Review*, 50 (1), pp.26-43.

Patrick Bolton and Mathias Dewatripont (2004) *Contract Theory*, MIT Press.

Rubinstain, A. (1985) "A Bargaining Model with Incomplete Information about the Preferences," *Econometrica*, 53, pp.1151-1172.

Rubinstain, A. (1982) "Perfect Equilibrium in a Bargaining Model," *Econometrica*, 50, pp.97-109.

Salanie, B. (1997) *The Economics of Contracts*, MIT Press (細江・三浦・堀訳『契約の経済学』勁草書房2000).

Yavas, A. and S. Yange (1995) "The Strategic Role of Listing Price in Marketing Real Estate: Theory and Evidence," *Journal of Real Estate Economics*, 23 (3), pp.347-368.

新井富雄 (2006)「契約理論とコーポレイトガバナンス」高森・井手編『金融・契約技術・エージェンシーと経営戦略』東洋経済新報社，pp.55-78.

齊藤広子・中城康彦 (2012)「米国カリフォルニア州の住宅取引における住宅・土地・住環境の情報の開示と専門家の役割」『都市住宅学会』79号，pp.131-139.

曹偉如・前川俊一 (2007)「J-REITと運営会社の最適な契約」『日本不動産学会平成19年度秋季全国大会（第23回学術講演会）論文集』，pp.17-24.

曹雲珍 (2009)「住宅流通市場のシステムに関する研究」明海大学大学院不動産学研究科，博士論文.

曹雲珍・前川俊一 (2015)「アジア不動産流通市場における比較分析—住意識，流通システム，市場の効率性の3つの視点から—」『明海大学不動産学部論集』第23巻，pp.75-94.

前川俊一 (1997)「土地市場に関する不完備情報下の逐次交渉ゲーム」『応用地域学研究』，No.2，pp.145-158.

前川俊一 (2003a)「不動産における取引価格のばらつきと社会的な損失」刈谷・藤田編『不動産金融工学と不動産市場の活性化』東洋経済新報社，pp.67-96.

前川俊一 (2003b)『不動産経済学』プログレス.

前川俊一 (2008)「非完備市場における各主体の市場選択：サーチVersus オークション」Meikai University Discussion Paper Series, No.22.

前川俊一・曹雲珍 (2010)「住宅流通市場における売り手と仲介業者間のエージェンシー問題」『応用経済学研究』第4巻，pp.94-112.

1-9

既存住宅流通市場の整備に向けた法改革の課題

慶應義塾大学大学院法務研究科 教授
松尾 弘

1　はじめに

　前著（2012年9月）[1] において筆者は、既存住宅流通の活性化に向けた市場改革の法的課題として、①物件情報の開示内容の統一化・標準化に基づき、開示・管理方法を合理化すること、②仲介業者の法的地位と権利・義務を明確にし、かつその教育・研修と関連事業者のネットワーク化を進めることにより、コンサルティング機能を向上させてワンストップ・サービスを可能にすること、③リフォーム結果を反映した既存住宅の適正な価格査定方法を制度化すること、④競売・公売物件の瑕疵担保責任を設けること、その他を取り上げた。そして、これらの制度改革は、リフォームの業者やその費用・品質等に関する情報提供を含むリフォーム市場の改革、住宅金融・税制等に関する制度改革、賃貸不動産の流動化のための法改革と関連づけて実現することが必要かつ効率的であることを指摘した。

---

1)　松尾弘「既存住宅流通の活性化をめぐる法的課題」日本不動産学会誌101号＝26巻2号（2012）30-35頁。

その後、5年近くが経過したが、これらの制度改革が順調に進んでいるとは必ずしもいえない。なお、関連する制度改革の一部でもある民法改正作業は、「民法（債権関係）の改正に関する中間試案」（2013年2月26日。以下、中間試案という）、「同要綱仮案」、「同要綱案」、「同要綱」（2015年2月24日）へと取りまとめが進む中で、少なからぬ内容修正を経て、「民法の一部を改正する法律案」（2015年3月31日。以下、民法改正法案という）として国会に提出され、2017年5月26日にようやく成立した（公布は平成29年6月2日法律44号。以下、改正民法という）。

そこで、本章は、前著以後の関連制度改革の諸状況の変化を取り込み、それに従って内容を更新する一方で、依然として課題であり続けている諸点に関しては、再度それらを確認し、改めて強調する方針で論じるものである。このことを最初にお断りしておきたい。

2　既存住宅流通市場の活性化の政策的意義

既存住宅流通市場の活性化は、今日の日本において、依然としてきわめて重要な政策的意義をもっている。すなわち、

①日本社会における人口減少と少子高齢化が進行する中で、新たな不動産市場のフロンティアを開拓し、関連産業を発展させ、経済の活性化に寄与することが期待されている。

②既存住宅市場の活性化は、流通を契機にして、耐震性を含む住宅の質を向上させ、ニーズに応じた住み替えを容易にし、国民の住生活の向上を促して豊かさの実感を身近なものにしうる。

③既存住宅の流通の活性化を契機にして、省エネ性を強化して環境負荷を低減し、空き家や危険建物の放置問題への対応を促し、循環型社会の実現による持続可能な発展への鍵を握るものとしても、それは喫緊の政策課題であるといえる[2]。

---

2)　不動産流通市場活性化フォーラム「提言」（2012年6月。以下、フォーラムという）2頁参照。

しかし、本章でも後に論じるように、既存住宅市場は、いまだに透明性の高い、フェアーで効率的な取引市場になっているとはいい難い面を残しており、現実には取引ルール自体が不透明であり、取引に必要な情報がなおも不透明である部分も少なくないように思われる。このことは、日本の住宅流通は新築住宅が大半を占め、既存住宅が少ないという事実にも示唆されている。この現象は、住宅流通の多くを既存住宅が占め、新築住宅は一部にとどまる欧米と比べて、特徴的な現象といえる[3]。そもそも、それは一面では既存住宅の価値が評価されない結果であるともいえるし、他面では流通しないゆえに既存住宅の価値が評価されずに低迷するともいえる、鶏が先か卵が先か的な難問である。その結果、低品質の建物、低い評価、スクラップ・アンド・ビルドの建築文化の存続、メンテナンスの不足、既存住宅の流通阻害……といった悪循環に陥ってしまっている。

　では、住宅の流通阻害と低品質との悪循環を断ち切り、既存住宅流通の活性化に向けた好循環へのインセンティブを付与するために、さらにどのような制度改革の余地があるであろうか。本章はそのための法改革の課題と対応の指針について再検討する。

---

3)　例えば、日本では住宅流通量の9割近く（2008年で約109.3万戸＝約86.5%、2013年で約98.0万戸＝約85.3%）を新築住宅が占めており、既存住宅の流通シェアは、漸増してはいるものの、1割強（2008年で約17.1万戸＝約13.5%、2013年で約16.9万戸＝約14.7%）にとどまっている（総務省「住宅・土地統計調査」、国土交通省「住宅着工統計」）。これに対し、アメリカにおける新築住宅の販売実績は、1960年代以降年間平均約60万戸で推移してきた。そして、（1995年から2005年にかけて増大して200万戸を突破したが（ピークは2005年の206.8万戸）、その後急減し、2008年には約90万戸、2009年には55.4万戸にまで落ち込んだ。その後やや回復したが、2013年は92.3万戸であった。これに対し、既存住宅の販売実績は、1969年の約160万戸から著増して2006年には700万戸に達し、その後急落したが、最低の2008年でも400万戸を超えている。2013年は約509万戸、2015年は約526万戸であった（http://www.census.gov/construction/nrc/historical_data/; http://www.realtor.org/research/research/ehsdata）。アメリカにおいては、特に1990年代以降の既存住宅販売の伸びと不動産流通関連の制度改革との関係が注目される。小林正典「米国不動産流通システムに学ぶ (1)」住宅新報2012年5月22日2面参照。

3　不動産物件情報システムの制度化

（1）物件情報の開示内容の統一化・標準化

　市場は、①誰が何をどれだけ必要としているかという情報を発見して伝達し、資源を効率的に分配する、②参加者が求める物やサービスを調達する（それによって満足感を得る）、③取引を通じて自由そのものを享受する、④競争プロセスを通じて技術革新を誘発する等の機能をもつ[4]。しかし、日本の既存住宅市場は、そもそも情報の発見・伝達という市場の最も基礎的な機能（前述①）からして、すでに大きな問題点を抱えてきた。その結果、①資源の効率的分配、②購入者の満足のゆく物件の調達、③自由の享受、④技術革新の誘因といったいずれの機能に関しても、未成熟な部分を残している。

　既存住宅市場が、事業者・消費者がともに安心して依拠できる透明性の高い物件情報を提供するためには、まず、開示すべき情報内容の基準づくりから着手する必要がある。理念的には、以下の基本項目が考えられる。すなわち、

①住宅の性能（耐震性の診断結果、床面積1㎡当たりのエネルギー消費量に換算した住宅の燃費等のランニング・コストを含む）

②住宅の取引履歴（成約価格等、過去の契約に関する情報を含む）

③住宅の地盤の履歴（土壌汚染状況調査等を含む）

④修繕・耐震改修等のリフォームの経過

⑤都市計画法、建築基準法等による規制、課税やその控除の余地、その他の法令に関する情報

⑥周辺地域の情報（学区情報、公共施設情報、マーケット情報等）等である。

これらの基本事項の各内容につき、売主や仲介業者が開示すべき情報項

---

4)　松尾弘『良い統治と法の支配――開発法学の挑戦』（日本評論社、2009）148頁、同『開発法学の基礎理論――良い統治のための法律学』（勁草書房、2012）73-74頁。

目を統一化し、標準化することが望まれる[5]。そのためには、成約情報等の情報源となる売買契約書等の書式の標準化も検討に値する。

これらの情報については、徹底してオープンにすることが、潜在的な買主の関心と安心感を高め、結果的には売主や仲介業者にとってもメリットが大きい。このことについて、認識が共有されることがきわめて重要である。そのための事業者・消費者双方の啓発が必要になるであろう。

（2）物件情報の開示・管理方法

物件情報の開示を売主および宅建業者（仲介物件の場合）に義務づけ、また、開示による売主の契約不適合責任（民法改正前の瑕疵担保責任）の免責、その範囲での仲介業者の説明義務違反の免責等、売主側に何らかのインセンティブを与える方法が必要になろう[6]。

その際、仲介物件に関しては、拡充された物件情報の内容の統一化・画一化のためには、重要事項説明（宅地建物取引業法35条1項）の内容の改訂が要請されるであろう。と同時に、それを機会に、重要事項説明の内容を精査し、説明方法の効率化も検討し、消費者の能力とニーズにより適合した物件情報の提供システムの改善を検討すべきである。

なお、そのように拡充された開示すべき情報をもっぱら売主が保管することには限界があるかもしれない。特に相続等が生じた場合、関連情報が散逸することも考えられる。それは売主の自己責任という面もあるが、関連情報（前述（1）①～⑥）のすべてではないにしても、一部は売主以外の者（登記所等の公的機関、過去に当該物件を取引した仲介業者等）がデータベース化してバックアップをすることも有益であろう。また、そうした既存住宅の物件情報を管理する民間組織の設立も検討に値する[7]。

その場合、これらの情報の正確性を公的に保証する必要はないであろう。その代わり、情報のソースをオープンにすれば、必要に応じて利用者が独

---

5) その内容は一戸建てとマンション（共用部分を含む）で様式が異なることも考えられる。
6) あるいは売却による所得に対するリフォーム代金の経費化等の措置も考えられる。ちなみに、アメリカでは州政府が売主の告知書の様式を定め、その他の標準統一様式が（Multiple Listing Service: MLS）が決め、全不動産事業者に使用を義務づけている。

自に追加調査することが可能であり、それが効率的だからである。

　なお、物件情報の開示・管理に関する現行の制度として指定流通機構がある（Real Estate Information Network Systems for IP Services: REINS）[8]。それは共同仲介を制度理念とするが、義務的登録項目が限られ、物件の囲い込みが起こりうる等の問題がある。物件情報の登載ルール（一定時間内の掲載、ポケット・リスティングの禁止、誇大広告の禁止と罰則等）等、レインズ・ルール自体の改訂、ルール遵守の徹底（インセンティブ付与を含む）等の制度改革の余地がある。

　不動産物件情報の開示に関しては、不動産登記法に基づく登記制度の活用も考えられる。もっとも、日本の不動産登記法は売買等の契約書そのものを綴じる方式にはなっておらず、売買価格等の成約情報を開示するものではない[9]。また、都市計画法等の規制、地歴等の情報を不動産登記簿に登載する方式にもなってはいない。しかし、不動産物件情報の統一化に向けて、省庁間の連携を本格的に深めることによる制度改革の余地が大いにあるというべきである。

（3）空き家情報について

　近年社会問題化している空き家の増加に鑑み、空き家の有効活用を進め、地域の保全を図るとともに、空き家の取得または利用の可能性のある潜在的な需要を発掘するためにも、所有者等の権利者の利益およびプライヴァシーの保護に配慮しつつ、空き家情報を収集、管理、活用する方法を検討することも必要であると考えられる[10]。

---

7)　一般社団法人・日本住宅建設産業協会は顧客が住宅を建設・販売した会社が同協会に所属する場合、その図面や保証書等のバックアップ・サービスを提供している。アメリカの売却物件情報管理運営会社であるMultiple Listing Serviceに関し、小林正典「米国不動産流通システムに学ぶ（2）、（3）」住宅新報2012年5月29日2面、6月5日2面参照。

8)　2007年4月からは、レインズが保有する不動産取引価格情報を活用した消費者向けの情報提供サービス（不動産取引情報提供サイト：RMIによる）も始まった。

9)　売買等の不動産物権変動の原因証書は、添付情報として登記申請に際して添付されるにとどまる。

10)　空き家バンク制度の創設・活用に関し、霜垣慎治「空き家バンク制度の分析と展開」法律のひろば68巻7号（2015）29-36頁がある。

4 仲介業者の法的地位と権利・義務の明確化

（1）媒介契約の定義

　既存住宅市場の重要な担い手は、媒介者（仲介業者）としての宅地建物取引業者である。しかし、宅建業者が顧客と締結する媒介契約については一般法である民法に規定がない。民法（債権関係）の改正に関する議論では、役務提供契約に関する見直しの一環として、媒介契約の定義が提案された。それによれば、媒介契約とは委託者Aが媒介者Bに対し、Aと第三者Cとの法律行為が成立するように尽力することを委託する有償の準委任であると定義された。そして、Bは委託の目的に適合するように情報を収集し、Aに提供する義務を負う一方、その媒介によってAとCとの間に法律行為が成立したときは、BはAに報酬支払請求ができる[11]。したがって、この要件を満たせば、AとCが自己取引をしたときも、Bの媒介によってAC間に法律行為が成立したものと認められる以上、BはAに対して報酬支払請求ができる。媒介契約の定義化は、仲介業者の法的地位とその権利・義務を明確化する基盤になりうる。

　しかし、民法（債権関係）の改正に関する中間試案（2013年2月26日）は、この提案を取り入れず、その後の議論でも媒介契約の定義を民法に設ける提案はされなかった。その結果、媒介契約の定義規定は、民法改正法案で

---

11)　民法（債権法）改正検討委員会『債権法改正の基本方針』（商事法務、2009。以下、委員会方針という）【3.2.10.19】。法制審議会民法（債権関係）部会『民法（債権関係）の改正に関する中間的な論点整理』（平成23年4月12日決定。以下、中間整理という）49.6（1）参照。現行法は商事仲立に関する規定のみを設けている（商法543）。松尾弘『民法改正を読む──改正論から学ぶ民法』（慶應義塾大学出版会、2012）170頁参照。

　ちなみに、現行民法は、委任は法律行為の委託（民法643）、準委任は法律行為でない事務の委託（民法656）とするが、この提案は委任の定義を維持しつつ、準委任は委任者が受任者に「第三者との間で」法律行為でない事務を行うことを委託する場合に限定する趣旨である。この提案によれば、当事者間AB間での役務提供のように「第三者との間」で行われるのでない事務処理の委託は、準委任ではなく、役務提供契約の対象になる。委員会方針【3.2.10.01】、【3.2.10.02】。中間整理49.5。

も提案されず、この点の民法改正はされていない。

（2）仲介業者のコンサルティング機能の向上と研修制度の充実

　媒介契約の受任者としての法的地位を基盤にしつつ、宅建業者はそのコンサルティング機能を向上させ、顧客（委任者）の希望（既存・新築の売買、リフォーム、賃貸、その他の不動産活用等）に即してワンストップ・サービス（例えば、既存住宅の紹介と同時にリフォーム提案、瑕疵担保保険の紹介をする等）を可能にすることが期待される[12]。ここではアメリカに見られるような不動産流通関連事業者の分業化、それらの間の連携強化による不動産流通のネットワーク化、不動産エージェントを窓口とするサービスのパッケージ化が参考になる[13]。それは地域経済の活性化に寄与するであろう。もっとも、それによる不動産取引にかかるコストの増大が、サービスの向上に見合ったものであるかを常に検証する必要がある。

　仲介業者によるコンサルティング機能の向上は、不動産仲介業者および宅地建物取引主任者に対する継続教育・研修制度の充実・強化と不可分である。その際には、研修の義務づけや、研修の受講に対する評価制度等、研修を受けることのインセンティブを付与する仕組みにも配慮する必要がある[14]。

---

12)　それに向けた取組みはすでに業界でも始まっている。「不動産仲介事業を刷新」日本経済新聞2012年7月15日（地方経済面・神奈川）26頁。

13)　アメリカでは、不動産取引に関わる専門家として、不動産エージェント（日本の宅建業者に当たる）が顧客に対してコンサルティング・サービスを提供しつつ、不動産ブローカー（不動産会社）、エスクロー（条件調整、書類確認、精算）、アプレイザー（建物鑑定士）、ホームインスペクター（建物検査士）、モーゲージブローカー（住宅ローン・アドバイザー）、タイトル会社（権原調査保証会社）の間のネットワークが形成されている。小林正典「米国不動産流通システムに学ぶ（2）」住宅新報2012年5月29日2面。

14)　全国宅地建物取引業協会連合会＝全国宅地建物取引業保証協会『教育研修制度のあり方に関する調査研究事業』（2012年）、小林正典「米国不動産流通システムに学ぶ（4）」住宅新報平成12年6月12日参照。

5   住宅の価格査定方法の制度化

　既存住宅の流通促進のためには建物の資産価値の適正な評価方法の確立
が不可欠である。その際には、リフォーム結果を価格に的確に反映させる
仕組みが必要になる。そのためには物件情報（前述3（1））を蓄積し、容易
に利用可能な形にデータベース化するシステム、建物価格査定基準の合理
化と統一化、建物検査（ホーム・インスペクション）の制度化（不動産取引の
どのタイミングで、誰の費用負担で行うかも含む）等が必要になる[15]。

6   売買目的物の欠陥に対する買主の救済方法

（1）売買目的物の欠陥一般について

　既存住宅を購入した場合において、売買目的物（建物およびその敷地）に
欠陥があったときに買主を救済する方法について、改正民法は現行法（以
下、改正前民法という）ルールを修正した。改正前民法は、売主から買主に
引き渡された売買目的物について、（ⅰ）権利の瑕疵がある場合（改正前民
法560〜568）と（ⅱ）物の瑕疵（改正前民法570。通常の品質・性能の欠如）が
ある場合に分けて、買主の救済規定を置いている。また、（ⅲ）売買目的物
の品質・性能について、売主・買主間に特約があり、売主がそれに反した
ときは、債務不履行責任（改正前民法414〜416、540〜548）が発生する。
　これに対し、改正民法は、改正前民法における（ⅰ）権利の瑕疵に対す
る売主の瑕疵担保責任、（ⅱ）物の瑕疵に対する売主の瑕疵担保責任、およ
び（ⅲ）売主の債務不履行責任の区別を廃し、いずれも契約不適合に対す
る責任と捉えて規定し直している（改正民法561〜567）。すなわち、

15）　フォーラム・前掲（注2）3頁参照。アメリカにおける住宅価格の適正な評価システムに関し、
　　小林正典「米国不動産流通システムに学ぶ（5）」住宅新報2012年6月19日2面参照。

①「引き渡された目的物が種類、品質又は数量に関して契約の内容に適合しないものであるとき」（契約不適合）は、買主は売主に対し、「目的物の修補、代替物の引渡し又は不足分の引渡しによる履行の追完を請求する」権利（追完請求権）をもつ（改正民法562①本文）。

②契約不適合の場合において、買主が相当期間を定めて追完を催告し、当該期間内に履行の追完がないときは、買主は「不適合の程度に応じて」代金減額請求権をもつ（改正民法563①）。

③買主はさらに債務不履行の一般原則に従い、損害賠償請求権（改正民法415）および契約解除権（改正民法541、542）をもつ（改正民法564）。

④売主が買主に所有権を移転できなかった場合、または移転した権利が契約内容に適合しないものである場合も、前述①〜③の原則を適用する（改正民法565、561）。

⑤売買目的物が「種類又は品質に関して」契約不適合であった場合における買主の権利（追完請求権、代金減額請求権、損害賠償請求権、契約解除権）は、「買主がその不適合を知った時」から1年以内に売主に「通知」しなければ、行使できない。ただし、売主が引渡時にその契約不適合を知り、または重過失によって知らなかったときは、この限りでない（改正民法566）。これは、改正前民法を実質的に保持するものと解される（改正前民法566③、570）。

⑥「売買の目的として特定した」売買目的物が、買主に引き渡されたときは、その引渡しがあった時以後に、当事者双方の帰責事由によらずに滅失または損傷したときは、買主は売主に対して追完請求権、代金減額請求権、損害賠償請求権、契約解除権を行使することができず、かつ売主の代金支払請求を拒絶することができない（改正民法567①）。

⑦売買目的物が契約成立時にすでに滅失していた等の履行不能の場合（原始的不能）であっても、買主は債務不履行として「第415条の規定により」、履行不能によって生じた損害の賠償請求権をもつ（改正民法412の2②）。一方、買主は履行請求権はもたない（改正民法412の2①）。

以上のルールは、既存住宅およびその敷地の売買においても妥当する。改正民法は、売主の買主に対する責任を、基本的に債務不履行責任として

規定しようとしている点で、ルールの統一化を図っている[16]。このような内容をもつ改正民法が、既存住宅の売買をめぐる市場ルールとして内容の合理性と形態の透明性をもち、既存住宅売買市場の活性化に通じるかどうかは、実務での適用状況を見ないことには、正確な判断が困難である。

（2）土壌汚染について

　既存住宅の目的物の欠陥に関して、その敷地の土壌汚染に関する責任負担ルールは、不動産売買市場の動向に対して、少なからぬ影響を与えうる。土壌汚染対策法の規定を除けば、土壌汚染に対する責任負担ルールは、改正前民法の瑕疵担保責任のルール（およびそれに関する判例法理）または改正民法の契約不適合責任のルール（前述（1））によることになる。しかし、土壌汚染対策に要するコストは、仮に売買の場合において常に完全浄化を求めるとすれば、その費用は膨大なものとなり、それを当事者の一方のみに負担させることは、必ずしも当事者間の衡平に適合せず、社会的に効率的でもない。むしろ、売買目的に応じて必要な浄化措置がとられれば、瑕疵（改正前民法）または契約不適合（改正民法）ではないものとして流通させる中で、当事者の負担および社会的負担により、徐々に浄化を進めるほかない。この観点から、改正前民法および改正民法に対しては、以下の2点を指摘することができる。

　第1に、売買契約に際し、売主が売買目的に照らして必要な情報を買主に開示し、契約当時その土地が通常備えるべき品質・性能に合致していた場合、または契約目的に照らして契約不適合といえないものであるときは、

---

16)　もっとも、この債務不履行責任は、もっぱら契約責任（いわば約束違反）から構成されているわけではなく、そこには法的責任（いわば契約に定めがなかった場合の法律によるリスク分配）の要素も含まれていることに注意を要する。例えば、買主の売主に対する損害賠償請求権は売主の帰責事由を要件とするのに対し（改正民法415）、(1) 買主の追完請求権、代金減額請求権、契約解除権は売主の帰責事由を要しないとする点（改正民法562、563、541、542）、(2) 売買目的物が「種類又は品質に関して」契約不適合であった場合における買主の追完請求権、代金減額請求権、損害賠償請求権、契約解除権の行使期間について、消滅時効期間とは異なる特別規定を保持したこと（改正民法564）、(3) 売買の目的として特定した売買目的物が、売主・買主双方の帰責事由によらずに履行不能となった場合における売主の代金支払請求権の存否につき、引渡時を基準とするリスク分配（危険負担）ルールを設けたこと（改正民法567）等である。

売買契約後に土壌汚染が発覚しても、売主は免責されるべきであり、信義則（民法1②）等を通じて、売主の責任を事後的に加重するような契約および法規の解釈は安易に許容されるべきではない。

第2に、売買契約に際し、売主が約定どおりに浄化措置を施し、契約目的に適合する状態になったと認められ、かつ買主が売主に不訴求合意をしたときは、その後さらなる土壌汚染が発覚しても、不訴求合意の有効性が認められるべきである。

また、現行の土壌汚染対策法に基づく所有者の浄化責任に関しても、法令上求められる調査義務を履行し、かつ土壌汚染に関して善意の取得者に対しては、その後に土壌汚染が発覚した場合でも、土壌汚染対策法に基づく浄化措置の免責または公的負担による浄化補助措置の導入を検討する余地がある。

土壌汚染に対しては、以上のような法改革をさらに進めることにより、土地（既存住宅の敷地を含む）取引市場の活性化を促しうると考えられる。

7　競売・公売物件の流通促進のための法改革

既存不動産の取引は競売や公売（租税滞納処分等）を通じても行われる。強制競売された物件に権利の瑕疵または目的物の数量の不適合があった場合、買受人は、①債務者（前所有者）に対して代金減額請求または契約解除ができるが（改正民法568①）、②債務者が無資力であるときは代金の配当を受けた債権者に対して代金の全部または一部の返還を請求でき（改正民法568②）、③権利の瑕疵または目的物の数量の不適合について悪意だった債務者または債権者に対しては損害賠償を請求できる（民法568③）。

しかし、目的物の種類または品質に関する契約不適合に関しては、買受人は債務者（前所有者）にも配当を受けた債権者にも損害賠償（代金減額）請求等の担保責任を追及できない（改正民法568④）。これは担保権の実行としての競売および公売の場合も妥当する（改正民法568①参照）。その理由は、①これらの場合は前所有者の自発的意思によって売却されたものでな

いこと、②債権者は目的物の種類・品質について知る機会が少ないこと、③買受人は自己の危険で買い取るべきこと等による[17]。

しかし、それは債権者保護に偏り、競売・公売市場を意識したルールとはいい難い。前所有者も債権者も強制競売等の可能性は当初から認識可能であり、競売・公売市場に参加する買主の信頼を確保するためにも、物の瑕疵に対する債務者（前所有者）および債権者の責任を導入する方向で法改正が検討されるべきである[18]。

改正民法は、改正前民法568条の担保責任を競売（強制競売および担保権の実行としての競売）のみならず、公売の場合にも適用されることを明確にする一方で、従来の物の瑕疵に対する債務者および債権者の責任を否定する改正前民法（改正前民法570但書）を実質的に維持し、売買契約の目的物の種類または品質に関する契約不適合に対しては、買受人が債務者および債権者に対して担保責任の追及をすることができないものとした（改正民法568④）。その結果、この点はさらに議論が続くものと考えられる。

8　リフォーム市場の改革

既存不動産の流通促進はリフォーム市場の改革とも密接に結びついている。既存物件の潜在的な買主にとっては、リフォームに関する事業者・費用・品質等に関する情報が不足しており、消費者の不安が解消されていないという問題がある。対応策の1つとして、優良リフォーム業者の格付け制度の導入が提案された[19]。また、リフォームが既存住宅の資産・担保価値を高めることに確信がもてるような制度改革が必要である。そのためには、リフォームの客観的な評価制度を建物の価格査定制度の改善（前述5）

---

17)　『新版・注釈民法（14）』（有斐閣、1993）371頁（柚木馨＝高木多喜男）参照。

18)　松尾・前掲（注11）148-149頁参照。委員会方針【3.2.1.20】はその方向性を示した。中間整理39.4参照。柚木＝高木・前掲（注17）372頁は、改正前民法568条3項（改正民法568③も同じ）を物の瑕疵（競売目的物の種類・品質の不適合）にも類推適用すべきであるとする。

19)　フォーラム・前掲（注2）7頁。

と連動させる必要がある。

　リフォーム工事に欠陥があった場合、注文者が請負人に対して速やかに修補・損害賠償請求、場合によっては契約解除をするための改正前民法のルールにつき、改正の余地が検討された。また、契約解除の場合における請負人の原状回復等に関しても、不明確な点が残っている。これらの点については、民法改正の余地が指摘されてきた[20]。改正民法は、請負の目的物に欠陥があった場合に関して、改正前民法のルールに比較的大きな変更を加えた。その概要は、以下のとおりである。

①請負の目的に欠陥があった場合につき、改正前民法が前提とする区別——仕事の完成前は債務不履行、仕事の完成後は「瑕疵」に対する請負人の担保責任という区別——を廃し、「仕事の目的物が種類又は品質に関して契約の内容に適合しないとき」（契約不適合）に一括し、債務不履行の問題として規定し直した（請負の「瑕疵」概念の廃棄）。その結果、請負人の「瑕疵」担保責任に関する改正前民法634条・635条は削除され、民法559条（売買契約に関する規定の他の有償契約への準用）により、売買目的物の種類・品質に関する契約不適合を理由とする買主の権利（追完請求権・損害賠償請求権・代金減額請求権・契約解除権）を規定した改正民法562条〜564条（前述6（1）①〜③）が、請負契約の注文者に準用される。これにより、注文者は、目的物の修補等の履行の追完請求権（改正民法562参照）、報酬減額請求権（改正民法563参照）、損害賠償請求権・契約解除権（改正民法564参照）をもつ。

②注文者の帰責事由によらない仕事の完成不能の場合、または仕事完成前に請負契約が解除された場合であっても、請負人がすでに行った仕事の結果のうちで、可分部分の給付により、注文者が利益を受けるときは、その部分を仕事の完成とみなし、請負人は注文者が受ける「利益の割合に応じて」報酬請求権をもつ（改正民法634）。前述した、契約解除の場合における請負人の原状回復に関しては、注文者の利益になっている可分給付があれば、その部分については、この新ルールに

20）　松尾・前掲（注11）167-168頁参照。

よって対応可能と考えられる。

③契約不適合に対する請負人の債務不履行責任は、注文者が「その不適合を知った時から1年以内」に請負人に「通知」をしなければ、前述①の追完請求権、報酬減額請求権、損害賠償請求権・契約解除権を行使できない。ただし、請負人が仕事の目的物の引渡時（引渡しを要しないときは仕事終了時）に不適合の存在を知りまたは重過失によって知らなかったときは、この限りでない（改正民法637）。これは、改正前民法における請負人の瑕疵担保責任の存続期間の規定（改正前民法637）——消滅時効期間（改正前民法167①、170［2］、173［2］）よりも短い期間——を実質的に維持するものである。ただし、1年の期間の起算点が、改正前民法における仕事の目的物の引渡時（引渡しを要しない場合は仕事の終了時）（改正前民法637①・②）から、注文者が契約不適合を知った時（改正民法637①）に変更されており（起算点の主観化）、注文者が知らなかったときは長期に及びうる（その場合でも消滅時効期間には服する）ことは看過できない。

④この③の期間制限の起算点の変更と関連して、「建物その他の土地の工作物の請負」の場合に請負人の瑕疵担保責任の存続期間を5年に延長する（石造等の場合は10年に延長する）旨の現行民法の規定（改正前民法638）は、瑕疵担保責任の存続期間の合意による伸長の規定（改正前民法639）とともに、削除された。前述③の原則が、起算点の主観化への変更を含むことにより、改正前民法（改正前民法638、639）を維持する必要性に乏しくなるからである。

さらに、リフォーム工事に欠陥があった場合に備え、リフォーム瑕疵保険、大規模修繕瑕疵保険の普及促進を図ることが有効である。

9　住宅金融、税制等に関する制度改革

既存住宅流通市場の拡大・縮小の決定要因として、国民の実需に加え、長期で安定した低利融資、譲渡税の控除、住宅ローン利子控除等の制度も

無視できない。しかし、日本では、新築住宅購入に比べ、既存住宅購入の場合、単なる築年数の経過が建物評価を大きく左右し、住宅ローンおよび住宅ローン控除の利用を妨げている[21]。こうした現行の住宅価格評価制度の改革（前述5）は急務である。

　また、住宅金融を促進するためには、借主の債務不履行が生じた場合の対応制度を充実させることも重要である[22]。

　さらに、高齢者の住み替え、安定居住を促進・確保するために、売却しなくても住み替えが容易にできるよう、リバースモーゲージ等の普及のための制度改革を探る余地もある。

　また、税制との関係では、買取り再販を促進するための不動産取得税の減免（二重課税の回避）、譲渡損失の損益通算に関する要件の緩和等も検討の余地がある[23]。

10　賃貸建物の流通促進

　既存住宅は自己使用物件である場合だけでなく、賃貸物件である場合もある。その場合、賃借人に貸したままでも円滑に物件を売買することができるよう、賃貸物件の流動化を図ることも、既存住宅の流通の促進には不可欠の要素である。現在の判例は、賃貸不動産が譲渡された場合は、「特段の事情」がないかぎり、賃貸人の地位は譲受人に当然承継されると解している。そして、①賃借人の同意がないかぎり、譲渡人と譲受人の間で賃貸人の地位を譲渡人に留保する旨の合意をしても「特段の事情」とは認められないとしている[24]。しかし、譲受人は物件の賃貸管理をする意思も能力もない場合もあり、賃貸不動産の流通促進のためには、判例の基準を緩和

---

21)　住宅ローン減税・贈与税の特例における建築年数要件（木造20年、マンション25年）等が制度的障害になっている。

22)　不動産の買取ファンド・買取機構の創設も検討されている。フォーラム・前掲（注2）9頁。

23)　既存持家住宅流通と住宅税制との関係を包括的に検討するものとして、荒井俊行「既存持家住宅取引の現状と課題」土地総合研究2015年秋号67-75頁がある。

24)　最判平成11年3月25日判例時報1674号61頁。

する余地がある。また、②賃貸物件の譲渡に伴って賃貸人の地位もいったん承継した譲受人が、賃貸管理を専門業者たる第三者に委ねるために、賃貸人の地位のみを当該第三者に移転することを望む場合もある。これら①・②の場合に賃借人の同意がなくとも、賃貸物件の所有権と賃貸人の地位の分離を認めても賃借人の利益保護に反しない要件を検討する余地がある[25]。

改正民法は、この点については判例法理を改める改正をした。すなわち、例えば、Aが所有建物をBに賃貸したまま、当該賃貸建物をCに譲渡した場合において、当該物件の賃借人Bが賃借権の対抗要件（民法605条の賃借権登記または借地借家法31条の建物の引渡し）を具備しているときは、当該賃貸建物のBに対する賃貸人の地位は、当然に譲受人Cに移転し（改正民法605の2①）、また、Bが対抗要件を具備していないときであっても、譲渡人Aと譲受人Cとの合意があれば、当該物件の賃貸人たる地位は、賃借人Bの承諾を要しないで、譲受人Cに移転させることができる（改正民法605の3）。この当然承継の原則自体は、現在の判例法理である。しかし、改正民法は、この原則に対する例外則を規定し、譲渡人Aおよび譲受人Cが、賃貸人たる地位を譲渡人Aに留保する旨およびその不動産を譲受人Cが譲渡人Aに賃貸する旨の合意をしたときは、賃貸人たる地位は、譲受人Cに移転しないものとする。この場合において、譲渡人Aと譲受人Cまたはその承継人（相続人等）との間の賃貸借が終了したときは、譲渡人Aに留保されていた賃貸人たる地位は、譲受人Cまたはその承継人（相続人等）に移転する（改正民法605の2②）。

この民法改正は、賃貸不動産の所有者が、賃貸人の地位を自ら留保し、賃借人に対する賃貸人としての賃貸物件管理の権利・義務を保持したままで、当該賃貸物件の所有権、その共有持分権または当該物件に信託を設定したうえでの信託受益権を第三者に売却する等して流動化を図り、資金調達等を行うというビジネス・モデルを可能にするスキームの制度基盤となりうる。これもまた、賃貸不動産という既存住宅流通市場の整備を促す制

---

25) 松尾弘「不動産流動化の要請と賃貸人の地位」NBL 982号（2012）58-67頁（松尾弘＝山野目章夫編『不動産賃貸借の課題と展望』商事法務、2012所収）参照。

度の一部ということができよう[26]。

11　住宅に関する消費者保護制度の充実

　既存住宅流通市場を活性化するためには、住宅に関する消費者保護制度を改善する余地もある。特に各地域における消費者相談体制を充実することを通じ、住宅に関する消費者保護制度へのアクセスをより容易にし、安心して専門家に相談できる窓口を拡充することは、既存住宅の売買やリフォームへのインセンティブを高めると考えられる[27]。

12　おわりに──「既存」住宅市場の整備に向けた法改革の展望

　以上に概観した既存住宅市場を整備するための法改革は、2つのレベルのものからなっていることが分かる。第1に、市場取引それ自体に関わるルールの改善であり、民法・その他の取引ルールの一層の合理化と透明化がそれに該当する。第2に、市場取引を促すための間接的またはメタ・レベルのルールの整備であり、既存住宅に関する情報管理制度の改善、仲介システムの改善、金融システム・税制の改革、消費者保護制度の充実等がこれに該当する。このように取引ルールそのものと、取引を促すメタ・ルールとが、相互に機能的に噛み合ってはじめて効率的市場を構築することができる。したがって、それは単なる規制の緩和によって達成できるものではない。むしろ、緻密に練られた政策とそれを実現するための精密な

---

26)　賃貸人の地位の留保合意を有効とするための要件・効果を含む、賃貸不動産の流通促進のための法改革の課題については、松尾弘「賃貸不動産の譲渡と賃貸人の地位」慶應法学24号(2012) 43-86頁、同「賃貸不動産の譲渡に伴う賃貸人の地位の帰趨と要件事実論」伊藤滋夫編『不動産法と要件事実』(日本評論社、2014) 112-135頁 (なお、同書31-53頁の議論も参照されたい) で包括的に論じた。

27)　各地域における既存の消費者相談窓口において、不動産取引やリフォームの専門家への相談体制を整えること等が考えられる。そのための公的支援のスキームを検討する必要がある。

法的ルールとその法解釈が一体化して形成されうる一大構築物にほかならない。

このような観点から見ると、本章で概観した諸点の法改革は相互に連動しており、ワン・パッケージの制度改革として取り組む必要があることが理解されるであろう。それを通じ、売主・買主・仲介業者・金融業者・リフォーム業者・地方自治体や国・消費者相談員、その他の関係者が、いずれも納得のゆくような、合理的で効率的な取引ができるように促すことが急務である。

また、既存住宅市場にも国際化およびグローバル化の波が押し寄せていることに鑑み[28]、それに備えて国内ルールを合理的で効率的なものに整えておくことは不可避といえよう。もっとも、国内には国内の事情や慣習（法）があることも事実である。それらを無視した安易な国際化が実効性を欠いて失敗した例や、かえって取引の混乱や弊害をもたらした例も枚挙に暇がない。国内の伝統的なルールと国際標準とは、その前提状況や環境の相違も十分考慮に入れて、可能かつ必要な妥協点を探り、時間をかけて徐々に調和させてゆくほかない。この観点は、諸外国で普及している制度を日本に導入しようとする際に、特に留意を要するものである。

さらに進んで、住宅流通市場の一層の整備に向けた法改革を考える場合の出発点にあるべき基本問題を振り返っておきたい。それは、そもそも住宅流通市場を様々な制度上「既存住宅」と「新築住宅」とに截然と区分して考えるという慣行自体が、ア・プリオリに当然であるとはできないということである。この区別は、住宅を自動車、パソコン等と同様の一種の耐久消費財として捉えることを大前提にしている。無論、この区別は、日本におけるこれまでの既存住宅の実態、住宅取得市場の9割近くを新築住宅が占め、既存住宅は1割強にすぎないという現実を反映している[29]。

一方、住宅の継続的なリフォームが当然のこととして普及して住宅流通

---

28)　2013年3月には、全米リアルター協会（NRA）が日米不動産協力機構（JARECO）との間で、不動産市場の国際化の促進支援を目的として、相互協力合意を結んだ。なお、小林正典「米国不動産流通システムに学ぶ（3）」住宅新報2012年6月5日2面も参照。

29)　前掲3）参照。

制度に組み入れられ、経年劣化部分や自然災害、人災等による損傷部分を修補しながら恒常的に存続させるべき資産として捉える場合には、むしろ新築か既存かは次第に「程度」の差にすぎないものとなり、様々な制度上それらを「カテゴリー」として当然区別することはあまり意味をなさなくなると考えられる。

　「既存住宅流通市場の整備」という場合には、既存住宅と新築住宅との区別を当然前提としているが、そのための制度改革を本格的に考えるとすれば、この市場改革の向かう先には、実は住宅をどのような資産として捉えるべきであるかということ自体についての根本的な問題が存在していることを意識する必要がある。それはスクラップ・アンド・ビルドを前提とする建築文化を抜本的に見直すことにも通じる、世代を超えた大きな課題であることはいうまでもない。しかし、こうした究極目標を曖昧にしたままの住宅市場改革は、多かれ少なかれ弥縫策に終わることが目に見えている。既存住宅流通市場の整備に向けた改革を本気で考えるのであれば、こうした究極目標とその達成手段の連鎖を明確にした、包括的な住宅市場改革「戦略」の策定が不可欠であろう。それが明確になってこそ、それを実現するための法改革が意味をもち、実効性を増すことになると考えられる。

既存住宅市場の活性化について

日本大学経済学部 教授
山崎 福寿

1　はじめに

　日本の既存住宅市場の取引量は諸外国に比べてきわめて低い水準にあることは、たびたび指摘されている。図表1にあるように、アメリカが全住宅ストックの89.3%（2010年）、イギリスはその88%（2012年）が既存住宅として流通しているのに対して、日本では14.7%（2013年）に過ぎない[1]。また、その平均寿命は30年という低水準である[2]。

　日本の住宅は、寿命が短く、かつ既存住宅の取引量はきわめて少ないという事実は、どのような原因から生じているのだろうか。既存住宅市場の取引を阻害している基本的な原因について分析したうえで、その問題を解決するための糸口について考えてみよう。

---

　1)　日本の推計値が過小評価になっているという指摘については、原野（2014）を参照のこと。原野の推計では、国土交通省の推計よりも流通量は2倍から3倍になっているという。これが正しいとしても、アメリカ、イギリスに比較して、日本の流通量が顕著に低い点は変わらないだろう。
　2)　『平成20年国土交通白書』によれば、住宅の耐用年数はアメリカが55年、イギリスが77年なのに対して、日本は30年である。

図表1 各国の既存住宅市場の取引量

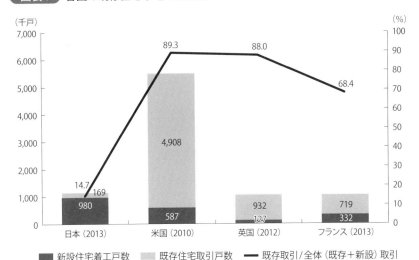

（注） 1. フランス：年間既存住宅流通量として、毎月の既存住宅流通量の年換算値の年間平均値を採用した。
2. 住宅取引戸数は取引額4万ポンド以上のもの。なお、データ元である調査機関のHMRCは、このしきい値により全体のうちの12%が調査対象からもれると推計している。

（資料） 日本：総務省「平成25（2013）年住宅・土地統計調査」、国土交通省「住宅着工統計（平成25（2013）年計）」
米国：U.S.Census Bureau「New Residential Construction」、「The 2011Statistical Abstract」（データは平成22（2010）年）http://www.census.gov/
英国：Department for Communities and Local Government「Housing Statistics」（データは平成24（2012）年）http://www.communities.gov.uk/
フランス：Ministère de l'Écologie, du Développement durable et de l'Énergie「Service de l'Observation et des Statistiques」「Conseil général de l'environnement et du développement」（データは平成25（2013）年）http://www.driea.ile-de-france.developpement-durable.gouv.fr/

（出所） 国土交通省『平成26年度国土交通白書』
http://www.mlit.go.jp/hakusyo/mlit/h26/hakusho/h27/index.html

　結論から言えば、問題の第一の原因は相続税制にあると考えられる。相続税が土地と住宅の保有や相続を圧倒的に有利にしているために、とくに高齢者による住宅の供給を抑制している。住宅保有は、個人には無視できない節税効果が生じるために、相続まで土地と住宅を保有し続けるという誘因が働く。土地を相続前に売却したり、現金化したりすることには税制上きわめて多額のコストがかかる[3]。高齢者が所有している相対的に規模

3）　相続税が高齢者の土地保有や介護に及ぼす影響については、山崎（2014）を参照。

の大きな住宅は、子供のいる世帯にとって魅力的なはずである。しかし、そうした住宅は、歪んだ相続税制のために市場に現われない。

　相続時点で住宅を保有していればいいのだから、転売を阻害することにはならないかもしれないが、個人が転売を繰り返して、利益を得るためには、賃貸住宅市場が整備されている必要がある。転売の間に自分が住む住宅を確保しなければならないからである。しかし、日本では、よく知られているように、賃貸住宅市場は借地借家法によって大きくゆがめられている。これが第二の原因である。

　第三に、転売を繰り返すには、住宅を担保に資金を借りる必要があるが、住宅価格が築年数にともなって、急速に下落することを前提にすると、既存住宅の購入に多額の資金を融資するのは、銀行にとって危険である。そのため、十分な資金が供給されない結果になり、これが既存住宅の需要を減少させる原因となる。

　いま述べたことは、循環する点に注意が必要である。価格が年を経るごとに急速に下落すること自体が、既存住宅価格を低迷させることになる。これらが転売には無視できない費用を発生させる原因になる。個人が転売によって利益を得るのはきわめて難しい。そのため、既存住宅の取引量は欧米よりも低い水準にある。

　したがって、相続税制等の問題点を解消し、金融資産に比べて、土地や住宅だけが有利になるような仕組みを改めたうえで、賃貸住宅市場と住宅ローン市場の一層の整備ができれば、既存住宅市場の取引量は拡大すると考えられる。

2　情報の非対称性と住宅品質確保の促進法

　住宅の構造や強度について、設計者や建築主等はよく知っていることでも、購入者や依頼者などは十分な知識を有していない。こうした情報の非対称性がある場合には、レモンの原理として有名なように、市場は適切な価格付けに失敗してしまう。このため効率的な資源配分を達成できないだ

けでなく、深刻な場合には市場取引そのものが消滅する。

　情報の非対称性を緩和ないし解消することを目的として、住宅市場には、さまざまな制度的工夫が導入されている。住宅検査制度はそのひとつである。従来から住宅についての手抜き工事の可能性がたびたび指摘されており、これを排除するために、2000年に「住宅品質確保の促進法」を成立させて、中間検査の義務づけや企業による瑕疵担保責任制を導入したという経緯がある。耐震強度についても、設計と建築段階で検査を実施することによって、一定の品質を購入者に保証して、市場から信任を得ようとしてきた。

　ところが、2004年に発生した耐震強度偽装事件は、「市場の失敗」が住宅市場に依然として存在することを改めて認識させる結果となった。この事件を受けて、瑕疵担保責任制や中間検査の義務化、さらに、保証機構による保険の導入やインスペクション制度等によって、買い手が安心して建築物を購入できる環境を整備しようとしている。

3　賃貸住宅市場と住宅金融市場の重要性

　しかし、既存住宅市場を整備するためのこうした制度が生まれてきているにもかかわらず、依然として、既存住宅市場の取引量には顕著な変化は生じていないように思われる。

　そこで、住宅の取引の障害となっていると考えられる情報の非対称性以外の要因について考えてみよう。

　日本では、借地借家法のために、賃貸住宅市場は十分にその機能を発揮していない点は、多くの研究者によって、たびたび指摘されてきた[4]。賃貸借市場の問題点があるときに、新築住宅や既存住宅市場にはどのような影響が及ぶだろうか。いま新築の建売り住宅を購入した家族を考えてみよう。この家族が、転勤等の事情で、住宅を手放さざるを得ない場合を考え

---

4)　借地借家法の問題点については、山崎（1999）や瀬下・山崎（2007）を参照。

てみよう。

　このとき、いつ売買するかはともかくとしても、住宅の取引が必要になる。もし、借地借家法による居住権保護が強くなければ、すなわち賃貸借市場が整備されていれば、家族で転居をしても、しばらくの間、賃貸住宅に住みながら、土地勘のない所で新しい学校や自分たちにふさわしいコミュニティを探すことができる。その間に、以前の住宅を賃貸し、住宅価格が上昇するタイミングを計って、その住宅を売却することが可能だ。その後にブームが去れば、相対的に低い価格で転居先で住宅を買い求めることもできるかもしれない。

　売買のタイミングは、売却よりも購入の方が先の場合が望ましいこともある。誰もが、価格が低いときに住宅を購入したいはずである。逆に売るのは高いときが良い。価格が安いときには、以前住んでいた住宅を売却せずに、住宅価格が上昇した後に、住宅を売却すればよい。このときに、転居先で住宅を購入すると、一時的に二軒の住宅を所有することになるが、賃貸借市場が整備されていれば、以前の住宅を賃貸することによって、賃料を稼ぐこともできる。二軒目の住宅購入を可能にするのが金融市場からの資金調達である。住宅を担保にして資金を借入れることができれば、これも可能である。

　いま述べたことを実現するには、賃貸住宅市場が整備されていることと、金融市場から容易に資金調達が可能という2つの条件が必要である。この2つの条件が満たされていれば、住宅の売買はより簡単になるだろう。そのとき既存住宅の取引量も増加する。さらに、こうした一連の取引によって、住宅価格も安定化する。住宅の所有者は、価格が高いときに自分の家を売却しようとする結果、価格の高騰を抑制することになる。また、転居先の住宅を購入しようとするときは価格が低いときであるから、価格の低下に歯止めをかけることになる。

　いずれにしても、整備された賃貸借市場と金融市場をこのように用いることによって、資金調達と資産の運用、すなわち住宅を賃貸したり、賃借したりするという組み合わせを用いることによって、住宅の売買を繰り返すことが可能である。

いま述べたことは転勤等によって、住宅を売買しなければならなくなった場合を考えているが、家族構成の変化によって転売を繰り返す必要性があるかも知れない。子供の出生や成長、独立にともなって、家族に必要な住居のサイズは当然異なってくる。子供の出生時に選んだ比較的大きな規模の住宅を売却して、子供の独立時や家族構成の変化にともなって、小さな住宅に住み替えていく家族は、日本ではきわめて少ない。これに対して、欧米の家族は住宅の売買を繰り返しながら、望ましい住宅に転居している。こうしたことが少ないのが、日本の既存住宅の売買量を低くしている原因である。

　そもそもの原因は、転売を不利にする制度が存在することにある。それは、第一に、相続税の存在である。住宅の相続を有利にしている税制が改められるならば、高齢者の保有する大きな住宅が市場に供給されるようになる。第二は、住宅の賃貸借市場が整備されていない点、そして第三に住宅金融市場が十分に機能しない点にある。高齢化すればするほど、相続税の効果が大きくなるのはいうまでもない。相続時点では、土地・住宅を保有していることが望ましいので、住宅の転売をさらに阻害する。欧米の高齢者が、転居にともなって転売を繰り返していく姿とはまったく対照的なのが、規模の大きな住宅を相続時まで保有し続ける日本の高齢者である。

4　労働市場との関連

　既存住宅市場の取引が少ないのは、さきに述べたのとは別の理由がある。これまでのライフスタイルが、既存住宅市場を必要としなかったと言えるかもしれない。終身雇用制が前提とされていたために、ある地域に住宅を建てると、亡くなるまでその地域に居住し、そこを離れる必要がなかったと言える。

　日本の社会は転居のコストがきわめて高い。転職にともなって居住地をかえることによって、さまざまなコストが発生する。住宅を探すことは、地域の環境を選択することであり、家族に適した環境を選ぶことを意味す

る。子供の適当な学校を探すことや住宅を探すことには無視できないコストがかかる。

　したがって、転勤の際にも家族は転居せずに、単身で赴任するケースが多い。これはさきほど述べたように、4人家族用の賃貸住宅が供給されていないこととも関係している。ここにも賃貸住宅市場の機能不全が影響を及ぼしている。家族全員で転居して大きな賃貸住宅に住み、かつ現在の持家を賃貸することができないとき、単身赴任が選択される。それに対して単身者用のワンルーム・マンションはたくさん供給されている[5]。

　さて、こうした転居にともなうさまざまなコストを考えると、なるべく持家の購入者は住宅を売却しない方がよい。ひとたび購入した住宅は相続まで維持されればよく、そのようなスタイルの住宅が多く建てられるようになる。多くの日本の住宅が平均30年程度の寿命しかないのは、こうしたことが背景にあると考えられる。相続時点では、古い家屋の方が税金は安く済む。したがって、相続後に家を建て替えるのが合理的である。実際、日本では相続後に住宅が建て替えられるケースがきわめて多い。

　最初に家族向けの住宅を購入するのは、30代の後半から40代であるから、相続時点までの長さを考えると、およそ住宅の寿命に対応したものになっている。このように相続するまで一切売却しないことを予想して住宅を建築する結果、多くの住宅が注文住宅という形態を取ることになる。自分たちのライフスタイル、好みに合った住宅を最初から注文によってつくるのであって、将来売却することを予想して建てる人はほとんどいない。こうしたことが繰り返されてきたのが、日本の住宅市場の特徴である。

　結果的に、注文住宅は、他の人々には使い勝手の悪いものになる。したがって、既存住宅でこうした住宅を購入する際には、住宅の構造や内装を変化させるために必要なコストの分だけ価格は安くならざるを得ない。これが日本の既存住宅が適当な価格で売れないもうひとつの理由である。

　このとき土地価格に対する住宅価格の比率は急速に低下する。

　5）　ワンルーム・マンションの供給を増加させているのは相続税制である。山崎（2014）を参照。

5　住宅金融（ローン）市場の重要性

　さきにふれたように、住宅の賃貸借市場とともに重要なのは、住宅ローンである。この市場が十分に機能していれば、既存住宅市場はもっと効率的になると考えられる。

　持家住宅は、ほとんどの先進国において、所得水準の4倍から8倍程度の価格がついている。したがって、持家住宅を購入するには、かなり高額の資金が必要である。しかし、既存住宅市場が整備されることによって、購入時と売却時の価格差が小さくなれば、消費者の負担は減少する。その結果、より多くの人たちが持家住宅の有利さを享受することができるようになる。

　しかし、現在の日本の既存住宅市場では、価格が急速に低下する結果、住宅を担保に入れても、借りられる資金は相対的に低い。これは、住宅の資産価値が急速に低下する場合には、貸し手の立場に立てば、お金を安心して貸せる状況ではないということを意味している。これが、ノンリコース・ローンが普及しない原因にもなっている。

　つまり、貸し手が資金を安心して貸すためには、担保としての住宅の価値を維持する必要がある。既存住宅価格が年数を経ても大きく減価せずに、そして、既存住宅市場でもリーズナブルな値段で売ることができれば、住宅の購入者だけでなく、資金の貸し手にとっても、たいへん好都合である。

　言いかえると、既存住宅市場で、将来、値下がりをできるだけ抑えて、高い値段で既存住宅を売却することができれば、銀行は喜んでお金を貸すことができる。借り手の収入や資産といったものをそれほど考慮せずに、担保に入る住宅がどのようなものであるかという点にだけ集中すればよいことになる。もし、借り手が破産しても抵当権を行使すれば、安全に資金を回収することが可能になる。

　その結果、既存住宅市場がうまく機能するようになれば、既存住宅の価格はいまよりも高く維持され、安定するので、ノンリコース・ローンも可

能になるであろう。また、それが既存住宅の取引を活発にする。

6 おわりに
——日本の住宅市場の問題点と循環する構造——

　日本の住宅市場の特徴を整理しておこう。第一に、賃貸住宅市場は、借家法によって規模が制約されており、とりわけ規模の大きな借家は供給されていない。このことは、住宅を転売する際のコストを高める結果となる。

　第二に、既存住宅市場は、さまざまな要因から、取引が阻害されている。第三に、住宅価格の下落率が大きい。そのために、およそ20年で住宅の価値はゼロになるという。第四に、住宅金融市場ではリコースローンが主流である。このことは住宅を担保にした金融市場が十分な機能を果たしていないことを意味する。

　第五に、相続税が土地・住宅の保有を有利にする結果、とくに高齢者の既存住宅の供給を減少させる。これらの五つの特徴は相互に原因と結果になっており、循環的になっている点に注意が必要だ。つまり、住宅の質が低く、価格が低く、取引量が小さいこと自体が、住宅の質を実際に低下させ、価格を下落させ、取引量を低下させるという自己実現的メカニズムが生じる。

　大きな規模の既存住宅の取引量が少なければ、賃貸の必要性も低下し、大きな借家も必要がない。住宅の売買が少ないので、金融による利益も生じない。この循環を断ち切る必要がある。ひとたび既存住宅が品質の向上にともなって高い価格で売却できるようになれば、こうした循環構造は取り除くことができる。

　そうなれば金融機関は担保になっている住宅の品質に、これまで以上に関心を寄せるようになるだろう。品質の良い住宅が担保になれば、多くの資金がよりよい条件で貸し出される結果、修繕等を通じて、住宅の品質を高めるインセンティブが生じる。すると、さらに多くの資金が金融市場から既存住宅市場に流入するようになる。

　また、金融機関も住宅の品質を落とさないように使うことを消費者に推

奨するであろう。そうした努力が、将来の利益になることが誰の目にも明らかになる。この結果、住宅の質はさらに向上する。これらは既存住宅価格の下落率を小さくすることに貢献する。これが好循環をもたらすことになる。

　こうした循環的な構造を変革するためには、政府による抜本的な制度改正（ビッグ・プッシュ）が必要である。第一は相続税制を改正して、土地・住宅の保有を有利にしている仕組みを改めるべきである。それによって、少なくとも高齢者の所有する住宅が市場に供給されるようになる。第二は、賃貸住宅市場を整備するために、従来の普通借家契約から定期借家契約への切り換えを認めるように法改正すべきである。これは持家から賃貸住宅への転換を容易にする。第三は、住宅ローンの契約をノンリコース・ローンへと変更するための制度改正を急ぐべきである。これは住宅を買いやすくするとともに、住宅の質を改善することになる。

［参考文献］
瀬下博之・山崎福寿（2007）『権利対立の法と経済学』東京大学出版会
原野啓（2014）「我が国の既存住宅流通量・既存住宅流通シェアに関する一考察」『都市住宅学』85号
　　pp.124-132
山崎福寿（1999）『土地と住宅市場の経済分析』東京大学出版会
山崎福寿（2014）『日本の都市のなにが問題か』NTT出版

第 2 部

実務論文編

不動産売買仲介手数料を巡る現状と諸課題

一般財団法人土地総合研究所 専務理事
荒井 俊行

　不動産売買仲介業とは、売りたいという者から物件情報を仕入れ、買いたいという者に情報を提供し、不動産に関して売り手と買い手のマッチングを支援し、これを成就させることで仲介手数料を得る業務である。不動産売買取引が円滑かつ適正に行われるためには、仲介業者のマッチング業務が重要であり、このため、宅建業者は、「事務所等に専任の宅地建物取引士を従業員の5人に1人以上の割合で存置しなければならない」（宅建業法15条1項）。以下では、不動産仲介業者の実態や動向、特に今回は、不動産仲介業者が仲介の成功報酬として受け取る手数料[1]の問題を念頭に置いて、入手できた具体の資料に即して関連事項の紹介を行うこととしたい。執筆を手掛けてみて、改めて感じるのは、実態を示すデータの少なさと分析ツールの不足[2]である。業界団体関係者や行政関係者等は、不動産仲介業が取引関係者や社会全般から高い信頼を得ることで成り立つ信頼産業で

---

1) 手数料については、銀行窓口で販売されている高額と言われる貯蓄性保険の販売手数料について、昨年来、金融庁が開示させる方向での検討を求めているとの報道がある（例えば『週刊ダイヤモンド』、2016年2月13日版）。

2) 経済には、生産・消費部門のみならず巨大な流通（媒介）部門が存在し、これが規模の経済を活かした取引コストの低下等の実現を通じて、実体経済にかなりの影響を与えているはずであるが、一般に適用できる「流通経済学」の基礎理論のようなものが、検索によってもほとんどヒットを得られない。素人の研究者には、この分野での理論の蓄積や定立化が不足しているように思われる。

あることを強く自覚し、自らの業務の全体像を積極的に開示し、業界イメージに付きまとう誤解や不透明性を払拭し、その社会的有用性、業務の妥当性及び業務改善に向けた努力の成果を積極的に説明していく姿勢が今以上に必要であるように思われる。

1 各種実態調査等に見る 売買仲介手数料等を巡る状況

（1）年間売買仲介成約件数

一般財団法人土地総合研究所が不動産会社1,000社（有効回答数247）に対して行ったアンケート調査（2015年（平成27年）1月実施）によると、売買

図表1 年間売買仲介成約件数別企業数（社数、％）

	企業数	％	（無回答除く）％
1～5件	33	26.2	36.3
6～10件	31	24.6	34.1
11～20件	10	7.9	11.0
21～30件	9	7.1	9.9
31～50件	4	3.2	4.4
51～100件	4	3.2	4.4
101件以上	0	0.0	0.0
無回答	35	27.8	―
合計	126	100.0	100.0

（注）上記アンケート調査会社（有効回答数247）の従業員数の分布は以下の通り。

従業員数	会社数	割合（％）
1人	17	6.9
2～5人	126	51.0
6～10人	49	19.8
11人～50人	40	16.2
51人～100人	6	2.4
101人～1,000人	6	2.4
1,000人以上	3	1.2
合計	247	100.0

（出所）「一般財団法人土地総合研究所アンケート調査」（有効回答数247）（2015年1月実施）による。

年間売買仲介不動産の成約価額総額（社数、%）

	企業数	%	無回答除く%
〜1億円	24	19.0	30.8
〜5億円	41	32.5	52.6
〜10億円	11	8.7	14.1
〜50億円	2	1.6	2.6
〜100億円	0	0.0	0.0
100億円以上	0	0.0	0.0
無回答	48	38.1	—
合計	126	100.0	100.0

（出所）「一般財団法人土地総合研究所アンケート調査」（有効回答数78）（2015年1月実施）による。

仲介成約件数の分布は年間10件以下の企業が7割を占めている。従業員数の内訳別では、5人以下の中小零細業者が過半を占めている。

（2）年間売買仲介不動産価額

各社の売買仲介成約不動産の年間の価額総額を見ると、1億円未満が31％、1億〜5億円が53％と、5億円未満が全体の8割以上を占めている。次いで5億〜10億円が14％（11社）、10億〜50億円が3％（2社）であった。

（3）成約売買仲介手数料額

各社の年間の成約売買仲介手数料額の分布は、500万円以下が36％、500万〜1,000万円が26％、1,000万〜5,000万円が39％となっている。大手企業からは本項目に対する回答がなかったため、売買仲介手数料が年間5,000万円を超える企業数はゼロとなっている。

（4）売買仲介手数料の決定方法

売買仲介手数料の決定方法については、8割以上の企業が宅建業法に基づく上限基準を適用しているが、「独自の基準を設けて適用している」及び「法令よりも低い基準を適用している」という企業も合計で10％強あった。

年間売買仲介手数料総額（社数、%）

	企業数	%	無回答除く%
～100万円	3	2.4	3.8
～500万円	25	19.8	32.1
～1,000万円	20	15.9	25.6
～5,000万円	30	23.8	38.5
～1億円	0	0.0	0.0
1億円超	0	0.0	0.0
無回答	48	38.1	―
合計	126	100.0	100.0

（出所）「一般財団法人土地総合研究所アンケート調査」（有効回答数78）（2015年1月実施）による。

　宅建業法は仲介報酬の額を、国土交通大臣の定める額を超えて受け取ることができないという最高限度額を告示で定めており、当然に最高限度額が請求できるわけではないが、このアンケート結果は、仲介業者は手数料の上限額を請求し、顧客もこれに応じている事例がかなり多いということを推測させる。

　これは手数料額を含めた不動産売買仲介市場の仕組みに関する情報が広く周知される状況には至っておらず、また、各種情報が供給者側に偏在していることも示している。近時、インターネットの普及やビッグデータによる多変量解析ツールの広がりにより、不動産仲介取引における各種情報の囲い込みは次第に困難になってきており、現に手数料の低廉化の動きが一部で顕在化してきている。不動産売買仲介手数料は最判昭43.8.20が判示する通り「報酬として当事者間で授受される金額は、その場合における取引額、媒介の難易、期間、労力その他諸般の事情が斟酌されて定められる性質のものと言うべき」であり、本来は個別事案ごとの報酬・経費内訳書などが明示されて決定されるべきものであろう。平成15年3月に国土交通省に設置された「不動産流通業務のあり方研究会」が取りまとめた提言においても、不動産流通事業者がこのことの認識をつねに持つ必要があると述べられている。

図表4 売買仲介の手数料率の決め方

	企業数	%
①宅建業法令に基づく上限基準を適用	102	81.0
②独自の基準を設けて適用	3	2.4
③目安となる基準はあるが、実際の報酬額は状況に応じて法令より低いものを適用	11	8.7
④無回答	10	7.9
⑤合計	126	100.0

（出所）「一般財団法人土地総合研究所アンケート調査」（有効回答数116）（2015年1月実施）による。

（5）不動産売買成約仲介物件1件当たりの手数料率

　不動産売買成約仲介取引の1件当たり平均手数料率を従業員数ランク別の件数分布で見ると、従業員数別に関係なく、手数料率が3％を超える取引件数が半数以上を占めており、いわゆる両手仲介取引が少なくないのではないかということを推測させる。両手仲介は「1社の仲介業者が契約当事者の双方から同時に仲介を受託すること」であり、仲介が成約に至れば契約当事者双方からそれぞれ仲介手数料を受け取ることができる。1回の仲介によって、当事者双方から報酬を取得できる両手仲介は仲介業者にとって大きな魅力ではあるものの、従来からその是非をめぐる議論が行われている。本調査でも両手仲介が根強く存在している可能性が示されている。現在、専任媒介契約や専属専任媒介契約を締結したときには、宅建業法34条の2第5項により、それぞれ、契約締結日から7日以内又は5日以内に不動産指定流通機構への物件登録義務を負うことが義務づけられているが、現実には、本登録の義務づけのない一般媒介契約に限らず、専任媒介契約や専属専任媒介契約においても、物件情報を自らの下に囲い込む傾向が少なからずあると言われている。

（6）売買仲介契約形態別に見た両手仲介と推定される取引を手掛ける企業数割合

ここでは、ある一つの特定の売買媒介契約形態が各企業における取扱件

従業員数別売買仲介手数料率の件数分布 （%）

	～2%	～3%	～4%	～5%	～6%	6%以上
1人（12社）	0	50	17	33	0	0
2～5人（66社）	5	27	20	12	21	15
6～10人（31社）	16	13	39	10	19	3
11～50人（23社）	0	17	26	22	30	4
51人以上（10社）	20	10	40	20	10	0
合計（142社）	7	23	26	15	20	8

（注）従業員規模別の手数料率の分布を横に合計すると、それぞれ100になる。
（出所）「一般財団法人土地総合研究所アンケート調査」（有効回答数142）（2015年1月実施）による。

図表6 特定の媒介契約形態が75%以上（件数ベース）を占める会社（合計109社）中、1件当たり平均手数料率が4%を超えている媒介契約形態別企業数の割合

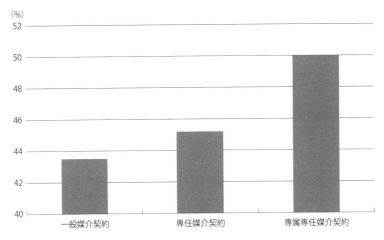

（注）1. 特定の媒介契約件数の割合が75%以上を占める109社について、両手仲介を推測させる取扱件数割合を推計したものである。
　　　2. 特定の媒介契約を75%以上手掛ける企業において、1件当たり平均の手数料率が4%を超える企業数の割合を示す。
　　　3. 売買仲介手数料率は上限が取引価額の「3%＋6万円」であり、ここでは手数料率が平均で4%を超える企業数割合を示した。
　　　4. 上記数値の根拠は次の通り。（一般媒介：23社中10社⇒43.5%、専任媒介：62社中28社⇒45.2%、専属専任媒介：24社中12社⇒50%）
（出所）「一般財団法人土地総合研究所アンケート調査」（2015年1月）による。

図表7 購入者の属性と仲介業者への期待

項目住宅購入者の属性		① 非常に安い	② 安い	③ 妥当	④ 高い	⑤ 非常に高い	D.I (⑤+④- ②-①)
取引の 自律性	仲介会社 への期待						
全体		1.1	2.0	57.2	29.6	10.1	36.6
自分で できる	専門性を 期待	1.0	2.5	51.8	30.5	14.1	41.0
自分で できる	専門性は 期待しない	0.0	2.9	54.3	24.8	18.1	40.0
自分で できない	パートナー的 役割	0.9	2.3	56.9	31.5	8.4	36.7
自分で できない	全面的に 依存	2.0	0.8	63.1	28.2	6.0	35.4

（出所）（株）リクルート住宅総研（2011年11月調査）「不動産仲介会社への期待と満足度調査」による。

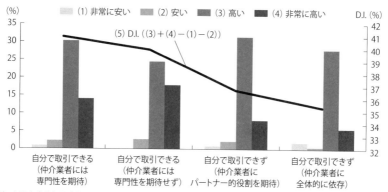

（注）上記表全体を図表化したものである。

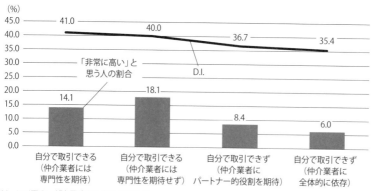

（注）上記表の一部を図表化したものである。

数全体の75％以上を占める企業109社について、1件当たりの手数料率が4％を超える企業数割合を、売買媒介契約形態別に見たものである。

これによれば、どの媒介契約形態であるかにかかわらず、媒介契約形態が特定の一つに偏っている企業においては、1件当たりの平均手数料率が4％を超え、両手仲介を手掛けていると推測される企業数の割合はかなり高いが、一般媒介よりも専任媒介、専任媒介よりは専属専任媒介に特化の度合いが高い企業の方が、両手仲介を推測させる取引を手掛ける企業数割合が高くなっている。これは、媒介契約が1社を通じたものに限定され、自己発見取引もできない閉じた取引形態になるほど、両手仲介が成立しやすくなることを示唆していると思われる。

（7）仲介手数料に対する評価

（株）リクルート住宅総研（2011年11月調査）「不動産仲介会社への期待と満足度調査」により、現在の手数料の妥当感について、受けたサービスとの関係においてその評価を聞いたところ、「妥当」とする者が過半数を占めているものの、仲介手数料が（「非常に高い」＋「高い」）と考える人の割合から（「安い」＋「非常に安い」）と考える人の割合を引いたD.I.による数値を比較すると、取引について、高い自律性を持つ人の評価の方が、自律性が低く仲介業者への依存度が高い人に比べ、仲介手数料が割高だとの評価を下す割合が相対的に高かった。

（参考）インターネットを用いた情報検索の進展

（1）（株）リクルート住宅総研（2011年11月調査）

インターネットを用いた情報検索や商品購入が一般的となる中で、不動産購入希望者は情報収集の目的に応じて、情報収集源を紙情報に求めるか、インターネットに求めるか、あるいは不動産会社の営業マンに求めるかを選択している。やや古い調査であるが、リクルート住宅総研のアンケートにより、まずこの状況を見ておこう。

これによれば、購入に係る各種条件の内容確認、関連知識の取得、不明情報の収集を目的とする行動はネット主体、物件価格の妥当性の判断、建

既存住宅の購入の検討に当たっての情報収集源（複数回答）（%）

項目	紙媒体	インターネット	営業担当者	該当なし
希望物件の設定	64.6	<u>38.2</u>	17.5	33.2
購入物件価額の目安の設定	22.9	<u>36.3</u>	26.4	28.9
購入限度額の制約	14.8	33.1	<u>34.4</u>	29.4
契約までの行動・段取り	23.1	<u>46.3</u>	41.7	8.2
物件選定の優先順位等の知見獲得	31.6	50.4	20.8	21.3
信頼できる不動産会社の選定	25.2	<u>48.0</u>	24.0	15.9
希望エリア住宅価格、家賃相場の把握	40.8	61.1	30.2	3.4
金利、税制の動向	23.7	<u>47.6</u>	26.8	16.8
住宅ローンの種類、特徴	22.7	<u>49.2</u>	32.4	13.9
諸経費	18.8	47.2	44.5	9.1
不動産取引商慣習、手順	14.6	42.9	<u>48.7</u>	11.1
住宅選びの重視条件・優先順位	25.3	<u>42.1</u>	22.9	29.5
重視条件の変更	24.8	<u>40.0</u>	33.9	26.1
多くの物件情報の収集	49.2	68.8	37.6	2.6
新鮮な物件情報の収集	26.5	47.0	<u>47.0</u>	6.0
物件の詳細情報の収集	32.0	59.1	46.1	3.9
希望エリアの利便性等	25.2	52.2	29.6	13.6
近所の評判	10.5	26.9	<u>31.1</u>	24.4
学区の評判	10.7	<u>29.3</u>	25.3	20.7
住宅ローン等の金融商品情報の収集	18.2	55.2	27.6	14.4
現地視察	20.5	25.1	60.6	9.3
購入物件の価格の妥当性評価	24.6	<u>43.1</u>	38.6	18.5
物件の長所・短所の適正な評価	13.6	25.6	<u>43.2</u>	28.4
インスペクションによる評価	7.6	29.5	<u>43.9</u>	22.7
物件のお墨付きの獲得	11.5	26.9	<u>40.4</u>	21.2
リフォーム計画	11.0	21.0	<u>38.4</u>	26.0
安全な取引遂行	7.9	22.6	64.1	13.7

（注）黒枠は過半数を超えた項目、アンダーラインは過半数には達しないが相対的に回答数が多かった項目である。
（出所）（株）リクルート住宅総研（2011年11月調査）「不動産仲介会社への期待と満足度調査」による。

物の評価、現地視察すべき情報の取捨選択、周辺情報の収集、物件選択に係る妥当性の判断等を目的とする行動は営業マンを通じた入手・取得により行われている。事実関係の調査・情報収集は購入者がネットで、情報内容の評価・判断は営業マンを介在させるという、合理的な仕分けの状況が示されていると思われる。

　ところで、近時、物件の取引参考価格がインターネットを通じて、様々な形で開示されるようになってきており、時価を正確に反映しているかどうかはともかくとして、概ねの不動産価額の目安は得られやすくなってきている。例えば、不動産物件情報サイト「ホームズ」を運営する現・LIFULLは、平成27年10月から「ホームズプライスマップ」として、東京圏の1都3県内にある約16万棟、150万件の中古マンションの売買参考価格を、独自の解析手法により算出して提供するサービスを開始した。また、27年11月には、ソニー不動産が不動産の売買参考価格を公開し、売り主が価格付けをしやすい環境整備に乗り出した。

　これらの売買参考価格が市場の成約価格とどれほど相関しているのかについては、現時点では必ずしも明らかではないが、購入希望者にとって、リアルタイムの相場情報が著しく不足している現在の不動産流通市場の置かれている状況下では、これらが市場の価格メカニズムが機能しやすい条件整備にある程度の寄与をすることは間違いない。図表8における「購入物件の価格の妥当性評価」が、この時点の調査では、「紙媒体」、「インターネット」、「営業担当者」のいずれを通じて取得されるのかの手段が拮抗しているが、順次信頼できるインターネット情報への依存度を強めることになろう。こうしたインターネット依存の傾向が強まれば、現場業務からの代替を通じて取引コストが節約され、不動産仲介業者の他の業務のあり方に大きな変更がなければ、仲介手数料の引き下げに繋がる要因となろう。

（2）全宅連「不動産の日アンケート」（2015年11月調査）（複数回答）
　2015年11月の全宅連「不動産の日アンケート」（複数回答）によると、物件情報入手経路としては「インターネット・携帯サイト」使用が80％と、最も多く挙げられ、次いで「新聞折り込みチラシ」45.8％、「不動産情報誌」

物件情報入手経路

	インター ネット・ 携帯サイト	新聞 折り込み チラシ	不動産 情報誌	新聞広告	テレビ 広告	ラジオ 広告	その他
全体	80.0	45.8	45.1	13.1	3.7	0.4	3.9
20代	90.4	27.1	44.1	6.1	5.6	0.8	2.9
30代	87.8	35.3	46.8	6.6	3.0	0.4	3.3
40代	80.7	45.2	44.7	9.6	3.1	0.5	3.8
50代	77.8	51.2	43.9	14.1	3.0	0.3	3.9
60代以上	70.3	58.1	46.1	24.8	5.1	0.4	5.1

（出所）全宅連「不動産の日アンケート」（2015年11月調査）（複数回答）による。

が45.1％であった。「インターネット・携帯サイト」は若年層ほど高く、「新聞折り込みチラシ」は、高齢層ほど利用度が高い。「不動産情報誌」は年齢層別の開きが少なくコンスタントに40％台であった。

（3）仲介会社に期待するサービスとその満足度との乖離

（株）リクルート住宅総研（2011年11月調査）「不動産仲介会社への期待と満足度調査」により、仲介会社を通じて物件購入を検討している人が「不動産会社に期待するサービス」と、物件購入者が「仲介会社を通じて得られたサービス」とを序数的に比較してみたものが図表10である。

この表の「期待順位」から「満足順位」を差し引いた一番右の数値のマイナスが大きいほど、期待順位に対する満足度順位が下方に乖離していることを示す。つまり、期待に応えられていない項目であることを示している。期待と満足の順位差が目立ち、満足度が低いサービスの上位5項目は、「物件の良いことばかりでなく欠点を伝える」（客観的な情報提供）、「物件知識が豊富」（信頼できる多面的な専門知識の保有）、「契約を急がせたり、しつこく対応しない」（顧客の意向・判断の尊重）、「建物構造等の知識が豊富」（信頼できる技術的な専門知識の保有）、「情報を包み隠さず全部公開」（情報の無差別な開示）であった。

購入者の立場から見ると、「物件の弱点・欠陥は容易に明示してもらえな

物件購入検討者が期待した順位と物件既購入者が満足した順位の比較

項目	①期待順位	②満足順位	①－②
物件知識が豊富	1	12	▲11
契約を急がせたり、しつこく対応しない	2	11	▲9
物件の良いことばかりでなく欠点を伝える	3	16	▲13
約束にルーズでない	4	2	2
情報を包み隠さず全部公開	5	13	▲8
誠意ある対応	6	3	3
相場に関する知識が豊富	7	15	▲8
安全に事故なく取引を遂行	8	1	7
建物構造等の知識が豊富	9	18	▲9
こちらの話を聞く	10	6	4
意思の疎通がスムーズ	11	9	2
要望に迅速に対応	12	7	5
営業スタッフの人柄	13	5	8
自社ではなく顧客利益を優先	14	14	0
ファイナンスに関する知識が豊富	15	20	▲5
顧客の無知や誤解を放置せずに正してくれる	16	17	▲1
物件の検査をしてくれる	17	22	▲5
こまめな報告、連絡	18	10	8
顧客の気づかないニーズを引き出す	19	21	▲2
言葉遣いが丁寧	20	4	16
リフォームの的確なアドバイス・コンサル	21	23	▲2
適切な住宅ローンの紹介	22	19	3
身だしなみが良い	23	8	15
適切なリフォーム業者の紹介	24	24	0
挫けそうな時の励ましなど	25	25	0

(注) 黒枠は期待順位に対し評価順位が低かった項目である。
(出所) (株) リクルート住宅総研 (2011年11月調査)「不動産仲介会社への期待と満足度調査」による。

い、あるいはそうした不安を感じる」、「物件、特に建物構造等について仲介業者側の従業員がどこまで把握しているのか不安である」、「『早く契約しないと売れてしまいますよ』と契約を急かされることが不快である」、というのが不満を抱く購入者が感じる正直な意見であり評価なのであろう。成約優先の態度を露わにするのではなく、購入者の立場に寄り添うバイヤーズ・エージェントとしての使命感を持つ従業員を育成することは、今後の不動産仲介業が購入者の信頼を勝ち得るために、経営戦略上、十分考慮すべき事項ではないかと思われる。全米リアルター協会（NAR＊National Association of Realtors）が順守すべき職業上の倫理規範を設け、業務従事者の資質の向上と優秀な人材確保のために尽力していることが不動産業の信頼性向上に寄与している事実に、日本の不動産流通業も学ぶべき点が多くあり、また、日本においては、宅建士の資格のない従業者が営業に当たることが多い実情についても、米国等との比較において、再考すべき余地があると思われる。

2　不動産売買仲介手数料規制の変遷（宅建業法制定以前（昭和27年以前）の状況）

　不動産業者の取引規制について定める宅地建物取引業法は昭和27年に施行されたが、それまで不動産業の免許と手数料を含む各種の取締は一部の府県庁においてのみ、府県令により行われていた。府県令は、旧帝国憲法9条に基づく独立命令であったため、戦後の日本国憲法の施行に併せて、「日本国憲法施行の際現に効力を有する命令の規定の効力等に関する法律」（昭和22年4月18日法律第72号）により昭和22年12月31日に失効した。以降、不動産業に関する取締は全くなされなくなり、不動産仲介の現場でも、不正行為が絶えず、野放しともいうべき状態が続いたと言われている。こうした混乱した時期を経て、議員提案された宅地建物取引業法が昭和27年6月10日に公布され、同年8月1日から施行された。

　戦前を含めた不動産仲介業への規制については、例えば、経済学博士の杉本正幸著『信仰・事業・五十年』（不動産科学研究所、1958年（昭和33年））

各府県の不動産業規則の細則で定める仲介手数料率（売主、買主双方より半額ずつ）

旧東京府 （現東京都）	売買価格1,000円以下はその6%以内（但し50円を超えない額）、同5,000円以下はその5%以内（但し200円を超えない額）、同1万円以下はその4%以内（但し300円を超えない額）、同5万円以上は2%以内。
大阪府	取引額3,000円未満は6%以内（但し150円を超えない額）、同5,000円未満は5%以内（但し200円を超えない額）、同1万円未満は4%以内（但し300円を超えない額）、同5万円以下は3%以内（但し1,000円を超えない額）、同5万円以上は2%以内。
愛知県	売買価格1,000円未満は5%以内、同5,000円未満は3.5%以内、同1万円未満は3%以内、同5万円未満は2%以内、同10万円以下は1.5%以内、同10万円以上は1%以内。

（注）旧東京府は、紹介営業規則の一環として不動産売買・賃貸借を規制。大阪府、愛知県は不動産仲介業を主たる取締対象として規制。

（出所）昭和6年時点で杉本正幸博士が自らの著書『信仰・事業・五十年』（295ページ）で、全国農工銀行に依頼して調査したものとして紹介されている内容である。

によれば、昭和6年時点で2府13県に不動産業者の免許及び取締の府県規則が存在していたことが記載されており、これには、「東京府紹介営業取締規則」のように、他の紹介業を併せ規制する方式と、「大阪府不動産等仲介業者取締規則」のように、不動産仲介業を主たる規制対象とするものが併存していたとのことである。そして、各府県の規則は、その細則において仲介手数料率を定めていたが、その率は府県ごとに様々であったとのことである。主要な東京府、大阪府、愛知県について紹介されている、戦前（昭和6年時点）の規制の概要は図表11のようなものであった。

宅建業法施行後の仲介売買手数料規制の推移

　宅建業法制定時の手数料については「手数料率は各都道府県知事が定める」とされ、蒲池紀生著『不動産業の歴史入門』（住宅新報社）によれば、全国には10タイプの手数料率表が定められていたが、全国宅地建物取引業協会連合会が手数料率の一本化を要望し、昭和45年の建設大臣告示で、東京都などが定めていた最高率に統合して一本化されたとの記述がある。

　ここに至る経緯を岡本正治・宇仁美咲著『不動産仲介契約』（大成出版社）を参考に補足すると、宅建業法の法律制定当初は、宅建業者が都道府県知

売買仲介手数料に係る建設省住宅局長通達（昭和27年6月27日）の概要

取引金額区分	仲介手数料上限率
100（200）万円以下の部分	100分の5
300（400）万円以下の取引金額の100（200）万円を超える部分	100分の4
300（400）万円を超える取引金額の300（400）万円を超える部分	100分の3

（注）（　　）内の金額は昭和45年10月23日建設大臣告示（1552号）の区分数値を参考のために示したものである。
　　　平成元年以降は、仲介手数料上限には消費税分が加わる。
（出所）国土交通省資料による。

事から登録を受ける仕組みであり、都道府県によって、物価や住宅事情等が異なるため、報酬額や算定基準についても、全国的に定めることは不適当であると考えられたことから、都道府県知事が地方の実情や取引の額に応じて適正な額を公定化することとされた。昭和27年6月27日の建設省住宅局長通達によれば、「都道府県知事は管内の宅地建物の需給状況、取引業者数、一般的経済状況等を勘案して報酬の額を定めなければならない」ものの、別途住宅局長が示した「報酬の額の算定基準」によることが望ましいとされ、当該報酬の算定基準としては、細部は省略するが、基本的な考え方として以下の①、②が示された。

　①取引の媒介を行う場合は、取引の当事者双方につき、それぞれ取引金額の100分の5を限度とする。

　②前項の報酬の額を限度として、取引金額の増嵩につれて、報酬の額が逓減するように定めることが望ましい。例えば図表12のように定めることも一方法である。

　次に詳しく述べる通り、昭和45年に、今日まで施行されている売買仲介手数料上限率が建設大臣告示により示されることになるが、その原型は、昭和27年建設省住宅局長通達における「報酬の額の算定基準」であり、これが、現在まで、仲介手数料上限率の境界金額を除き、ほぼそのままの形で踏襲されている。

宅建業法における売買仲介手数料上限率の全国統一への道

昭和39年の宅建業法の改正により、宅建業者の登録制度が免許制度に改められ、大臣免許と都道府県知事免許に区分されたことに合わせ、建設大臣が報酬の額を告示で定めるとともに、宅建業者の事務所ごとに公衆の見やすい場所に、報酬額の基準の掲示を義務づけることとされた。そこで、建設省は昭和39年12月、都道府県知事が定めている報酬額規定に関する調査を行うとともに、建設大臣が定めるべき報酬の率等の検討に着手したが、決定に至らず、建設省告示昭和40年4月1日第1174号では、「報酬の額は、当分の間、権利金に関する部分を除き、同年3月31日現在において都道府県知事が定めていた額とする」という中間的な対応方針を決定した。昭和44年4月22日、住宅宅地審議会からは報酬額を全国一律とすることが適切かつ現実的である旨が建設大臣に答申され、これを受けて報酬の額の基準を全国一律の形式に改めること、新たな基準による報酬の限度額の水準がその当時の水準を上回ることのないように措置することとされ、上記図表12中区分金額を（　）外から（　）内の金額に変更した上で、建設大臣告示が昭和45年10月23日に公布され、同年12月1日から施行されたのである。

手数料額について

上記蒲池紀生著『不動産業の歴史入門』（住宅新報社）によると、著者の伝聞による記載であるため真偽のほどは不明であるが、終戦後、東京の不動産業界の長老がGHQの民生部の将校に呼び出され、「日本では、不動産売買の仲介手数料を売主、買主双方からもらっているが、そのやり方は良くない。大金を払った買主からは取らず、大金を得た売主からだけもらうようにすべきだ。アメリカではそうやっている」と要請され、「日本では双方からが長い商習慣だと強調して何とか双方制を認めてもらった」との興味深い秘話の紹介がある。

1件当たり売買仲介取引金額と手数料率との相関

1件当たりの売買取引金額とその手数料率との相関を、大手26社につい

て、会社ごとに比較してみると、1件当たり取引金額が大きい会社ほど手数料率は低くなる傾向があることが窺われる。このことは、取引金額が大きい取引になると、要する費用が比例的には増加せず、手数料率に割引の余地が生まれると考えられる。1,000万円のマンション売買を仲介した場合と1億円のマンション売買を仲介した場合に、一般論として、その仲介に要する費用には固定費的な部分があり、取引額に比例して10倍になるとは考えにくいことから、このことはある意味で容易に想像がつく事柄であろう。現告示の原型が作られた1970年（昭和45年）当時と言えば、勤労者世帯の平均年収がようやく100万円を少し超えたくらいの水準であり、東京都心のマンションでも700万円程度で分譲されていたと推測される。もちろん、当時も大都市と地方とで住宅価額は大きく違うが、仮に、庶民向けの一般的な価額帯（200万円以下）の仲介手数料を5%、中流世帯向けの価額帯（200万円超400万円以下）の仲介手数料を4%、それ以上の価額帯（400万円以上）の仲介手数料を3%として区分したと考えることができるとすれば、物件価額の水準に対応した手数料率の区分になっていると見ることもできる。手数料率上限の建設大臣告示後、50年近くの年月を経て、実質所得及びこれに連動した不動産価格の上昇並びにインターネットの普及及び情報通信技術（ICT）の進展等により不動産仲介市場を取り巻く環境が当時とは激変していることを考えれば、この基準がそのまま生き残っていることの方がむしろ不思議であるとも言えよう。

　図表13は、横軸に売買仲介価額を、縦軸に現行手数料基準に基づく手数料上限額（いずれも消費税額を除く。）をとって、両者の関係を示したものである。現在の手数料上限率は取引価額が400万円を超えると、3%の比例額になるが、上記で示したように、仲介取引価額が大きくなると実費を反映した手数料率が下がるという関係があるとする。

　例として、図表13では、取引価額が5,000万円を超える部分の上限税率を3%からその半分の1.5%とした直線①を書き入れている。不動産仲介会社の中には、手数料の定額制を導入する社も現れてきており、仮に、取引価額が5,000万円を超える部分の限界手数料率をゼロとすると、売買仲介価額が5,000万円を超える場合の手数料総額は直線②のようになる。その

図表13 売買仲介価格と手数料上限額との関係

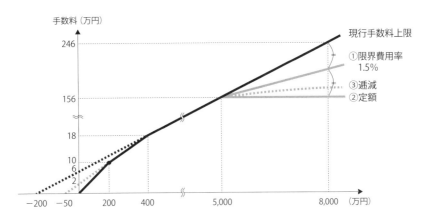

（注）現行の手数料上限式は次の通り（Xは取引価額。単位は万円）。

$X \leqq 200$　$Y = 0.05\,X$
$200 \leqq X \leqq 400$　$Y = 0.04\,X + 2$
$400 \leqq X$　　$Y = 0.03\,X + 6$

図表14 不動産売買仲介主要26社の1件当たり取引価額（X）と平均手数料率（Y）との関係

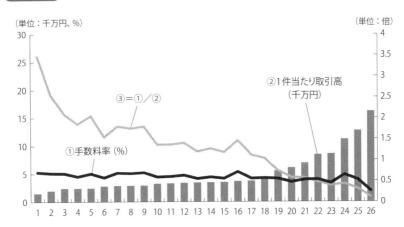

（注）1. 回帰式は$Y = -0.0137X + 5.033$

　　　　　　　　(-8.99)　　(35.56)

　　　　$R^2 = 0.786$、標準偏差＝0.50

　　　　Y：各社の売買仲介物件の平均手数料率（総手数料額/総取引金額）

　　　　X：各社の売買仲介物件1件当たりの平均取引金額（総取引金額/仲介件数）

　　2. 目盛右は1件当たり取引金額（X）に対する1件当たり手数料率（Y）の比率であり、取引金額に対する手数料の相対的な高さを示す。

（出所）平成27年11月19日「2015年3月期第二四半期の売買仲介実績」（主要26社）（日刊不動産経済通信）による。

図表15 主要26社現データ（単位；金額は百万円、件数は実数）

企業・グループ名	①取扱高	②取扱件数	③手数料収入	④=①/②	⑤=③/①×100
三井不動産リアルティ ^(*)	679,223	18,551	36,357	36.61382	5.352734
住友不動産販売 ^(*)	520,766	18,123	26,914	28.73509	5.168156
東急リバブル ^(*)	646,516	10,594	22,832	61.02662	3.531544
野村不動産グループ ^(*)	315,924	3,732	12,636	84.65273	3.999696
三菱UFJ不動産販売	208,760	3,000	8,275	69.58667	3.963882
三井住友トラスト不動産 ^(*)	195,064	3,503	8,057	55.68484	4.130439
みずほ信不動産販売 ^(*)	312,391	1,929	6,155	161.9445	1.970287
大京グループ ^(*)	78,932	3,263	3,991	24.19001	5.056251
福屋不動産販売	71,276	4,688	3,763	15.20392	5.279477
大成有楽不動産販売グループ ^(*)	69,058	2,053	3,262	33.6376	4.723566
住友林業ホームサービス	63,320	1,949	2,806	32.48846	4.431459
三菱地所リアルエステートサービス ^(*)	67,734	531	2,678	127.5593	3.953701
スターツグループ	54,565	1,468	2,262	37.16962	4.145515
近鉄不動産	44,892	1,835	2,249	24.46431	5.009801
日本住宅流通	41,481	1,206	1,712	34.39552	4.127191
日本土地建物販売	30,260	270	1,468	112.0741	4.851289
東京建物不動産販 ^(*)	38,757	451	1,302	85.9357	3.359393
長谷エリアルエステート ^(*)	28,796	704	1,221	40.90341	4.240172
日住サービス	25,455	1,048	1,146	24.28912	4.502062
中央住宅（ポラスグループ）	22,377	1,119	1,141	19.99732	5.098986
小田急不動産 ^(*)	18,654	564	844	33.07447	4.524499
ナイス	16,731	477	694	35.07547	4.147989
朝日住宅	13,700	492	590	27.84553	4.306569
京王不動産	11,667	337	513	34.62018	4.397017
相鉄不動産販売	8,391	290	425	28.93448	5.064951
京急不動産	7,478	257	391	29.09728	5.228671

（注）1. 会社により決算時期に差異があり、必ずしも同一時期の数値ではない。
　　　2. 手数料収入に賃貸仲介を含む会社が1社含まれる。また、非住宅の売買仲介がどの程度含まれるのかが必ずしも明らかではない。
　　　3. 両手仲介（件数のカウントは1件）が含まれている。
　　　4. 後述で引用する2001年当時の主要14社とは、（*）印の12社である。ただし、一部に、社名等の変更、吸収・合併による資本提携等の変更が含まれている。なお、当時の主要14社を構成していた会社中、（*）の12社以外の「藤和不動産グループ」は「三菱地所リアルエステートサービス」に含まれている。また、「西武不動産販売」は、西武プロパティーズに経営統合され、この表には属さない。

（出所）平成27年11月19日「日刊不動産経済通信」（（株）不動産経済研究所）による。

前記表のデータを手数料率が高い会社順に各社の1件当たり取引額を並べ替えた表

①手数料率（%）	②1件当たり取引高（千万円）	③＝①/②
5.28	1.52	3.47
5.10	2.00	2.55
5.06	2.42	2.09
4.50	2.43	1.85
5.01	2.45	2.05
4.31	2.78	1.55
5.17	2.87	1.80
5.06	2.89	1.75
5.23	2.91	1.80
4.43	3.25	1.36
4.52	3.31	1.37
4.72	3.36	1.40
4.12	3.44	1.20
4.40	3.46	1.27
4.14	3.51	1.18
5.35	3.66	1.46
4.15	3.72	1.12
4.24	4.09	1.04
4.13	5.57	0.74
3.53	6.10	0.58
3.96	6.96	0.57
4.00	8.46	0.47
3.35	8.59	0.39
4.85	11.21	0.43
3.95	12.76	0.31
1.97	16.19	0.12

（出所）図表15データをもとに土地総合研究所が作成。

中間に限界手数料上限率を逓減させる曲線③を描いている。

主要26社各社の不動産売買仲介実績における1件当たり平均取引金額と1件当たり平均手数料率との関係

不動産売買仲介主要26社の2015年3月における第二四半期のものとして

公表された仲介実績データから、各社ごとに、売買仲介成約件数1件当たりの平均取引金額（X）を算出し、また、各社ごとに、総仲介取引不動産価額に占める仲介手数料総額の割合（売買仲介取引における平均手数料率）（Y）を算出し、XとYとの関係を見た。これによると、売買仲介成約件数1件当たりの平均の不動産取引価額が小さい会社ほど、平均的な手数料率が高いという傾向が示されている。もっとも、最初に述べた通り、このデータについては、一部に非住宅の仲介物件や賃貸の仲介案件が含まれているものもあるようであり、必ずしも正確な各社間の比較になっていない可能性もあり、データの持つ性格及びその限界については十分留意しておく必要がある。

再び両手仲介について

両手仲介は宅建業法では禁止されていないものの、委託者の利益を最大限実現することが受託者の義務であることからすれば、両手仲介は利益相反行為を生みやすいので、少なくともその意味を十分理解した委託者の同意がなければ認めないというような原則が立てられるのが望ましいであろう。現に、米国では、(1) 契約の一方当事者から売買の仲介の依頼を受けたブローカーは、同時に相手方の仲介をすることは双方への告知なしにはできないとされる州、(2) 同一企業内での両手仲介業務自体は許容されるが、同一人物による両手仲介を禁止する州、(3) 両手仲介を禁ずる代わりに、売り手と買い手のいずれの立場にも立たない取引仲介は許容する州、とがあり、何らかの防止措置が講じられている（「中古住宅市場における両手仲介と手数料率の設定に関する基礎的研究」（発表者：白川慧一、大越利之）、2015年度日本不動産学会秋季全国大会資料による）。

不動産流通業への大手の進出

最後に、不動産仲介業は扱う物件の地域性が強く、本来は非常に差別化された財であるため、個別物件ごとにきめ細かい対応が求められることは言うまでもない。このことが、これまで、地域の実情に精通し、地元に密着した営業活動を行っている中小不動産仲介業者の存在意義を堅固なものとしていた。しかし1960年代末から1970年代にかけて、大手デベロッ

図表17 2015年における大手26社の不動産売買仲介取扱高シェアの試算

・2001年の主要14社の取り扱いシェア	31%（①）
・2013年の主要26社の取扱高（6.6兆円）に、2001年から2013年間の中小宅地建物取引業者数の減少に対応した取扱高（（2.7億円／社×5,000社）＝1.35兆円）が吸収されると仮定	7.95兆円（②）
・2013年の主要14社取扱高（5.5兆円）と吸収後の大手26社取扱高（7.95兆円）の比率	7.95/5.5＝1.45（③）
・2013年の大手26社の取り扱いシェア	①×③＝45%（④）

（出所）図表15をもとに土地総合研究所が推計。

　パーが相次いで不動産仲介事業に参入し、不動産仲介業における大手業者・中小業者間の分野調整問題が顕在化した。その後、現在に至るまで、法人仲介を主とする信託銀行等と個人仲介に根を張ろうとする大手仲介会社やフランチャイズ方式の仲介業者が次第に取引上のシェアを拡大してきたのが実態である。他方、旺盛な需要に支えられて、地場の隙間を埋める形で、1990年ころまでは大手仲介業者と共存を続けた中小の宅地建物取引業者（免許業者数：1967年（昭和42年）＝4万台→1975年（昭和50年）＝8万台→1985年（昭和60年）＝10万台→1990年（平成2年）＝14万台）も、バブル崩壊後には減少に転じ、2000年（平成12年）には13.9万（法人10.9万）、2015年（平成27年）では12.2万（法人10.2万）になっていて、比較的中小規模の不動産仲介業者の淘汰が進む一方、大手の不動産仲介業者の流通市場での取引シェアは2000年代以降もかなり拡大しているとみられる。

　清水千弘・西村清彦・浅見泰司「不動産流通システムのコスト構造」『季刊　住宅土地経済』（2004年冬号）によると、2001年時点での主要14社（図表15の注4参照）の売買仲介取引金額のシェアは31％と推計されると記されている。住宅新報社の新聞記事により、厳密ではないが、2013年度における上記主要14社と主要26社の不動産売買仲介取扱高とを比較して見ると、それぞれ、5.5兆円、6.6兆であり、ここで主要14社の取扱高シェアが2001年から2015年にかけて、変わらなかったとしても、売買仲介取扱高における主要26社の推計シェアは37％になる。さらに、2001年から2015年まで

の宅建業者数（法人）の減少（10.9万業者→10.4万業者）に対応した仲介売買価額の減少額（当研究所アンケート調査による従業員数1〜5人の1社当たりの平均の年間売買仲介取引金額2.7億円×5,000社分＝1.35兆円）が、主要26社のシェアの拡大に反映すると仮定すると、2013年の大手26社の売買仲介取扱高のシェアは図表17のように、約45％になると試算できる。

なお、この間、主要14社のシェアも拡大をしていると考えるのが常識的であり、これを織り込めば主要26社のシェアはさらに高まり、聞き取った業界関係者の感覚から判断すると少なくとも5割程度には達しているものと推測される。

仲介手数料の事例研究を巡って

デビッド・M・クレプス著『MBAのためのミクロ経済学入門Ⅱ』（東洋経済新報社）には、「ゲーム・情報と経営戦略」という副題が付され、多くのミクロ経済学に関する練習問題が提供されているが、ここには不動産ビジネスに関する問題も含まれている（練習問題に記述された事実関係については全部が事実を正確に反映していない可能性があることに留意が必要であろう）。ここでは、不動産に関する練習問題の要旨を紹介する（紹介引用については東洋経済新報社を通じ、著者に了解済）。

教材に提示された練習問題の骨子（紹介）

米国では、民間住宅の不動産仲介手数料は、物件の総価額のおよそ6％である。つまり、仲介業者を通じて、20万ドルの物件が売買されると、1.2万ドルが買主か売主から仲介業者に支払われる。どちらが仲介手数料を支払うかは買主と売主の交渉次第である。仮に買主と売主の双方が仲介業者を持つなら、仲介手数料は2人の仲介業者間で折半される。

仲介業者は多くの有益なサービスを提供している。仲介業者の間にはネットワークがあり、物件を買いたい人と売りたい人をうまく引き合わせることができる。売主に対する支援として、冷やかしではない買主を選別し、買主に対する支援として、売主から得た情報に基づいて買主の要望や好みに合う住宅を選別する。仲介業者は売主のために物件を効果的にア

ピールし、買主のために物件を見る際に注意すべきところを助言する。仲介業者の大半は、仲介業者間あるいは仲介業者と顧客の間に紛争が起こった場合に調停サービスを提供する専門機関であるリアルター委員会（Board of Realtors）に加盟している。

リアルター委員会は物件に関する情報センターでもあるので、各仲介業者は売りに出されている物件の情報をたやすく入手できる。この委員会は仲介業者に対して、倫理綱領も提供している。

リアルター委員会のもう一つのサービスは、少なくとも米国のいくつかの州で、委員会に加盟している業者を介して売買された物件のすべてを登録していることである。リアルター委員会は、物件の特徴、取引価格、買主の資金調達形態（これはどの物件もというわけではない）、各種手数料の全詳細が記された、最近の販売物件のリストを作成している。各種手数料のデータはサービスの一環として公開されており、これらの物件を買いたい人や売りたい人は、物件の購入若しくは売却のための費用が最終的にいくらになるかを評価でき、買主と売主のどちらが手数料を支払うのかといった、地域ごとの取引慣行も知ることができる。

物件の仲介手数料率が依然として6％に据え置かれているのは、ちょっとした謎であり、一般の物価上昇率よりもはるかに高い率で住宅価格が高騰しているような地域の場合には特にそうである。仲介サービスを提供するための限界費用は物件価格に比例して上昇することはなく、数多くの業者が存在していることから仲介サービス市場はかなり競争的であるように思われる。その結果、割高な物件の仲介手数料率は6％を下回るようになり、住宅価格が一般の物価水準よりもはるかに高い率で上昇するにつれて、平均的な手数料率は低下していくことが予想されるのである。ところが現実にはそうしたことは観察されていない。

さてあなたが、このことに関連して州議会議員に何らかの助言を与えることになったとしよう。州議会議員は、消費者の利益が増すように不動産仲介業における競争促進を望んでいる。では、なぜ、競争によって仲介手数料率を低下させることができなかったのだろうか。この業界で、競争を促進させるために州議会議員にできることは何だろうか。これらの点につ

いてあなたはどう考えるか。

練習問題に示されている米国不動産業界の先進性

　練習問題への回答を考える前に、以上の説明に示されている米国不動産流通市場の先進性を窺わせる事項を整理しておこう。今後、日本の不動産市場に活かすべき教訓は何か、あるとすれば、それはどのようなものかを詳しく点検・検討することは意味のあることであろう（以下再掲）。

①「仲介業者の大半は、仲介業者間あるいは仲介業者と顧客の間に紛争が起こった場合に調停サービスを提供する専門機関であるリアルター委員会（Board of Realtors）に加盟している。」

②「リアルター委員会は物件に関する情報センターでもあるので、各仲介業者は売りに出されている物件の情報をたやすく入手できる。この委員会は仲介業者に対して、倫理綱領も提供している。」

③「リアルター委員会のもう一つのサービスは、少なくとも米国のいくつかの州で、委員会に加盟している業者を介して売買された物件のすべてを登録していることである。」

④「リアルター委員会は、物件の特徴、取引価格、買主の資金調達形態（これはどの物件もというわけではない）、各種手数料の全詳細が記された、最近の販売物件のリストを作成している。」

⑤「各種手数料のデータはサービスの一環として公開されており、これらの物件を買いたい人や売りたい人は、物件の購入若しくは売却のための費用が最終的にいくらになるかを評価でき、買主と売主のどちらが手数料を支払うのかといった、地域ごとの取引慣行も知ることができる。」

練習問題に関する若干の考察

①手数料率は不当に高いのか

　まず、本練習問題には、手数料について「（数多くの業者が存在しているにもかかわらず）6％が維持されているのはちょっとした謎だ」と記載されている。しかし、米国における仲介手数料率6％は、上限を画する統制価格ではなく、業界団体によるガイドラインに過ぎない以上、数多くの業者が存

在している中で現実に成立する手数料率は、明確な理由がない限り、その自然な一つの解釈は、それがほぼ実態を反映した均衡価格になっていると考えることであろう。しかし、この練習問題では、6%という高い手数料率に不自然さがあることが問題視されている（確かに、州により、業界団体の示すガイドラインには、高いものは10%、低いものは4%まで差異が大きいという事実があり、6%が一律の均衡価格であると考えることは難しい）。

②不動産仲介市場は市場分断的な独占的競争市場ではないか

そこで、6%という手数料率が均衡価格よりは高いと仮定して、その理由は何かを考えてみることにしよう。一つの仮説は、米国においては、リアルター協会が、全国に900（1州当たり20）ほどあり、加盟不動産仲介会社がそれぞれの細分化されて形成されている同一需給圏において、独占的競争[3]を行っているのではないかということである。そこでは、買い手側が手数料値引きを要求すれば、売り手側が良質な物件の提供を差し控えるなど経済外的な強制手段をとる余地があるかもしれない。また、既存業者にカルテル的行動への同調を求めることもあり得ることである。手数料の下方硬直性はこのような背景のもとで生じる可能性がある。

しかし、短期的にこのようなことが奏効しても、以下の理由により、長期的には高い手数料率が維持できる保証はないであろう。第一に、都市化の進展や交通ネットワークの整備・充実により、不動産仲介市場の同一需給圏が拡大するにつれて、ルール破りを監視したり、ペナルティを課したりする実効性が確保できなくなる可能性がある。

第二に、短期的に生ずる独占的な利潤を目指して市場に参入してくる新規参入者が増えるため、既存企業の超過利潤が消滅に向かい、高い手数料率は順次、平均費用レベルに低下していくと考えられることである。

第三に、インターネットの普及・活用等によりイノベーティブな新しい

3）　独占的競争とは、商品の差別化等により、仲介企業がある程度の独占力を持つ（経済学的には右下がりの需要曲線に直面していること）一方、商品の代替性があるために、多数の仲介事業者間に潜在的な競争関係が生ずるものを言う。独占的競争の長期均衡では「限界収入＝限界費用」、「価格＝平均費用」という二条件が成立する。

ビジネスモデルを持つ限界費用の小さい新規参入業者が取引上の優位性を増してくる可能性があることである。

　第四は、現に不動産の買い手が、ICTを活用して、仲介業者の業務機会を奪う、いわゆる中抜きでの取引を目指して様々な動きを見せていることなどである。

　③不動産仲介市場には情報の非対称性が依然あるのではないか

　不動産仲介市場では独占的競争状態が依然として維持されていると考える別の着眼点は、物件に関する情報がかなり詳細に公開されるアメリカの不動産取引市場においても、未だそれが量的なものにとどまり、依然として情報の質的な不完全性（過疎）が市場機能を阻害し続けていると考えることである。例えば、練習問題の問題文では、「各種手数料の全詳細が明らかになっている」とされているが、これが名目上の情報開示にとどまり、実態を必ずしも十分に反映したものではないとすれば、「仲介サービスを提供するための限界費用は物件価格に比例して上昇することはない」という経済原則を十分に開示したことにはならないであろう。そこで行政当局等が実態調査を行い、手数料を構成する費用の詳細を明らかにし、取引価額との関連において、合理的な手数料のガイドラインを示すことができれば、より実態に即した手数料での取引の実現に道を開くことになるだろう。

仲介手数料率の下方硬直性について

　ここで、不動産仲介手数料市場の手数料率が下方硬直的となる一つの理由を図表18の部分均衡分析により見ておこう。今、不動産仲介手数料市場には、売買仲介手数料率が3％という上限値規制がある中で、その独占競争的な市場構造により、各不動産流通事業者は個別の物件仲介業務（取引価額は所与とする）について、右下がりの手数料需要曲線DDに直面していると仮定する。企業は、最適化行動により、限界収入MRと限界費用MC_1とが一致するところで取引量と価格を決めるので、図表18において、限界費用MC_1が需要曲線DDと交差する取引量Q_1の左側では手数料は限界収入曲線UL上のP_1に固定される。そして限界費用が低下し、MC_1より右にシ

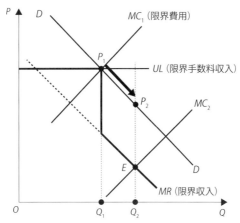

（注）限界収入曲線は UL の存在により、太線のように屈折する。

フトしても、限界費用が MC_1 より多少下がる程度では、取引量の増加も、均衡手数料率の低下も起きないが、インターネット等の普及による、不動産仲介事業者の取引コストが飛躍的に削減され、限界費用が例えば MC_2 にまで大きく下落したとすると、手数料は上限値を下回った水準で、需給関係から決定されるようになり、均衡点は E、取引量は Q_2、手数料は P_2 の水準となり、当初の P_1 よりも低くなる。

　手数料が上限値に張り付く現象は、不動産仲介業の限界費用が、規制による限界収入手数料の上限値に比べて十分に削減されていない段階で生ずる過渡的現象であると見ることができる。

　なお、業務の効率化等が進み、限界費用が小さくなり、手数料について需給調整機能が働くようになった後でも、長期的には、超過利潤がある限り、これがなくなるまで不動産仲介市場への企業の参入が続き、競争の結果、手数料は平均費用レベルまで低下することになろう。

2015年12月21日 日本経済新聞朝刊の記事

　12月21日の日本経済新聞朝刊は、一面トップ記事で、国土交通省が検討している既存住宅市場の活性化に向けた対策について報じた。その骨子

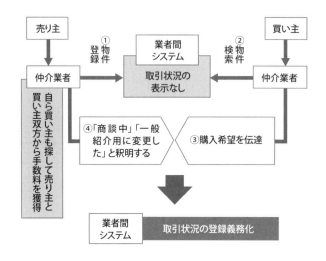

（出所）日本経済新聞朝刊（2015.12.21）を参考に土地総合研究所が作成。

は、取引の透明性を高めるため、物件情報をやりとりする業者向けのレインズシステムにおいて、詳細な取引情報を開示するよう義務づけ、売却依頼を受けた業者による物件の囲い込みを防ぐとともに、既存住宅の品質への不安を払拭するため、専門家による住宅の診断を普及させる法改正を検討するというものである。取引の透明性を強化すれば、両手仲介の抑制を通じて、いずれ手数料率の適正化に向けての動きも顕在化してくるものと考えられ、今後、関係者がこの問題を不動産市場の健全化と結びつけてどのように認識し、対応していくのかが注目される局面を迎えよう。

業界紙も正面から手数料問題に言及

　2016年1月13日発行の「日刊不動産経済通信」は、「今年の視点、今年のトレンド―不動産流通―」を掲載し、売り主がレインズへの登録状況を確認できる「ステータス管理制度」が年明けから始まったことを紹介しつつ、2015年は、不動産にIT技術を融合させた「リアルエステート・テック」（Real Estate Tech）[4]の動きやITを活用した重要事項説明の社会実験の

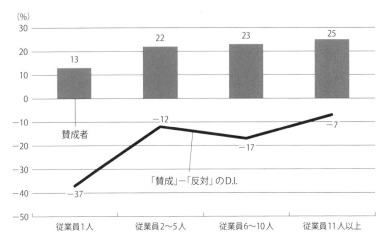

図表20 仲介手数料の自由化についての賛否

（出所）土地総合研究所のアンケート調査（合計256社）結果による。

開始、相次いだ価格査定サイトの登場などインターネット上での新しい売買方法を目指す動きが活発だったと総括し、今後、IT技術をどう使いこなしていくかが各社の生き残りの鍵になるとともに、IT化の本質は効率化であり、業務の効率化は手数料問題に直結していると指摘した。好むと好まざるとにかかわらず、手数料問題は、より意識的かつ明示的に関係者がそのあり方について議論すべき時期を迎えたと言えよう。

仲介手数料についての不動産事業者の考え方

土地総合研究所が、2015年（平成27年）12月から2016年（平成28年）1月にかけて行ったアンケート調査（有効回答数256社（アンケート先は不動産業界団体加盟企業1,000社））によると、仲介手数料の自由化に「賛成」の事

4）　金融業界でFinTech（Financial Technology）（フィンテック）という波が様々な影響を与えているのと同様に、不動産業界に目前に訪れようとしている「テクノロジーの力によって、不動産業の仕組みを変える」取り組みのことを指す。FinTechで生じているのは、指紋だけで金の借り手と貸し手をネットで結びつける決済、人工知能による資産運用など、金融をより便利で身近に変えようというもの。"FinTech革命"の主役はアメリカのベンチャー企業。

仲介手数料の自由化に対する態度（企業数、%）

自由化 従業員数	①賛成	②どちらでもない	③反対	④D.I.（①−③）
1人	2（13%）	6（38%）	8（50%）	▲37
2〜5人	29（22%）	58（44%）	45（34%）	▲12
6〜10人	12（23%）	20（38%）	21（40%）	▲17
11人以上	14（25%）	23（42%）	18（32%）	▲7
合計	57（22%）	107（42%）	92（36%）	▲14

（注）（　）外は企業数、（　）内は各従業員規模別の構成比（%）である（横に合計すると100%になる）。
（出所）土地総合研究所のアンケート調査（合計256社）結果による。

業者は全体では、57社（22%）、「反対」92社（36%）、「どちらでもない」107社（42%）と、かなり意見が分かれた（設問は「賛成」、「どちらでもない」、「反対」、の三問択一）。これを従業員数のランク別に見ると、反対が賛成を上回ることは、どの従業員数ランクでも変わりはないものの、従業員数が比較的多い企業の方が、賛成の比率はやや高まる傾向が現れた。これは従業員数が多い企業の方が、業務の効率化を実現している企業が増えること、相対的に大都市圏での業務を中心にする企業が多いため、競争環境が厳しく、また、費用の逓減が働きやすい高額物件を扱う頻度も高い業務環境にあることなどを反映していると考えられる。

3　おわりに

　現在「IOT」、「A.I.」、「インダストリー4.0」という言葉に見られる通り、18世紀後半の蒸気機関による機械化が引き起こした第一次産業革命、19世紀後半の石油・電力による重化学工業化の第二次産業革命、20世紀終わりのインターネット、ITが普及した第三次産業革命に次ぐEveryware（Ubiquitous）Computingともいうべき第四次産業革新の波が世界を覆いつつある。未踏のマイナス金利政策の採用（平成29年1月29日、日銀政策決定会

図表22 中古住宅取引の透明化のための情報開示強化対策の概要

対策政策の必要性	現状	対応
レインズシステムの物件開示情報内容の充実	所在地、価格に限られ、取引状況は不明	・「公開中」、「購入申し込みあり」、「紹介を停止中」をネット上に表示（売り手自身が取引状況を確認可能とする）。16年1月から実施。 ・上記を織り込んだ（公財）東日本不動産流通機構などに内規見直しを認可。 ・開示情報を偽った業者には是正勧告、業者名公表といった処分を検討。
中古住宅の品質不安の払拭	制度的な措置が不存在	・専門家による住宅診断を普及させる宅建業法改正を検討（具体的には、売買契約時に必要な「重要事項説明書」に住宅診断項目を設ける）。

（出所）日本経済新聞報道記事（2015.12.21）から土地総合研究所が作成。

合決定）により、超金融緩和が一段と強化されつつ継続される状況の中で、2017年（平成29年）の消費税増税を見込んだ不動産の駆け込み需要に加え、その後の東京五輪（オリンピック・パラリンピック）を控えた都心部の大型プロジェクト計画の稼働や地方創生事業の展開などもあり、日銀短観にも示されている通り、不動産業の景況はおそらく、しばらくの間は相応の好調さを維持しよう。しかし、その先にまで目を向けると、国内では人口減のマイナス効果が次第に強く表われ、世界経済の牽引車であった米国、中国のそれぞれが、前者は、循環的な景気の後退期に入り、後者は、高度成長期を終えた後の不良債権処理が長引くことが予想される中、日本経済もこれらの影響を受けて、中期的には停滞色を強める公算が高い。企業業績、内部留保に比較的余裕のある今こそ、長期的に飛躍を目指す不動産事業経営者は、競争環境の変化が速く、厳しい時代を迎える4、5年先を見据えて、新しい事業モデルを念頭に置き、合理化・省力化投資、M＆A、IoT、A.I.、BIG DATAの利活用等に知恵を絞るべきであろう[5][6]。

5）　本テーマに関連して、マイナス金利の適用に伴い、取扱手数料を引き上げて銀行収益の悪化を補おうという議論があるが、手数料の引き上げはそのように安易にできることであろうか。

6）　本編は2016年1月末現在で「土地総合研究」（土地総合研究所監修）に寄稿した研究ノートを、一部修正の上、再掲したものです。

米国不動産流通システムの変遷と我が国の市場活性化策への示唆

一般財団法人不動産適正取引推進機構 研究理事兼調査研究部長
小林 正典

1　はじめに

（1）研究の背景と趣旨

　人口減少・少子高齢化に直面している我が国において、持続可能で活力ある不動産市場の形成のため、住宅・土地などの実物資産の流動化、住宅を含めた既存ストックの有効活用が喫緊の課題となっており、国民の住生活の向上、不動産市場の拡大を図っていくことが必要となっている。このため、国民生活や経済活動にとって必要不可欠な基盤となっている不動産市場の情報整備・提供を充実させることが安定した不動産取引の確保、不動産関連事業者の新たな事業展開による経済活性化といった観点からも、重要な政策課題であると言える。こうした観点から、国土交通省は、不動産業に関連する各分野の専門家などで構成する「不動産流通市場活性化フォーラム」を2011年10月に設置し、特に、不動産の取引にあたって消費者の求める情報が適時適確に提供されていないことがある、不動産事業者が消費者のニーズに応えられていない局面があるなどの課題を中心に議論を行い、2012年6月に「不動産流通市場活性化フォーラム提言」が取り

まとめられた。本提言では、不動産流通システム改革のために重要と思われる5つの柱が提言され、第一に、消費者にとって必要な情報の整備・提供が指摘されている。住宅性能など市場流通時の物件情報の充実や、修繕履歴など不動産に係る情報の蓄積・整備を行い、消費者が様々な情報にアクセスしやすい環境を整備するとしている。第二に、不動産価格の透明性の向上である。建物評価手法の見直し（リフォーム・改修などの査定への反映）と金融機関など取引関係者への普及を促進し、客観性のある価格の形成を促進することを提言している。第三に、先進的な不動産流通ビジネスモデルの育成・支援と成功事例の普及である。従来のビジネスモデルに依存せず、多様化する消費者ニーズに対応できるような新たな既存住宅の流通や既存ストックの有効活用に係る取組みを積極的に育成・支援することとしている。第四に、宅地建物取引業者及び従業者の資質の向上である。多様化する消費者ニーズに対応するためには、従業者の資質向上が不可欠であり、教育制度の充実などによりこれを実現するとしている。第五に、住替え支援など多様な手段による既存ストックの流動化の促進である。インスペクション（建物現況調査）の仕組みの整備やストック再生・循環活用の促進など、制度改正も含めた環境整備を行うとしている。これらの指摘を踏まえて、現在各種の制度改正が進められているところであり、こうした不動産情報の整備・提供などによる消費者利益の実現のための不動産取引の透明性・効率性向上と、事業者間連携・中小業者の提案営業力の向上を通じて、既存住宅流通・リフォーム市場の倍増を目指すこととしている。

　こうした政策展開は、米国各地で行われており、特に1990年代以降、全米不動産協会（National Association of Realtors: NAR）が、連邦政府・議会、消費者団体らと連携しながら、透明性の高い安定した住宅供給システムを構築している。

　米国住宅市場のバブルは2000年代中頃から形成されていたと考えられるが、価格の高騰と在庫数の増加により2006年後半から崩壊に転じ、この結果、サブプライム問題が顕在化し、2008年のリーマン・ショックは世界的な金融危機をもたらす要因となった。米国の戸建新築住宅（New Homes）取引及び戸建既存住宅（Existing Homes）取引の在庫月数の推移を見ると住宅

バブル崩壊がピークに達した2008年前後では10％を超えていたものが2012年頃から回復し、既存住宅取引は引き続き好調を続けている。

　1990年以降急拡大した米国の不動産流通市場の背景には様々な要因がある。人口増加や移民・海外からの資金流入、若年層の購入意欲の高まり、住み替えを頻繁に行う国民性などがベースにあるが、不動産協会、連邦・州政府、消費者の三位一体による不動産流通システムという社会システムが機能していることが要因として挙げられる。Win-Win関係を目指した合理的な分業・連携システムの普及のほか、MLS（Multiple Listing Services）による透明性の高い不動産情報提供システムの整備、NAR（National Association of Realtors: 全米不動産協会）による高度なCode of Ethics（倫理綱領）に基づく教育システムの浸透、不動産事業者に対する人材育成システムの充実、金融機関と連動した連邦法に基づく統一的な建物評価・価格決定システムの定着、法的根拠に基づく建物検査（ホーム・インスペクション）・安全確認システムの利用、戦略的な国際不動産取引支援システムの強化、この7つのサブシステムを統合した総合的な不動産流通システムがこの20年間米国で整備されたことが市場の拡大と効率的な流通を支えてきたと言える。

　本章では、米国の不動産流通市場拡大を支えている要因の一つと言われる不動産情報整備提供システムMultiple Listing Services（MLS）が市場拡大に果たしている役割と、MLSなどの民間機関の機能・役割に焦点を当てて、米国の不動産取引における①分業・連携、②情報、③教育、④人材、⑤評価・金融、⑥安全・性能、⑦国際化、以上7つのキーワードをヒントに、我が国の不動産流通市場の政策課題への対応策を考える。

（2）研究の目的と既往関連研究のレビュー

　国内ではこれらの不動産情報整備に関する研究は主にマンション管理問題、不動産情報の法制度の観点から実施されることが多く、市場における安全な取引の確保のための不動産流通政策としての研究は極めて限定的である。具体的には不動産流通大手企業の所管である不動産流通経営協会において米国における既存住宅流通量拡大に関する調査が行われてきたほ

か、斉藤・中城・小川（2012年）による米国カリフォルニア州の住宅取引における住宅・土地・住環境の情報の開示と専門家の役割についての研究、阿部・斉藤（2008年）によるフランスのマンション管理体制や情報整備に関する研究がある。米国の既存住宅市場拡大の背景にある仲介・手数料制度に関する研究については白川・大越（2015年）が米国の制度を詳述している。米国の一部の州における不動産取引の情報整備の制度やマクロ的な有効性、関連事業者との連携による市場の拡大要因についての研究・提言は既に行われているが、全米のMLSの情報提供内容と他の民間専門機関の役割・業務内容、不動産取引に係る売買当事者に与える影響と効果については十分な研究が行われていない。このため、全米各地のMLSに共通する不動産情報整備の内容と特にワシントン州のNorth West MLS（NWMLS）における現地調査を通して、不動産取引の活性化・安全の確保策について、MLSなどの民間機関の役割と現行制度が市場に与える影響を把握し、我が国の不動産取引とりわけ既存住宅の活性化に向けた民間組織の活用の有効性についても考察を加える。

2 米国不動産流通市場を支える分業・事業者間連携システムの普及

　米国では1990年代以降、中古住宅流通量が倍増（約300万戸／年（1990）から約700万戸／年（2005）に倍増）し、不動産流通市場が活性化した（図表1）。

　米国の不動産取引においては、日本の宅地建物取引士に当たる不動産エージェントが契約成立後、エスクロー、ホーム・インスペクター（建物検査士）や住宅ローンアドバイザー、アプレイザー（不動産鑑定士）、タイトル会社（権原調査保証会社）など各専門家との分業・役割分担により、物件の引き渡しを効率的に進めるシステムが機能している（図表2）。

　米国の不動産取引は物件の売出しが地域の売却物件情報管理運営会社（MLS: 全米約900の地域ごとに分割・運営）による物件情報提供により開始（売主による依頼から24〜48時間以内に物件登録）され、物件購入検討者（買

米国の住宅流通件数と価格の推移

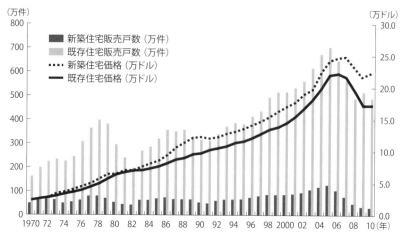

(出所) NAR（全米不動産協会）及びHUD（連邦住宅都市開発省）。

主）の代理人である不動産エージェントと売主のエージェントとの条件交渉により契約を行う仕組みになっている。この間、売主は告知書（TDS: Transfer Discloser Statement）の提示により物件の現状を買い手側に明らかにし、売主の不動産エージェントは、MLSを活用して売却価格報告書（CMA: Comparative Market Analysis）を提出し、設定価格の根拠を説明する。

　米国市場も遡れば、1980年代まではブローカー主導の市場だったが、その後個々人のエージェントの独立性が強まり、2000年以降はインターネットの普及やMLSによる物件情報内容の充実により、賢くなった消費者のニーズが多様化し、これまで以上に合理的・効率的な手続と各専門家の役割がクローズアップされた。90年代以降の不動産鑑定評価基準の統一化やホーム・インスペクションの制度化もあり、不動産エージェントは、多様化する消費者ニーズに対応するため、専門家との連携・分業により取引を進めるようになった。条件調整・書類確認・精算などはエスクロー、物件権原調査・保証はタイトル会社、建物検査はホーム・インスペクター、不動産鑑定評価はアプレイザーなど各種専門家とのネットワークを各エージェントは確立しており、これは各分野・手続における相談・トラブルを

米国における不動産取引の仕組み（ワシントン州の場合）

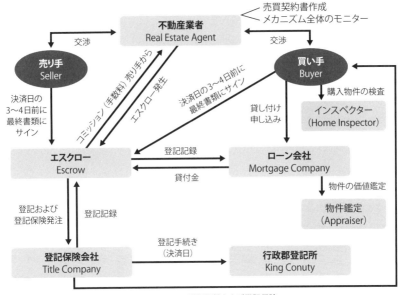

（出所）NAR.

　各専門家が対応することで、エージェントのリスク分散にもなっている。現在でも年間約500万戸以上の流通量の取引を効率的かつ確実に履行するための必然的な結果でもある。

　各手続に係る費用は、ワシントン州の例では、不動産取引手数料は売主が、売主・買主の両エージェントに購入金額の3％を支払う。また、買主にはインスペクション手数料、エスクロー代、ローン手数料や物件鑑定代などの負担が発生する。仲介手数料以外の売主、買主の経費負担は大きいが、売主・買主双方にとって手続きの効率性・確実性を得ていることになる。専門家も、取引件数が増えればビジネスチャンス拡大につながる。分業化に基づく流通システムが市場関係者の利益拡大・雇用対策にもつながり、同時に消費者も安心して不動産取引・住み替えができるという好循環をもたらしている。

取引手続（ワシントン州の通常のケース）

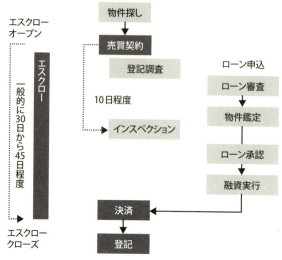

（出所）Seattle King County Realtors.

　ワシントン州の平均的な住宅の取引の場合、不動産事業者による売買契約締結後、建物検査（ホーム・インスペクション）、ローン審査、エスクロー審査、決裁手続などの全ての手続が終了するまで約30〜40日間要すると言われている（図表3、4）。

　この場合、不動産事業者（Real Estate Agents）が全ての手続に関与するわけではなく、米国では不動産取引に関わる多数の各種専門家が存在する。これは、州政府などの法制度に基づく仕組みではなく、不動産エージェントが日頃の人間関係を通じて分業化を実現しているもので、1990年代に確立されている。例えば、契約の際に、弁護士による契約書のリーガルチェックが入るほか、アプレイザーにより価格査定（融資担保評価査定）が行われる。住宅ローンに関しては、モゲージブローカー（住宅ローンアドバイザー）が最適ローンの提案を行うことが通例で、このほか、ファイナンシャルアドバイザーが生活設計の提案を行う。また、ワシントン州の場合、売主の責務としてTransfer Disclosure Statement（告知書）を契約時に買主

図表4 平均的な取引手数料（ワシントン州の3千万円程度の住宅のケース）

項目	売り手（Seller）	買い手（Buyer）
不動産エージェント手数料 Commission	購入金額： 3%→売り手エージェント 3%→買い手エージェント	
クレジットレポート Credit Report Fee		$15〜 $40
ローン手数料 Loan Origination Fee		$350〜 $500程度
物件鑑定 Appraisal		$400〜 $500程度
ホーム・インスペクション Home Inspection		$400〜 $500
ターマイト（白アリ）検査 Termite Inspection	$80程度	
登記保険／登記調査 Title Insurance　※登記費用含む	$1,000〜 $1,500 オーナーズポリシー	$700〜 $800 レンダーズポリシー
エスクロー Escrow	$1,000〜 $1,500（売り手／買い手で折半）	
税金／その他 Taxes/Other Insurances		固定資産税（日割） HOA（ホームオーナーズア ソシエーション）費（日割）

（出所）Seattle King County Realtors.

側に提示することが義務付けられている。これは、西海岸では主に売主注意せよという取引慣行に基づくものであり、物理的瑕疵の有無、現況確認は一義的には売主側に責任があるとし、州法でその手続が義務付けられており、その内容については不動産事業者が関わることはない。その上で、契約締結後に買主側がその告知書の内容を確認する意味で建物現況調査（ホーム・インスペクション）を実施することとしている。建物の現状を調査診断するホーム・インスペクターがこの業務に関わることになっている。また、土地の境界を確定し測量する必要がある場合はランドサーベイヤーが対応する。さらに、権原を調査し保証するタイトルオフィサー、決済を確実に行うエスクロー・エージェントは、ワシントン州など西海岸に特有の手続・民間機関である。ワシントン州の平均的な戸建て住宅（30万ドルの

物件を頭金20％で購入した場合）の取引の場合の各民間事業者・専門家に渡る手数料（フィー）は図表4の通りで、分業化されていない日本では各業務が売主・買主双方の媒介業者が実施することが多く、その作業内容・行程、費用負担が不透明となる問題が生じやすくなるが、米国各地では各専門家が専門的業務を分担することにより手続の効率化を図るとともに、フィーが確実に行き渡るシステムを構築している。

3 MLS（Multiple Listing Services）を通じた地域不動産情報提供の充実

（1）MLSの基本的な役割・機能

　不動産取引における物件情報の整備提供の充実は売主（Seller）にとって自分の物件をより多くの人に見て貰えることで販売機会の拡大につながり、買主（Buyer）にとって効率的に市場にある物件情報を見つけられるため購入機会の拡大につながり、不動産業者（Real Estate Agent）にとって営業区域の情報を全て把握することで営業機会の拡大につながり、全米各地でMLSがその実現を支えてきた。全米で約900のMLSが存在する（10年前には1400超のMLSがあった）が、そのほとんどがNARの所有・運営するMLSで、12のMLSが独立系民間のMLS（Greater Boston Region, Chicagoなど）であり、MLSの情報項目・仕様・運営方針はRETS（Real Estate Transaction Standard）により統一化されており、RESO（Real Estate Standard Organization）という組織が制定している。また、約900あるMLSのうち250程度の各MLSの代表による理事会（Council of MLS）において情報共有、運用改善が定期的に図られている。そして、全米のMLSが、不動産エージェントへの物件情報登録ルールの徹底や各種履歴情報サービスとの連携で透明性の高い充実した情報提供を実施している（図表5）。MLSは不動産エージェントの営業支援を行う民間会社で、地域物件情報の提供のほか、事業者教育、キーボックスの販売、契約書の標準化、事業者のルール遵守の徹底・指導を行っている。一部の地区を除き米国の不動産事業者は地域のMLSに加入しなければ営業できない仕組みとなっており、事業者は

図表5 米国の不動産売買を支える各種情報提供の仕組み

MLS
データソース相関図

法務局 CourtHouse

タイトル会社
stewart
Fidelity National Title

権原・契約・決済

税金/登記記録/公図 etc

First American

不動産（履歴）情報DBサービス

Realist
CoreLogic

NAR
REALTOR.com

trulia
Zillow
roost

消費者向不動産情報サービス

一般消費者（買い手）

（買い手エージェント）
不動産

メンバー制
MLS

MLS

パブリックMLS
（公開型）

MLS

デモグラフィー・学区情報
マーケット情報 etc

各種情報サービス

不動産会社のHP
COLDWELL BANKER
Century21

物件情報登録
（設備・写真・売出価格 etc）

不動産業者
（売り手エージェント）

（出所）NAR.

2-2　米国不動産流通システムの変遷と我が国の市場活性化策への示唆　　　239

ほぼ強制的にMLSが定めたルールに従った不動産取引を実施しており、消費者利益実現に取り組んでいる。

　調査を行ったワシントン州のほかほぼ全ての州で、州政府が決定する告知書の様式以外の標準統一様式はMLSが決め、全事業者に使用を義務付けるほか、物件情報の代理契約後24～48時間以内の登録の徹底や物件の囲い込み（ポケットリスティング）の禁止・物件情報のステイタス管理、意図的な誇大広告への罰則などを行う。こうしたルールの徹底は、消費者保護を実現し、不動産取引に関する高い透明性を維持する役割を負っている。

　MLSの機能・役割としては各地域の不動産情報の整備提供のみならず各地域統一の専任代理契約書（Listing Agreement）の整備・管理があり、事業者は地域の統一契約書を利用することが決められている。売主が把握・提示するSeller Disclosure Form（物件状況確認書）は州政府が決めているが、それ以外の契約書類・様式はMLSが作成しており、標準化された統一様式を全事業者が使用することで消費者保護につなげている。

（2）ワシントン州・NWMLSの業務と取引に与える効果

　米国ワシントン州シアトル・キング郡にあるNorth West MLS（NWMLS）は全米でも数少ない独立系民間組織のMLSで1960年半ばに創設され、1985年シアトル・キング郡で一つのMLSに集約され、州内16の事務所にて事業を展開している。地域の約2,200の不動産会社、23,000人の不動産事業者に会員として利用されている。NWMLSは会員の月会費（ブローカー企業会費：＄40、企業に属しているエージェント会費：＄30）で運営されており、既述の地域の不動産情報整備提供と統一様式の管理などを主要業務としつつ、不動産取引の安全の確保と地域の市場の活性化に貢献している。

　日本のレインズと異なり、MLS事務所職員が苦情対応、現地確認、規則遵守を徹底するガバナンスが確立されており、物件囲い込み（ポケットリスティング）禁止と物件情報登録規則の厳格な運用を周知徹底している。ワシントン州では、売主が不動産事業者と売買代理契約締結後48時間以内に不動産事業者がMLSに当該物件情報を登録しなければならず、その物件の処理状況（購入希望者からの依頼があるか、商談中か、市場に掲載され続けてい

図表6 Transaction Desk Annual Logins at NWMLS

Year	Total Logins	Users
2016	1,163,175	19,371
2015	2,869,055	19,874
2014	913,693	15,126
2013	1,398	87
2012	404	32

（出所）North West MLS（2016年は1〜5月までのデータ）.

る物件か）を正確に表示しなければならないこととされている。NWMLS
は、売主事業者が48時間以内にNWMLSの登録サイトに物件情報を掲載
したことを監督するため、不動産エージェントが所属するブローカー会社
に監督義務を課し違反が判明した場合罰金制を導入している。また、他の
会員により報告がなされることも多く、電話やメールなどによる通報に基
づき監視（Policing）を徹底している。NWMLSは全会員に物件案内用の
キーボックスの販売と利用を義務付けており、会員同士が物件の反響・問
い合わせ状況を共有することができる。レインズと異なり、物件情報・案
内状況がNWMLS会員全員に公開共有されているため、訴訟手続き前の組
織内相互監視、苦情処理がキーボックスの利用で可能となっている。これ
まで会員内の内部通報で規則違反を確認することが多く、書面や電話、面
会によって是正命令を行ってきたが、過去5年間オンラインでNWMLS会
員の不動産取引に関する問合せ・通報、NWMLS側から指導・命令ができ
るTransaction Deskの利用を呼び掛けており（図表6）、現在75％の会員が
登録を行っている。

　これにより、NWMLSの組織運営のコスト削減のみならず、不動産取引
規則の是正効果にもつながっている。例えば、2015年度に登録会員にメー
ルで是正指導（不動産物件表示内容の修正・物件囲い込みの中止命令・成約価格
の期限内での登録など）を行った件数は29,565件で、是正措置が確認できた
のが26,850件（91％の是正率）であった。

　また、会員に対してオンラインで罰金を警告した件数は5,031件で、実

Authenti-Sign Annual Logins at NWMLS

Year	Authenti-Signs	Users
2016	491,453	15,173
2015	1,238,485	17,063
2014	818,691	14,205
2013	560,906	10,286
2012	270,587	6,098

（出所）North West MLS（2016年は1〜5月までのデータ）.

際に罰金が収められた件数は1,611件であった。さらに、NWMLSではより合理的・効率的な不動産取引を推奨しており、会員に対してオンライン契約・電子署名を促進している。過去5年間で電子署名（Authenti-Sign）を使用した不動産取引が約27万件（2012年）から約124万件（2015年）と急増しており、約6割がオンラインによる不動産取引となっている。日本では対面・書面による不動産取引が原則となっており、IT活用による重要事項説明実施の実証実験が始まっているが、NWMLSは電子契約・電子署名を促し、MLSルールの監督体制を構築している。不動産取引の電子化のみならず手続の総合管理・各段階に必要となる書類の履歴整備のために、Digital Transaction Management（電子取引管理）を推奨しており、全米各地で広まっている。

このほか、NWMLSの通常業務として会員に対する研修・教育訓練の実施、テクニカルサポート、Discoverというシアトル・キング郡の市場動向の詳細レポートの提供を行っている。こうしたMLSの業務は約900ある全米のどのMLSでもほぼ共通したものになっているが、詳細の規則、運営方法はそれぞれのMLSが独自に決めて各地域の不動産取引の活性化に取り組んでいる。

（3）NWMLSが整備提供する情報項目

NWMLSが整備提供している不動産情報は以下の項目である。Owner Information（所有者情報）、Location Information（物件及び周辺の詳細情報）、

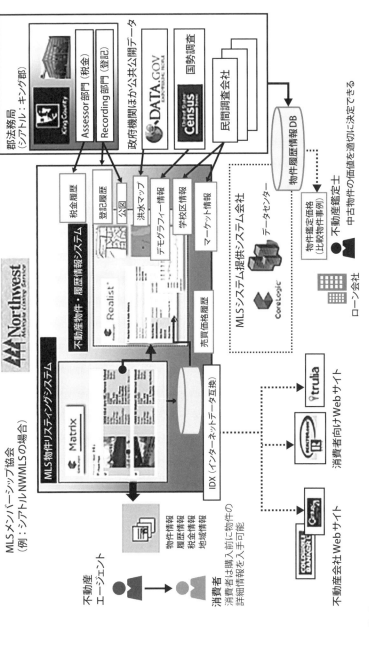

図表8 米国における不動産情報ストックの仕組み

MLSメンバーシップ協会
（例：シアトルNWMLSの場合）

Northwest Multiple Listing Service

MLS物件リスティングシステム

不動産物件・履歴情報システム

税金履歴
登記履歴
公図
洪水マップ
デモグラフィー情報
学校区情報
マーケット情報

売買価格履歴

IDX（インターネットデータ互換）

不動産エージェント

消費者
消費者は購入前に物件の
詳細情報を入手可能

物件情報
履歴情報
税金情報
地域情報

郡法務局
（シアトル：キング郡）

King County

Assessor部門（税金）
Recording部門（登記）

政府機関ほか公共公開データ

DATA.GOV

国勢調査
Census

民間調査会社

MLSシステム提供システム会社

データセンター

CoreLogic

物件履歴情報DB

不動産鑑定士
中古物件の価値を適切に決定できる

物件鑑定価格
（比較物件事例）

ローン会社

不動産会社Webサイト
COLDWELL BANKER

消費者向けWebサイト
REALTOR.COM
trulia

（出所）NAR.

Tax Information、Assessment & Tax（税情報）、Characteristics（建物の設備・性能関連の情報）、Estimated Value（価格）、Listing Information（物件概要）、Market Sale & Sale History（周辺市場動向）、Mortgage History（住宅ローン履歴）、Foreclosure History（競売履歴）、Property Map（地図）、Summary Statistics（市場統計概要）、Details Grid（地理空間情報）、Market Conditions（近況市場動向）、Financial Health（経済指標）、Neighbors Details（物件周辺の詳細地域情報）、Demographics（当該地区の人種・年収などの情報）、Schools（学校区情報）などの情報項目である。NWMLSは地域の行政機関（登記所、市区町村、州政府など）と連携し、地域情報をMLSのシステム上で統合・整備している。日本と異なり、物件購入希望者はMLSを通じて網羅的な不動産情報の入手が可能で、取引の安全確保、成約増加に貢献している。

MLSの情報提供が充実している背景として、全米のあらゆる不動産物件の地域情報サービスと連動している点も欠かせない（図表8）。過去の売買履歴や周辺の地域情報、地盤情報、市場分析レポートなどを容易に入手することができる。消費者が安心して購入判断ができる最大の理由であり、取引の活性化や市場を急拡大させた要因となっている。

MLSの機能を評価する上で、運営組織が販売するキーボックスの役割も忘れてはならない。米国では90年代後半以降、物件情報提供システムの向上に併せて、キーボックスの標準化が進められた。キーボックスを活用することで、買い手エージェントはオーナーからの鍵の受け取り・返却の手間が省け、1日に複数の物件を案内することができる。また、案内時に解錠されたキーボックス情報は、売り手側へメールやWebで伝達され、物件がいつ誰によって案内されたかが分かり、迅速な売買交渉の開始を可能にしている。不動産業者の営業活動の合理化や販売促進に役立っている。

4 消費者保護のための流通事業者の教育・人材育成システムの充実

米国の不動産エージェントは必ずブローカー（不動産会社）に所属契約し、教育トレーニングや賠償保険、マーケティング、リーガルサポートなどの

支援を受けながら業務を遂行しており、各ブローカーの職場では、エージェント教育が盛んに行われている。共通契約書様式の変更や法令改正、教育トレーニング開催情報、統計情報などをブローカーから入手している。この背景には、2000年以降のインターネットの普及や物件情報の拡充がある。情報提供の充実により多様化する消費者ニーズへの対応や顧客との信頼関係構築の重要性が高まり、購入希望者に対するCMAの作成や各専門家とのネットワークによる顧客へのサービス提供といった営業上の実務能力の向上が従来以上に求められている。

　エージェントの資格制度は州政府が所管している。各州政府は、不動産関連ライセンスの質の確保や教育、資格試験の運用サポートを行う専門協会、ARELLO（Association of Real Estate License Laws Officials）と契約締結し、ARELLOが不動産ライセンスの試験や教育内容を策定している。試験内容や試験頻度、教育制度などは州によって異なるが、各州とも試験は頻繁に行っており、業界への参入規制を低く設定する一方で、ライセンス取得者のスキルを保つための継続教育を義務化し、試験前後や資格更新ごとに数十時間に及ぶ講習受講が必要になっている。

5　不動産鑑定における適正な評価システムの標準化・定着

（1）不動産価格査定手法の標準化

　米国不動産鑑定業界は、1929年の世界金融恐慌以降、市場の信頼を得るためには、全米不動産協会と同様の自己規制を設ける必要性があると認識し、1932年に米国不動産鑑定士協会（American Institute of Real Estate Appraiser: AIREA）、1935年に不動産鑑定組合（Society of Real Estate Appraisals: SREA）を設立し、鑑定士が遵守すべき独自鑑定基準を整備した。その後、連邦住宅局（Federal Housing Administration: FHA）が住宅抵当貸付保険制度（Home Mortgage Insurance Program）を導入したことにより不動産鑑定士の重要性が高まり、1938年に連邦抵当金庫ファニーメイ（Federal National Mortgage Association: FNMA, Fannie Mae）が創設され、貸付

債権の二次流通市場が創設された。1968年にファニーメイは民営化され、さらに流通市場を活性化させるために政府抵当金庫ジニーメイ（Government National Mortgage Association: GNMA, Gennie Mae）が創設された。1970年には連邦住宅貸付抵当公社フレディーマック（Federal Home Loan Mortgage Corporation: FHLMC）が創設され、現在に近い連邦住宅ローン銀行システムがほぼ完成したと言える。しかし、戦後から続いた不動産建設ブームは、1979年の第二次石油危機により打撃を受け、1981年の第一次レーガン政権は、経済再建税制法（Economic Recovery Tax Act: ERTA）の導入、すなわち所得税の緩和、キャピタルゲイン課税の緩和、加速度減価償却を導入し、住宅需要は大きく高まり、1980年代中頃から預託貸付組合（Savings and Loan Associations: S&L）による融資量の急激な増加をもたらすこととなった。その後、規制緩和による供給サイドからの経済再建策は民間による自律的な回復を抑制し財政の悪化につながるという懸念から、第二次レーガン政権では、1986年税制改正法（Tax Reform Act of 1986: TRA86）導入による所得税の見直し・加速度減価償却制度の撤廃によって不動産投資市場の冷え込み、不動産価格の下落が始まり、多くの金融機関が破綻に追い込まれた。これらを踏まえ、不動産鑑定を一層改善していく必要性が問われ始め、1986年には米国・カナダの鑑定団体によって、統一鑑定基準策定のための特別委員会（Ad Hoc Committee on the Uniform Standards of Professional Appraisal Practice）が設けられ、統一鑑定基準（Uniform Standard of Professional Appraisal Practice: USPAP）を実践するために、鑑定財団（The Appraisal Foundation）が創設された。USPAPは1989年から導入され、今日においても米国における不動産や個人資産、企業などの鑑定における資格・基準・実践の基盤となっており、米国不動産流通システムを支える中核的な存在であると言える。1991年に、より高い業界水準の達成と信頼性の確保を目指し、米国不動産鑑定士協会（AIREA）と不動産鑑定組合（SREA）の統合により、新たに米国鑑定協会（Appraisal Institute）が創設された。

　その後、1989年金融機関の再生と改革推進法（Financial Institutions Recovery, Reform, and Enforcement Act of 1989: FIRREA）により小委員会（Sub-

図表9 築年減価法による戸建住宅建物の評価方法

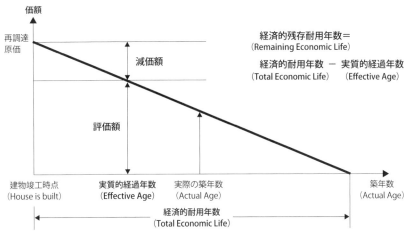

(注) 実質的経過年数が実際の築年数より短い場合を示す。
(出所) NAR等からのヒアリングに基づく。

committee) が設けられ、連邦金融機関審査委員会 (Federal Financial Institutions Examination Council: FFIEC) にも鑑定委員会 (Appraisal Committee) が設置されるなど、米国における鑑定業務と業界の監督が行われている。

米国での一般的な戸建持家の鑑定評価は、原価法 (再調達原価法：Cost Approach) と取引事例比較法 (Comparative Sales Approach) を組み合わせた鑑定が行われるのが通常である。原価法において、実質的経過年数 (Effective Age) を評価するにあたり、経済的耐用年数 (Total Economic Life) 及び後者から前者を引いた経済的残存耐用年数 (Remaining Economic Life) を求める必要がある (図表9)。

(2) ワシントン州における不動産価格査定業務の効率化

ワシントン州の不動産取引に限らず、全米各地の不動産取引において不動産鑑定業者 (Appraiser) が取引の効率化に大きな役割を果たしている。1980年代後半までAppraiserは個人の信用力を前提とした貸付が主流で、当時は資格取得・管理についてもルーズであったと言われている。しかし

1980年後半以降、土地建物評価をより正確に行うことが要請され、ワシントン州においても、州の不動産鑑定会が中心になってAppraiserの資質向上を目指して州の資格制度を導入しており、金融機関は有資格者の鑑定評価を得なければならないこととされ、現在州内に約2,500人のAppraiserがいる。1980年代後半までは金融機関内に鑑定士がおり（Chief Appraiser）、住宅ローンの総額が25万ドル以上になった場合は連邦法でAppraiserを利用しなければならないこととされ、さらにその後、Appraisal Management Company（AMC）を介してAppraiserに鑑定評価の依頼が行われるようになり、その際に、Fannie Maeによる全米の鑑定書類・評価基準の統一化が進められている 。Appraiserの鑑定作業を支えているのが既述のNWMLSであり、NWMLSから建物の減価に関する情報（①物理的劣化（Physical Deterioration：通常の使用における破損や摩耗、疲弊の情報）、②機能的陳腐化（Functional Obsolescence：建物や設備の構造、材料あるいはデザイン・形式・機能などが時代遅れとなることによる機能上・利用上の価値低下）、③市場的陳腐化（External Obsolescence：住宅が土地に固定されているために所有者の意思や管理ではコントロールできない外部の市場環境の変化に伴う流通性の低下の3つの要因により発生する減価要因）に関する情報）を入手して鑑定作業を行うほか、実務上MLS上で識別できる近傍類似物件の成約価格情報の取得による取引事例比較により、効率的に鑑定評価業務を行っている。レインズの情報は仲介事業者のみに共有されるシステムであるため鑑定と連携されておらず、売買契約段階における売出し価格（Listing Price）について、事業者は原価法、取引事例比較法の組合せによる詳細な根拠が示せず、購入検討者も価格の妥当性判断が困難となる問題が生じる要因となっている。

　不動産鑑定士は、3つの相対的な関係を理解し、これらを算定するため新築時からの物件の減価（額及び率、Depreciation）の状況を、市場抽出法（Market Extraction Method）や築年減価法（Age-Life Method）、減価要因分析法（Breakdown Method）などで判定・算定する必要がある。なお、米国鑑定基準における建物の減価は、時間の経過に伴う物理的劣化（Physical Deterioration：破損・摩耗・疲弊）、機能的陳腐化（Functional Obsolescence：構造・材料・デザイン・形式などの機能上・利用上の価値低下）、市場的陳腐化

（External Obsolescence：外部の市場環境の変化に伴う流通性の低下）の3つの要因により発生するとされている。米国ではこれらの手法・原価の要因を勘案し、建物価値が適正に評価される仕組みが普及したため、不動産流通システムが確立された。

　米国の住宅価格は過去から現在に至るまで安定的に価値が増大している。人口増加、経済成長などが背景としてあるが、住宅は手入れをしながら長く使う国民性や景観などへの規制を含めた地域そのものの価値を高める取組み、そして世界恐慌以降90年にも及ぶ不動産鑑定業界の改革と連邦政府・金融機関との連携による建物評価方法の見直しが住宅の価値を着実に押し上げ流通市場を拡大してきたと言える。

6　法制化による建物検査（ホーム・インスペクション）などの利用拡大

（1）建物検査（ホーム・インスペクション）の活用

　米国では、建物検査（ホーム・インスペクション）の制度化が進んでおり、2001年から検査基準やインスペクターの資格制度が普及し、現在30州以上で制度化され、不動産流通促進に寄与している。1976年に（American Society of Home Inspectors: ASHI）という米国建物検査協会が設立され、差し押さえ物件の価値を見極める目的で、投資家のために制度が作られた。住宅分野で本格的に活用され始めたのは1990年代からであり、顧客が家を買うための知識の一つに過ぎず、契約書上のものではなかった。その後、中古住宅流通量の増加に伴い検査取扱量が増え、National Association of Home Inspectorsなどの建物検査関連協会でルールや基準の作成が進み、2001年、マサチューセッツ州でインスペクターが消費者保護に抵触する例が見られたことなどが背景として法制度化が導入され、ワシントン州など多くの州でインスペクションの法律に基づく資格制度が施行された。

　インスペクションは通常、契約成立後に、買主側の不動産エージェントの紹介を受け、買主立ち会いのもと実施する。約2〜3時間の現地調査を踏まえ、購入物件の現状レポートを作成し、買主は報告を受けて最終的な

契約の判断や修繕すべき箇所の確認を行う。検査項目や基準の特徴、最低限の項目を検査するのである。建物構造を詳細に調査し、瑕疵や問題箇所を全て見つけるのが前提ではない。州が定める最低基準項目をチェックし、細かい構造などには立ち入らず、売主が買主側に示す物件状況の告知書の内容も踏まえ、契約を最後まで履行してよいかどうかを確認する制度となっている。インスペクターは、第三者性が重要になり、売主と買主は立場や利益が相反するため、双方から中立であること、倫理基準に基づき検査することが求められる。費用（通常約500ドル）は買主が払うが、買主のニーズを満たしているかどうかは無関係で、事実がありのままに報告される。制度面でも、インスペクターによる修理・工事や、エージェントとの癒着を禁止している。インスペクターの質の維持、向上に教育制度の果たす役割は大きく、ワシントン州では資格取得のために、120時間の初期教育、250時間の実地研修を必須化している。資格の有効期間は2年で、更新のための継続教育も24時間が課されている。法制化以前は州内約1,500人だったインスペクターが、法制化後の現在は700〜800人規模の専門家集団になっている。多くのインスペクターのバックグラウンドは建築・土木施工関係が多いが、基礎から屋根まで、建てられた年代や工法別の家の状況、地方行政の法律などにも精通していなければ、短時間で要求水準を満たす検査や報告はできない。インスペクターによる修理・工事の禁止をはじめとする分業化システム、エージェントとの癒着禁止、教育制度の充実が、この10年で急速に制度の利用が進んだ米国ホーム・インスペクションの要因である。

（2）エスクロー事業者（Escrow）との連携

ワシントン州の不動産取引において、特徴的な民間機関・専門家がエスクロー業務に関する機関である。日本と異なりエスクローが売主と買主の調整機関として様々な書類の管理・決済など総合的な調整を行い、買主の手付金保全、固定資産税など関係諸税の支払いの確認、住宅ローン審査の調整、売主の諸経費の支払い調整、売主・買主がそれぞれ付帯した各種条件の調整、権原保証の確認、登記・引渡しに至るまでの総合調整を行うこ

とがエスクローの役割・業務であり、円滑な取引業務を支えている。エスクローは3つに分類され、専門的に行う独立系（Independent）の会社・個人、Fidelity, Stewartなどの権原保証会社が保有する（Title-owned）会社、不動産会社が保有する（Real Estate-owned）会社があり、いずれも州の担当局が認可する資格取得が必要であり、ワシントン州ではエスクローの一般的な処理件数は月約50件とされ、その業務の多くは女性によって行われる。エスクローは不動産登記に至るまでの業務を補完する側面と売主・買主双方の責務を完全に履行させ確実な物件引渡しを確保する専門家として、不動産取引の確実性を支援する側面があり、契約終了後の紛争未然防止にも資する意味で意義がある。

(3) 権原保証（Title Insurance）会社との連携

ワシントン州の不動産取引では取引の初期段階で権原（タイトル）保証会社が調査を行い、プレリミナリーレポート（予備タイトル報告書）を出すことが一般的になっている。これは、米国では、離婚・養育費、破産など、物件に未確認債権が関係していることが多いことが背景にある。売主が買主のために購入するバイヤーズ・ポリシー、買主が金融機関のために購入するレンダーズ・ポリシーの二種類の保証に分かれる。売主、買主がそれぞれ権原保証に入ることで、仮に取引決済後に何らかの当該不動産の権原上の瑕疵が発見されたとしてもタイトル会社が保証することで紛争を回避することができる。全米の不動産タイトルの履歴情報は全米最大のタイトル会社であるFirst Americanが保有しており、他のタイトル会社は年間使用料を支払うことで全米不動産の権原・契約・決済などに関する情報を共有できることになっている。

このFirst Americanの税金、登記、売買履歴などの物件売買履歴情報を一元的に集約し、不動産に関する詳細な属性情報をまとめて提供するシステムの代表の一つがCore Logic社のRealistであり、こうしたシステムを全米各地のMLSが利用し、官民連携による不動産情報の有効活用が市場の透明化に貢献している。

7　戦略的な国際不動産流通市場の拡大

　米国における国際的な不動産流通市場の活性化を支える機能がRealtor.comである。これはNARが主導して作成した国際不動産市場における不動産物件情報サイトであり、現在、世界46カ国の物件情報が検索できる。米国不動産は300万件の情報が掲載されており、諸外国から各地域のどの物件が取引されているのか、様々な市場分析、研究も可能にしている。現在は売却物件だけだが、賃貸物件も含めて遠隔地の外国人からアクセスしやすいように物件情報の提供の充実を図っている。

　国際不動産スペシャリスト資格（CIPS: Certified International Property Specialist）もNARが力を入れている国際不動産戦略である。国際不動産市場における不動産取引を行う専門家育成資格である。グローバルな形でビジネス展開するための、標準化された知識を備えた専門家を養成することが目的であり、CIPSネットワークに参加することで、各国の国際不動産取引の実態・課題が把握できるほか、国際間取引の様々な支援も受けられる。

8　まとめ
──我が国の不動産流通市場の活性化に向けて

　米国モデルの不動産流通システムの日本への導入可能性を考えた場合、米国とは歴史的・文化的な背景や商習慣の違いがあり、このシステムをそのまま日本に導入できるとは思わないが、どうしたら消費者がより安心して中古住宅を購入できるか、不動産流通市場関係者・消費者がウィン・ウィンの関係になっている米国の分業システムは、今後の我が国の流通システムの在り方を模索する上で大いに参考になる点があると考える。特に、今後の我が国の流通市場を考えると、住宅ローン返済終了時や転売時に資産価値が残りにくい現在の不動産鑑定評価制度や物件情報提供の仕組みなど、不動産流通システムの整備に向けていくつか早急に対応するべき政策

課題があると考えられる。課題解決のためには、築年数ではなく、金融機関と連動した個々の性能・品質に応じた不動産の価格査定手法の制度的な確立、消費者が求める網羅的かつ内容の充実した物件情報の提供システムの構築も求められる。米国の物件情報提供システムを支えるMLS（Multiple Listing Services）の仕組みから学ぶべき点は多い。さらに、政府による税制や金融支援により、省エネ・耐震改修をはじめとするリフォーム需要の喚起や、移住・住み替え、性能・品質を重視した住宅の売買、維持・管理を後押ししていくことが重要であると考える。住宅の取得や住まい方、流通時に必要な知識についての消費者に対する教育も必要である。米国の仕組みが全て我が国に応用できるわけではないが、合理的で透明性の高い市場環境の整備と国民の住宅や住まい方に対する意識の改革、流通市場関係者の消費者ニーズに対応したサービス提供の充実が同時進行することで、今後、我が国の流通市場拡大につなげられると考える。

　米国不動産流通システムの特徴として、市場関係者の役割を明確化し、ビジネスを展開しやすい環境を整備しながら、官民をあげて消費者の満足度を最大化する市場づくりに取り組んでいることが言える。米国の現在の流通システムは1990年代以降、二十数年という時間をかけながら取り組んできた成果である。歴史・文化や商習慣の違いもあるが、我が国の商慣習に対応しながら、日本ならではの不動産流通システムにカスタマイズした商品やサービスを市場関係者と行政が連携しながら対応するべき時期を迎えていると思われる。

　ワシントン州での不動産取引の活性化の背景と具体的な不動産流通システムから得られる成功要因として次の8点に集約できると考える。

　第一に、NWMLSにおける網羅的な情報整備、情報の即時性・正確性の確保があり、NWMLSの物件登録ルールの遵守の徹底、監視体制の充実、地域の不動産事業者の営業支援により支えられていることが分かった。第二に、分業化・役割分担の普及である。不動産事業者に不動産取引の契約から決済までの全業務を集中させず、物件情報収集、住宅ローンのサービス、物件の物理的瑕疵の調査、権原の保証の専門的な調査業務、精算・必要書類の総合管理を行う業務を効率的に分担させる仕組みを確立してい

る。州政府が一定の関与をしながら、金融機関が関連する鑑定に関する全米で統一したルールについては連邦政府レベルの法整備に委ね、基本的には地域不動産協会が主導してNWMLSと協働して分業システムを事業者に浸透させている。第三に、各民間機関・専門家に配分される手数料（フィー）の確保である。競争原理が前提とはいえ特定業種・大手企業にのみ業務が独占されず不動産取引に関連する市場関係者に業務が循環しその都度フィーが確保され収益性が上がる仕組みが整備されている。第四に、建物の改修履歴・維持管理、減価の評価が適正にできる鑑定評価制度の普及である。金融機関に対し連邦統一基準による評価を義務付け、金融機関・不動産会社外の専門家に鑑定を委託する仕組みとその人材育成、そしてその評価業務を支える市場の情報共有をNWMLSが支えている。第五に、契約成立後に残代金支払い、精算管理、契約条件の確認などの総合調整作業を行うエスクローシステムの普及である。西海岸で一般的で東海岸では弁護士が当該業務を担うがこうした第三者機関が売主・買主の間に入ることで紛争の未然防止、確実な契約履行、適正な登記事務を可能としている。第六に、権原保証会社による物件の詳細調査の実行と契約の安定の確保である。過去の不動産契約履歴、契約・決済に関する全情報を網羅的に整備する民間版法務局の存在が権原の瑕疵の確認、契約後の紛争防止に貢献している。第七として、ホーム・インスペクションの活用、普及が買主保護につながっており、より安全な不動産取引に貢献している。そして第八に、これら民間機関の役割・機能を地域不動産協会が認め、不動産事業者にその連携を呼び掛け、不動産取引ルールの遵守徹底・事業者教育の充実が全体の不動産流通システムを機能させ地域の市場活性化を実現している点である。

　我が国の不動産取引の活性化とりわけ既存住宅市場の拡大と安全な取引の実現を図るため、米国ワシントン州の市場活性化の要因として考えられるMLSの機能や民間専門家との連携・協働システム導入の検討が重要となる。現行制度による取組みに加えて、地域行政機関、民間機関との連携による網羅的な不動産情報の整備提供、それを前提として建物評価制度の見直しと金融機関と連携した仕組みの普及、宅建業者と各専門家・民間機

関との分業・連携による不動産流通システム構築、不動産関連事業者への教育と人材育成を行う場づくりの充実が求められる。我が国において各地で様々な取組みが進んでいるが、法制度とその運用の周知に併せて情報整備、分業・連携、鑑定評価、性能検査、保証、教育・人材育成が総合的に融合した新たな社会システムとしての不動産流通システムを構築することが課題であると考える。

　米国不動産流通システムは、多様な消費者ニーズに対応し生活者保護を実現するためのものと考える。消費者・事業者が求める不動産をより選択しやすい環境を整備することは、より安心して効率的に売買できる市場を形成するためのツールに過ぎないが、国民それぞれのライフステージやライフスタイルに合った不動産取引が確実に行われるように、市場の活性化に資する社会システムを民間主導で業界とエンドユーザーの共同作業として構築する仕組みは参考になる。

［参考文献・資料］

National Association of Realtors (2007) 100 Years in Celebration of the American Dream, NAR

一般社団法人不動産流通経営協会（2015年2月）「米国不動産流通市場」調査報告書

National Association of Realtors (2016) Code of Ethics and Arbitration Manual, NAR

National Association of Realtors (2016) Handbook on Multiple Listing Policy, NAR

国土交通省住宅局（2014）「住宅の実質的な使用価値の評価手法に関する調査報告書」

National Association of Realtors (2011) Profile of Home Buyers and Sellers

Joint Center for Housing Studies of Harvard University (2016) The State of the Nation's Housing

HUD (2011) U.S Housing Market Conditions

National Association of Realtors (2006) Profile of Second Home Owners

小林正典（2012）「米国不動産流通システムに学ぶ (1) ～ (7)」住宅新報

Bylaws of Northwest Multiple Listing Service, Rules & Regulations of Northwest Multiple Listing Service を参照。

Valeria Grunbaum (2009) *Success with International Customers; A Complete Guide for Real Estate Agents*, Ecademy Press

※　本章は、筆者執筆2016年度日本不動産学会審査付論文「米国ワシントン州の不動産取引におけるMLSなどの民間機関の役割」(The Role of Private Sectors such as Multiple Listing Service (MLS) on Real Estate Transaction in Washington State, the US) などに基づいて加筆・修正して寄稿している。

2-3

既存住宅市場における両手仲介と手数料率、成約価格への影響[1]

一般財団法人土地総合研究所 研究員
白川 慧一
麗澤大学経済学部 准教授・一般財団法人土地総合研究所 客員主任研究員
大越 利之

1 はじめに

（1）物件囲い込みの問題

　我が国の住宅市場において、既存住宅の普及は大きな課題である。総務省統計局の住宅・土地統計調査によると、既存住宅流通シェアは直近20年近くにわたって10％台で推移している。

　既存住宅市場の活性化における課題の一つとして指摘されているのが「物件囲い込み」である。物件囲い込みとは、売主と媒介契約を結んでいる仲介業者が、他社から物件照会があっても「すでに他の客と交渉中」などと偽って物件を渡さず、売り手と買い手の双方の仲介を一手に担う、いわゆる「両手仲介」を狙うことである。このとき、依頼人（売り手、買い手）

---

1)　本章は、白川慧一・大越利之 (2017)「中古住宅市場における両手仲介と手数料率、成約価格への影響―不動産仲介業者アンケート調査をもとにして―」日本不動産学会誌31 (1)、pp.88-96を加筆修正したものである。アンケート調査にご協力頂いた事業者の皆様、また日本不動産学会全国大会にて大変有益なコメントを頂いた皆様、論文を審査頂いた匿名のレフェリーの皆様に、この場をお借りして謝意を申し上げる。

に両手仲介を行うことが伝えられないために、仲介業者との間に業者の行動について「情報の非対称性」が生じ、依頼人に不利な取引が行われる恐れがある。

宅地建物取引業法は、専属媒介契約については契約締結日から7日以内、専属専任媒介契約については契約締結日から5日以内の指定流通機構（レインズ）への登録義務づけとともに、契約の相手方に対し故意に情報を隠したり独占したりすることを禁じている。他方で一般媒介契約については、レインズへの登録義務づけがなされていない。実際のところ、住宅新報の調査によると、2016年の住宅流通大手10社の売買仲介手数料率の平均は、片手仲介の上限である3％＋6万円を超えた4.24％である。すべての取引が片手仲介であれば1件あたり平均手数料率は最大で3％＋6万円[2]になるはずである。

米国では、多くの州で両手仲介（Dual Agency）を行う際には依頼人に伝えることが法律で義務づけられている。法制化の内容は州ごとに異なるが、①あらゆる種類の両手仲介が許容される代わりに、両手仲介を行う際には売り手と買い手の双方に公表する（Disclosure）ことを求める州（ニューヨーク州など）、②同一支店、同一企業内の両手仲介は許容される代わりに、同一人物による両手仲介は禁止されるという指定両手仲介（Designated Dual agency）（コロラド州、メリーランド州など）、③両手仲介を禁ずる代わりに、売り手と買い手のいずれの立場にも立たない取引仲介（Transaction Brokerage）を許容する州（フロリダ州など）があるという（Kadiyali *et al.*, 2014）。州法による義務づけは、これら州法が定める不動産販売業や不動産仲介業の免許の取消あるいは停止措置によって実効性が担保されている[3]。

（2）既存住宅流通市場における情報の非対称性

既存住宅流通市場における情報の非対称性がもたらす問題には大きく分

2）　宅地建物取引業法に基づき定められた売買仲介手数料の上限は、取引額200万円以下で5％、400万円以下で4％、400万超で3％（いずれも税抜）であり、400万円以下の上乗せ分を合計すると6万円となる。

3）　Olazabal (2003)、pp.70-71参照。

けて、「隠された情報がもたらす問題」と、「隠された行動がもたらす問題」
の2つが存在する。隠された情報がもたらす問題は売り手と買い手との間
の問題、隠された行動がもたらす問題は売り手、買い手と仲介業者との間
の問題である。

①隠された情報がもたらす問題

　不動産売買取引において、売り手は買い手よりも、より多くの物件情報
を有する。売り手は、表面上現れてこない物件の状態に限らず、過去に物
件を購入した際の取引履歴についてもより多くの知識を有している。一方、
物件情報を有しない買い手は、質の悪い物件を購入してしまうリスクを負う
ため、物件に対する支払許容額が低下する。その結果、売り手は既存の物
件に投資しても市場で評価されないことから、逆選択が生じ、悪質の物件
ばかりが取引されるようになることで、市場がレモン化する[4]。その結果、
既存住宅供給品質の低下、ひいては既存住宅流通市場の減退へと至る。

　隠された情報が原因で逆選択が生じやすい不動産市場では、後述する隠
された行動がもたらす問題を無視すれば、売り手と買い手の相対による直
接取引を行うよりも、類似の不動産売買に関する経験と知識を有する、専
業従事の不動産仲介業者を間に挟むことが有効である。買い手は、仲介業
者を経由することで物件情報や過去の取引履歴を補完し、売り手とより有
利に交渉できるようになる。仲介業者の存在は、逆選択を回避し、市場の
レモン化の防止に寄与する。

②隠された行動がもたらす問題

　隠された情報がもたらす逆選択の問題は、売り手あるいは売り手側の仲
介業者の意図にかかわらず生じる。これに対し、仲介業者があえて売り手
あるいは買い手を隠す行動に出ることにより生じるモラルハザードの問題
は、仲介業者が意図的に引き起こすものである。

4）　不動産市場における同様の問題を指摘するものとして、山崎（1997）、高橋（2009）、中川
　　（2014）など。

仲介業者は、買い手に対して、どのような買い手の希望に見合った物件の売り手が市場にいるか、あるいは売り手に対して、どのような価格で購入してくれる買い手が市場にいるか、といった情報を十分に伝えないことで、両手仲介を行い、自らが仲介する特定の売り手と買い手に取引させるよう強いることができる。これが「物件囲い込み」である。こうした行動は売り手、買い手からモニタリングできない以上避けようがない。両手仲介を行うことができれば、一度の取引によって売り手と買い手の双方から上限3％＋6万円ずつの手数料を得ることができることから、仲介業者には両手仲介を積極的に行うインセンティブが生じる。

　仲介により不動産取引が促進されることで、売り手と買い手の間の情報の非対称性が緩和されることは、双方にとってメリットがある。とりわけ両手仲介を行う場合には、Kadiyali *et al.* (2014) が指摘するように、仲介業者が双方の選好等を知っているため、取引時の交渉を迅速化・効率化し得る[5]。ところが、両手仲介が可能で、かつ仲介業者が意図的に売り手、買い手を隠すことが可能なとき、物件囲い込みが行われる。仲介取引の直接取引に対するメリットは、このデメリットによって結果的に相殺されてしまう。

③両手仲介による成約価格への影響

　米国のように、両手仲介を行う際の事前の告知義務が定められていれば、売り手も買い手も、仲介業者から提案された取引が他の仲介業者からの提案と比較して不利になっていないかどうかを確かめ、不利な取引を提案されている場合には仲介を断ることができる[6]。また仲介業者にとって

---

5) Kadiyali *et al.* (2014) は、両手仲介のメリットとして、(1) 情報、取引の効率性、(2) 仲介業者の取扱物件の拡大を挙げ、反対に、デメリットとして、(1) 売り手には、最大支払意思額での取引よりも、自らの買い手の顧客に誘導するインセンティブがある、(2) 顧客に対する選択的な情報提供、(3) 売り手・買い手双方への圧力を挙げる。これらのデメリットは、いずれも物件囲い込みを引き起こす原因となり得るものである。
6) 両手仲介を行う際の事前の告知義務の有無にかかわりなく、仮に売り主によるレインズの閲覧が可能で、自分の物件への買いの照会が確認できるステータス管理機能があれば、売り主側の仲介業者は、相場よりも安い価格で取引させるなど、売り主に不利なことができなくなる。

も、売り手、買い手に不利益とならない、公正な仲介取引を行うインセンティブが生じる。このとき、両手仲介を行うか否かの違いによる価格差は生じないと考えられる。ただし、このことが成立するためには、（ⅰ）売り手側もしくは買い手側、いずれか一方に偏った立ち位置を仲介業者がとらないこと、（ⅱ）売り仲介業者、買い仲介業者間で交渉力に差がないことが条件となる。Kadiyali *et al.*（2014）は、両手仲介によって成約価格が高くなるか低くなるかは、仲介業者が売り手、買い手のどちら側に立つかに依存して決まるため一概には言えないと論じる。売り手側に立てば成約価格、それと比例して増減する手数料収入は高くなり、買い手側に立てば、仲介業者にとって最適な顧客とのマッチングに失敗するという意味において、成約価格は低くなる。もっとも、自社で抱える顧客への誘導に失敗すればこれら成約価格への影響はゼロになる。

　両手仲介を行っている企業が手数料収入を底上げする成約価格を上げることに成功しているかどうか、そして、どのような企業が両手仲介でのマッチング確率の上昇に成功しているかは、実証的に明らかにされるべき問題である。

（3）本稿の目的

　以上の議論を踏まえれば、①両手仲介が可能であることと、②依頼人（売り手、買い手）が業者をモニタリングできないことという、2つの前提が存在することが、両手でのマッチング確率を高め、それが結果的に仲介手数料収入を増やすとともに、成約価格に影響を及ぼすと考えられる。

　しかしながら、日本の不動産流通市場における取引参加者の行動を明らかにした定量的な研究は不足しており、既存住宅流通市場における両手仲介の実態は依然として明らかではない。

　本章は、日本における仲介取引の実態を定量的に明らかにし、そのうえで、①両手仲介を行うことができる企業はどういった特性を有するか、②両手仲介が成約価格にどのような影響を与えるかを明らかにするものである。

　第2節ではまず米国での両手仲介に関する既往研究に基づき、両手仲介を行うことが公表された状況下での仲介取引の実態を整理する。第3節で

は仲介業者を対象としたアンケート調査をもとに、日本において両手取引がどの程度行われているかを、売買仲介手数料率を代理変数と見なし検証する。第4節では企業の特性が手数料率に与える影響を、第5節では両手仲介が平均成約額に与える影響を分析する。

2 米国における両手仲介の影響

　Gardiner *et al.*（2007）は、ハワイ州ホノルルを対象に、両手仲介の売り手・買い手双方への公表を義務づける州法制定（1984年）前後の、1977〜1980年の1,989件の取引データと1987〜1989年の1,858件の取引データとを比較し、両手仲介は成約価格を下げる効果があること、そしてその効果は州法制定後に有意に小さくなった（約8.0％→1.4％）ことを報告している。本研究は、仮に日本において両手仲介の事前公表を義務づけた際に期待される効果を示しているとも捉えられる。

　Evans and Kolbe（2005）は、テネシー州メンフィスを対象に、1997〜2003年の間に複数回取引された個人向け住宅4,154件のデータをもとに、一度目の取引では両手仲介による価格変動への影響が見られないのに対し、二度目の取引では有意性が弱いながらも両手仲介による価格変動への影響が見られると報告している。

　Kadiyali *et al.*（2014）は、ニューヨーク州ロングアイランドを対象に、2004〜2007年の10,888件の取引データをもとに、両手仲介の成約価格に対する影響がないことを、成約価格を被説明変数とした回帰分析により明らかにしている。ただしKadiyaliらは、登録価格を変数に加えた追加の分析を行ったうえで、これは①両手仲介を行う業者が事前に顧客である買い手の選好を読んだうえで、より高値で売りつける効果と、②売り手に買い手の要求をのませる、あるいは買い手にのみ確かな情報を与えるなど、交渉過程で両手仲介を行う業者が売り手より買い手をひいきする効果の、2つの効果が合わさって、ネットで見たときの両手仲介の成約価格に対する効果がゼロに見えるだけであると解釈する。

NY州ロングアイランドにおける両手仲介と片手仲介の取引状況の比較

	両手仲介	片手仲介
平均成約価格（$）	570,957	566,841
平均登録価格（$）	603,003	591,381
平均成約日数（日）	82.0	84.2
サンプル数	5,247	5,641

(注) Kadiyali *et al.*（2014）より筆者作成。約48%の両手仲介のうち、同一代理人が26%、同一支店の異なる代理人が19%、支店は異なるが同一企業に属する代理人が3%。

　以上のように、米国における両手仲介の影響を検証した先行研究からは、両手仲介と片手仲介との成約価格の差はなくなることが明らかとなっている。このことに対して両手仲介下での十分な情報公開がどの程度影響を与えているのかは先行研究では検証されていないものの、成約価格の差を縮める要因の一つとして考え得る。

3　日本における売買仲介手数料設定の実態

（1）調査の設計
　日本では、米国のMLS（Multiple Listing Service）のような網羅的な物件情報データベースが存在しない。このため、取引事例ごとに各企業が設定する仲介手数料率の実態を直接明らかにすることは極めて困難である。
　そこで、仲介業者単位での調査を行い、各企業が通常1件あたりどの程度の売買仲介手数料を得ているかを、平成26年の1年間に各企業が得た仲介手数料の総額を、成約した不動産の価額の総額で除することによって算出する。こうして得られた手数料率を、ここでは両手仲介が行われているかどうかの代理変数と見なす。具体的には、手数料率が片手仲介で得られる上限（3％＋6万円）よりも高い場合には、その企業が両手仲介を行っている可能性が高いことになる[7]。

調査対象となる仲介業者のリストを作成するにあたっては、全国の仲介業者を網羅した公開のリストが存在しないため、調査協力を得られる範囲で複数の仲介業者のリストを入手し、調査対象リストを作成した。第一に、土地総合研究所の実施する「不動産業況等調査」の調査対象リストを入手し、三大都市圏及び地方主要都市において不動産流通業を営む企業（大手業者、中小業者）を73社抽出した。第二に、LIXIL ERAネットワーク及びリニュアル仲介の関連事業者326社を得た。第三に、不動産流通経営協会（FRK）ホームナビのWebサイト[8]から会員を検索し、101社を得た。第四に、Web上に公開されている都道府県宅地建物取引業協会役員名簿（平成24・25年度）から抽出、527社を得た[9]。これらの企業について重複の調整等を行い、最終的に調査対象1,000社のリストを得た。

調査は、郵送による調査票配布・回収にて、平成27年1月13日～2月10日にかけて行った。有効回答数は247社（有効回答率24.7%）であった。

回答のあった企業の構成を見ると、約7割が営業年数25年以上、約6割が従業員数5人以下、8割以上が事務所を一つしか持たないなど、小規模な仲介業者が大半を占めている（図表2)[10]。

---

7) 手数料率の値だけでは両手仲介を行っていると断定できず、両手仲介の可能性を指摘するのみに留まるのは、法令では手数料率の上限のみ定められ、現実の取引ではこれより低い手数料率となる可能性があるためである。例えば手数料率3%未満であっても、双方から1.5%ずつ両手で手数料をとっていることも想定され得る。また、物件の成約価格が低い場合には、手数料の定額部分（6万円）が手数料率に大きな変動をもたらす（例えば600万円の物件であれば、6万円＝1%）。

8) http://www.homenavi.or.jp/corp

9) 抽出数は、北海道20、岩手10、宮城20、福島10、栃木20、埼玉35、千葉35、東京62、神奈川35、新潟15、石川15、愛知50、京都30、大阪60、兵庫30、広島30、徳島20、福岡30。宮城、埼玉、千葉、東京、愛知、京都、大阪、兵庫、広島、福岡の事業者の住所は、役員名簿記載の氏名または商号（名称）をもとにWeb検索した。

10) 従業者数と営業年数について、不動産適正取引推進機構が公表する平成27年度末の宅建業者数のデータと比較した。独立性の検定の結果、本節のデータは個人事業主が有意に少なく、営業年数の長い業者が有意に多いという特徴が見られた。なお、企業の立地については有意な関連性が見られなかった。以降の分析においては、個人事業主が少ないこと、また営業年数の長い業者が多いことにより、両手仲介のマッチング確率が全体的に底上げされている可能性を考慮する必要がある。

図表2 回答企業の構成

〈営業年数〉

	度数	%
1年未満	3	1.2%
1〜5年未満	9	3.6%
5〜10年未満	13	5.3%
10〜25年未満	52	21.1%
25年以上	170	68.8%
計	247	100.0%

〈従業員数〉

	度数	%
1人	17	6.9%
2〜5人	126	51.0%
6〜10人	49	19.8%
11〜50人	40	16.2%
51〜100人	6	2.4%
101〜1,000人	6	2.4%
1,001人以上	3	1.2%
計	247	100.0%

〈事務所数〉

	度数	%
1カ所	208	84.2%
2〜5カ所	29	11.7%
6〜10カ所	3	1.2%
11〜50カ所	4	1.6%
51カ所以上	3	1.2%
計	247	100.0%

（注）宅建業法8条②五号の事務所のみ。

図表3 基本統計量

〈売買仲介〉

	平均	標準偏差	中央値
成約件数（件）	407.28	3,331.3	10
成約総額（億円）	198.95	1,375.0	3
平均成約額（万円／件）	3,309.8	4,624.8	2,111.7
手数料率（%）	4.1367	1.6013	3.85

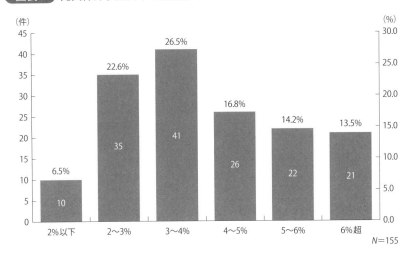

売買仲介手数料率の度数分布

N=155

(2) 手数料率にみる両手仲介と成約額との関係

売買仲介手数料、成約価額の総額は247社中155社から回答を得られた。成約総額を成約件数（両手取引は1件として計上）で除して算出した1件あたり平均成約額は3,310万円／件、平均手数料率は4.1％であった。図表4に示す通り、売買仲介では7割の企業が1回の取引から平均3％以上の手数料をとっていることが明らかとなった[11]。

算出した売買仲介手数料率と、成約総額を成約件数で除して算出した1件あたり平均成約額との関係を図表5に示す。相関係数は−0.238、無相関検定の結果はt値＝−3.03、P値＝0.00284であった。売買仲介手数料率の高い企業は平均成約額が低い傾向にあるという弱い相関関係にある。

手数料率が3％を下回る企業は平均成約額が大きく、高額物件を扱う企業のみならず、平均成約額が小さい、小額物件を扱う企業にも見られる。

---

11) 売買仲介手数料率が6％を超えている企業は21社存在し、その最大値は10％である。両手仲介で得られる手数料は最大で6％＋12万円なので、例えば400万円の物件の売買を両手仲介したとすれば、手数料は最大で24（400万円の6％）＋12＝36万円、つまり成約価格の9％にまで達する。このように、定額部分12万円の影響を考慮すれば、手数料率が6％を超えているからといって必ずしも異常値とは言えない。

売買仲介手数料率と1件あたり平均成約額

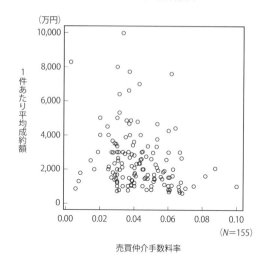

小額物件を扱う企業であれば、仲介手数料率を上限に設定しなければ利益が確保できないのではないかと考えられる。ところが実際には、小額物件を扱う企業の中にも手数料率を上限より低く抑えている企業が存在していることが明らかとなった。

(3) 手数料率を上限に設定する企業の割合

仲介業者が両手仲介を行うとき、必ずしも手数料を上限までとっているとは限らない。そのため、最終的な成約価額と手数料収入から算出された手数料率が3％であったとしても、売り手と買い手それぞれから、例えば1.5％ずつ手数料をとっている可能性も考えられる。ゆえに、上記の方法で売買仲介手数料率を推計するだけでは、仲介業者が具体の取引において手数料をどの程度とっているのかまでは分からない。

そこで、売買仲介手数料率を回答した企業に対し、手数料を上限までとっているかどうかを直接質問した。すると、8割強の企業が上限の手数料率を設定していると回答した（図表6）。また、それぞれの項目ごとに平均手数料率を算出したところ、いずれも3％を超えており、分散分析の結

図表6 売買仲介手数料率の設定基準に対する回答

	度数	%	平均手数料率
宅建業法令に基づく上限基準を適用	138	89.0%	4.2215
独自の基準を設けて適用	3	1.9%	3.2717
目安となる基準はあるが、実際の報酬額は状況に応じて低いものを適用	9	5.8%	3.4012
無回答	5	3.2%	3.64
計	155	100.0%	

果、各群間で平均手数料率に有意な差は見られなかった（F値1.585、P値0.208）。これ以上手数料率を上げられないという状況下では、1回の取引から仲介業者がより多くの手数料を得るためには両手仲介を行う必要がある。多くの仲介業者が恒常的に手数料を上限までとっているという実態からは、大半の仲介業者において両手仲介を積極的に行うインセンティブが生じていることが示唆される。

4　売買仲介手数料率への企業特性の影響

（1）企業と市場の規模による影響

　両手仲介が成立するためには、十分な数の売り・買いの顧客リストが業者内に存在するか、市場に十分な数の売り手と買い手が存在することで、両手でのマッチング確率が上昇する必要がある[12]。そこで、両手仲介の代理変数として売買仲介手数料率を被説明変数とし、各業者が抱える顧客数、市場の規模を説明変数とする回帰分析を行った[13]。各業者が抱える顧客数は本調査からは分からないため、企業の営業規模を表す代理変数とし

---

12)　もっとも、市場の規模が大きければ、両手仲介のマッチング確率だけでなく、片手仲介のマッチング確率も上昇する。
13)　分析にはR 3.3.2を用いた。欠損値についてはリストワイズ除去を行った。以下同様。

図表7 被説明変数を手数料率とした回帰分析

	(A) 全サンプル (N=155)		(B) 上限設定サンプル (N=138)	
	係数	標準誤差	係数	標準誤差
切片	0.042380	0.002032 ***	0.042488	0.002105 ***
従業員数ダミー				
1〜5人	(基準)	—	(基準)	—
6〜10人	−0.002767	0.002729	−0.002562	0.002871
11人以上	−0.010400	0.005467 *	−0.009257	0.005843
立地ダミー				
大都市圏	0.001360	0.002635	0.002801	0.002843
それ以外	(基準)	—	(基準)	—
R2	0.02596		0.02297	
修正R2	0.006603		0.001093	

(注) ***：$p<0.01$, **：$p<0.05$, *：$p<0.1$

て従業員数を用い、従業員数1〜5人、6〜10人、11人以上でグループ分けしたダミー変数を説明変数とした。また、当該業者が立地する市場の規模を表す代理変数として、調査票に住所を回答してもらった企業（247社中200社）について、三大都市圏に位置する都府県（東京、神奈川、千葉、埼玉、愛知、大阪、京都、兵庫）か否かでグループ分けしたダミー変数を用いた。

結果を図表7（A）に示す。従業員数11人以上ダミーが10％有意になり、約1％の手数料率の押し下げ効果が認められた。

第3節第3項で議論した通り、手数料率を下げて両手仲介を行う場合があるため、両手仲介の代理変数として手数料率を用いると一定の測定誤差を含む。そこで、手数料率を上限に設定していると回答した企業にサンプルを限定したうえで同様の分析を行い、頑健性をチェックした。結果を図表7（B）に示す。従業員数ダミー、立地ダミーともに有意性が認められなかった。従業員数11人以上ダミーの有意性が消滅したのは、両手仲介による手数料率の押し上げ効果よりも、両手片手に関係なく大企業が手数料率を下げる影響の方が大きいためと考えられる。仮説とは異なり、従業員数11人以上ダミーの有意性が消滅した。

	係数	標準誤差
切片	0.045358	0.002399 ***
一般媒介ダミー（75%以上＝1、75%未満＝0）	−0.005651	0.004095
専属媒介ダミー（75%以上＝1、75%未満＝0）	−0.004940	0.003159
専属専任媒介ダミー（75%以上＝1、75%未満＝0）	−0.005439	0.004073
$R2$	0.03282	
修正$R2$	0.009035	

(注) *** : $p<0.01$, ** : $p<0.05$, * : $p<0.1$　　　　　　　　　　　　　　　　　　($N=126$)

（2）主たる媒介契約の種類の違いによる影響

　不動産業者に仲介を依頼する際に取り交わされる媒介契約には、一般媒介契約、専任媒介契約、専属専任媒介契約の、3種類の契約形態がある。一般媒介契約では売却依頼者が他の不動産会社に重ねて媒介を依頼することができるのに対し、専任媒介契約では重ねて媒介を依頼することはできない。また、専任媒介契約では依頼者自ら見つけた相手方と売買することができるのに対し、専属専任媒介契約では依頼者自ら見つけた相手方と売買することはできない。

　一般媒介の場合、競合他社と成約を争うため、手数料が必ず入ってくるとは限らない。仲介業者は、より高値で契約できる買主をできるだけ急いで探すよりも、すでに依頼のあった買い手と契約をまとめて両手仲介を行う方がより成約を得やすくなる。他方、売り側の手数料が必ず入ってくる専任媒介の場合、レインズ登録前の1週間弱の間に自分の買い手顧客と急いでマッチングさせて両手仲介をねらうインセンティブが働く。しかも、専任媒介の場合は当該1社しか広告を出さないなど、専任の媒介業者の行動に対する拘束力がより強く働く。こうした関係にあることから、一般媒介の方が両手仲介しやすいという仮説と、専任媒介の方が両手仲介しやすいという仮説、2つの仮説が立てられる。

　売買仲介業務における一般媒介契約、専任媒介契約、専属専任媒介契約の、成約件数ベースでのウエイトが75%以上か75%未満かでそれぞれ2グ

ループに分けたダミー変数を説明変数に、手数料率を被説明変数とした回帰分析を行った。結果を図表8に示す。一般媒介契約、専任媒介契約、専属専任媒介契約のいずれについても、手数料率との有意な関係性は見られなかった。

5 両手仲介が成約価格に与える影響

両手仲介の成約価格への影響を見るために、売買仲介手数料率3%未満のグループを片手グループ、3～6%を一部両手グループ、6%以上をすべて両手グループと分け、被説明変数を1件あたり平均成約額、説明変数をこれらグループダミーとした回帰分析を行った。

結果を図表10（A）に示す。一部両手グループダミー、すべて両手グループダミーが負に有意であった。これは第3節第2項において手数料率と成約額の間に弱い負の相関が見られたことと対応する。また、大都市圏において成約額が有意に高い。

第4節第1項同様、両手仲介の代理変数として手数料率を用いると一定の測定誤差を含むため、図表10（A）のモデル2について、手数料を上限に設定している企業に限定して同様の分析を行った。結果を図表10（B）に示す。立地ダミーの有意性が消え、従業員数11人以上ダミーが有意となったものの、一部両手グループダミー、すべて両手グループダミーは有意のままであった。

6 おわりに

両手仲介に関する情報開示が定められている米国では両手か片手かによる価格差が見られないのに対し、情報不完備で両手仲介による物件囲い込みがより容易な日本においては、7割の企業が両手を行っている可能性があり、両手仲介によって成約価格が下がるという結果になった。また、企

図表9 売買仲介手数料率グループごとの各変数の記述統計

	片手グループ	一部両手グループ	すべて両手グループ
N	22	92	24
平均成約件数（件）	121.82	828.04	20.542
平均成約総額（億円）	48.323	335.97	3.3104
平均成約額（万円／件）	3187.7	2994.4	1905.4
平均手数料率（%）	2.2192	4.0434	6.7393

図表10 1件あたり平均成約額を被説明変数、手数料率グループダミーを説明変数とした回帰分析

	(A) 全サンプル（N=155）				(B) 上限設定サンプル（N=138）	
	モデル1		モデル2			
	係数	標準誤差	係数	標準誤差	係数	標準誤差
切片	53701313	8255161***	42861517	9185982***	28025462	6195147***
手数料率グループダミー						
片手グループ	（基準）	—	（基準）	—	（基準）	—
一部両手グループ	−23162140	9412332*	−23562684	9354495 *	−1679069	6474398*
すべて両手グループ	−35090935	12244382**	−33310281	12185069 **	−10562470	8045719**
従業員数ダミー						
1〜5人			（基準）	—	（基準）	—
6〜10人			6905144	7689762	−170333	4937501
11人以上			12149065	15414726	26614161	10049823**
立地ダミー						
大都市圏			15567036	7375346 *	3594507	4851356
それ以外			（基準）	—	（基準）	—
R2	0.05658		0.09767		0.0929	
修正R2	0.04417		0.06739		0.05854	

(注) *** : $p<0.01$, ** : $p<0.05$, * : $p<0.1$

業や市場の規模、主たる媒介契約の種類の違いは、必ずしも両手仲介の
マッチング確率を高める要因とはなっていなかった。両手仲介が成約価格
を下げることは、仲介業者の売り手に対するモラルハザードの発生を示唆
する。レインズが始めた、売り手が物件の取引状況を確認できるステータ
ス管理など、売り手不利の状況を改善する取り組みが求められる。

　ただし、両手グループダミーはあくまで両手仲介の間接的な指標にすぎ
ないため、この結論をそのまま受け入れるには注意が必要である。

加えて、観測されない変数である物件の質が、成約価格だけでなく両手仲介、片手仲介の選択においても影響する可能性があるという、内生性の問題が存在する。従業員数ダミーや立地ダミーの有意性が変化するのも、物件の質による影響が考えられる。しかしながら、当該企業が取り扱う物件の質と独立であるような変数は今回の調査項目には含まれておらず、内生性の検証はできない。少なくとも、内生性の存在の可能性については否定できないことを付記しておく。

　今回の調査では検証できなかったものとして、第一に、仲介業務に占める買い手仲介、売り手仲介の比率が挙げられる。顧客数が多くても売り手、買い手の偏りがあると両手仲介でのマッチング確率は上がらない。また、買い手のみを顧客とする仲介業者はそもそも両手仲介を持ち出すことができない。第二に、両手仲介が成約日数に及ぼす影響である。第三に、今回の調査は取引事例単位ではなく企業単位での調査となっていることから、媒介契約の種類の違いが仲介取引に与える影響を直接検証できていないだけでなく、広さや設備などの物件の特性が与える影響についても検証できていない。これらはいずれも今後の課題となる。

補論　一般消費者を対象にした調査に基づく売買仲介手数料率の推計[14]

　筆者らが行った別の調査では、手数料率を仲介業者ではなく一般消費者に質問している。この調査は、ITを活用して不動産業の新たなサービスを提供する「不動産テック（Real Estate Tech）」に関する意識調査であり、2017年1月に、全国の20歳以上の不動産取引経験者を対象に、インターネット調査会社を通じて行われた。有効回答数は1082名（回収率68.4％）で、そのうち最後に取引したときに家を売買したのは535名、家を借りたのは547名であった。

　回答者には、取引した物件の金額と、仲介業者に支払った手数料額（登

---

　14)　本節の内容は、平成28年度国土政策関係研究支援事業の成果の一部に基づくものである。

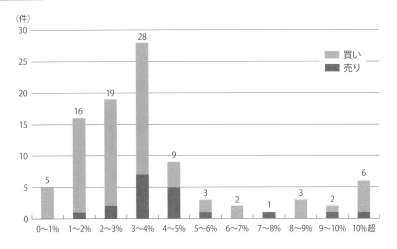

一般消費者を対象とした調査における売買仲介手数料率の度数分布

(件)

凡例: 買い / 売り

0～1%: 5
1～2%: 16
2～3%: 19
3～4%: 28
4～5%: 9
5～6%: 3
6～7%: 2
7～8%: 1
8～9%: 3
9～10%: 2
10%超: 6

記費用、ローン契約費用などは除く)を質問しており、手数料額を物件の金額で割ることで手数料率を推計した。なお、手数料率15%以上のサンプルについては異常値と見なし、データから除外した。

　家を売買したうち有効な回答が得られたのは94件で、平均成約額は約2,778万円、平均手数料率は約4.0%であった。図表11に示すように、売買仲介においては、54件(全体の57.4%)において、1回の取引から3%以上の手数料をとっているという結果になった。

　この調査では、売りと買いを同時に行った場合について同一の仲介業者か否かを質問しておらず、両手片手を区別できないため、仮に両手仲介が行われたとしてもすべて片手仲介と見なされるため、手数料率の推計値がやや低めとなっている可能性がある。他方、仲介業者が回答する場合と異なり、消費者自らが回答する際には、税金など仲介業者に同時に支払った諸経費も含めた金額を回答している可能性があるため、手数料率の推計値が高めとなっている可能性も考えられる。こうした調査方法の違いに起因するバイアスを考慮すべきではあるものの、一般消費者を対象とした調査においても、おおむね第3節第2項と同様の傾向が確認された。

　図表5と同様に、算出した売買仲介手数料率と、取引した物件の金額と

図表12 売買仲介手数料率と取引した物件の金額との関係

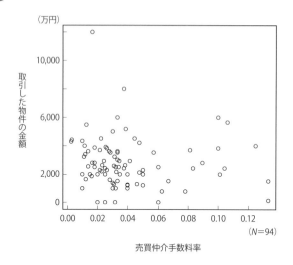

売買仲介手数料率

の関係を散布図に示したのが図表12である。相関係数は－0.089、無相関検定の結果はt値＝－0.86、P値＝0.3918であった。有意ではないものの、手数料率の高い企業は物件価格が低い傾向にあるという弱い相関関係がこちらでも確認された。

　この調査では、取引した物件の金額と手数料額の他に、仲介手数料が高いと思うかどうかについても質問している。家を売った場合、買った場合、売買した場合、それぞれについての集計を図表13に示す。いずれについても、仲介手数料がやや高いという回答が一番多かった。

　家を売買した回答者について、回答項目ごとにグループ分けのうえ平均手数料率を計算した結果を図表13に示す。なお、家を売ったと同時に買った回答者8名については、手数料率は売りと買いの平均値をとっている。分散分析の結果、「高いと思う」、「やや高いと思う」、「妥当と思う」の各群間で、平均手数料率に有意な差は見られなかった（F値0.067、P値0.936）[15]。

15）　それぞれ1サンプルのみの「やや安いと思う」「安いと思う」と回答した群については、除外したうえで分散分析を行った。

	家を売った		家を買った		家を売買した		
	度数	%	度数	%	度数	%	平均手数料率
高いと思う	1	2.1%	25	17.7%	25	29.1%	3.7774
やや高いと思う	10	21.3%	37	26.2%	42	48.8%	3.5902
妥当と思う	7	14.9%	11	7.8%	17	19.8%	3.8228
やや安いと思う	0	0%	1	0.7%	1	1.2%	—
安いと思う	1	2.1%	1	0.7%	1	1.2%	—
計	19	100.0%	75	100.0%	86	100.0%	—

（注）家を売ったと同時に買った回答者が8名いるため、売りと買いの合計値は売買の合計値と一致しない。

　また、この調査では、最後に取引した物件の内容や物件探索にかけた手間についても質問している。第4節第1項の議論に従えば、市場に十分な数の売り手と買い手が存在することでマッチング確率が上昇するのであれば、両手仲介が成立する確率もまた上昇すると考えられる。この調査のデータでは、先述の通り、売りと買いを同時に行った場合について両手片手を区別できないため、この仮説を直接検証することはできない。しかしながら、物件の規模や立地、戸建てか共同住宅かの違いなど、市場でのマッチング確率に影響すると考えられる要因による手数料率への影響を検証することは可能である。市場の規模が大きいと予想される小規模物件、大都市圏の物件、共同住宅等に該当する場合は、両手仲介による影響がなければ、自由参入による競争が促進されて手数料率が下がると考えられる。

　そこで、売買仲介手数料率を被説明変数とし、次に挙げる項目を説明変数とする回帰分析を行った。市場の規模を表す代理変数としては、「物件の規模」（各回答項目を中間値（25㎡、63㎡、88㎡、113㎡、138㎡、151㎡）に変換したもの）、「立地ダミー」（回答者の居住地が三大都市圏（埼玉、千葉、東京、神奈川、愛知、京都、大阪、兵庫）なら1、それ以外なら0）、「戸建てダミー」（最後に取引した物件が一戸建てなら1、共同住宅等なら0）を用意した。また、仲介業者が物件探索にかけた手間を表す代理変数として、「物件の探索範囲」

基本統計量

	平均	標準偏差	中央値
売買仲介手数料率（%）	3.9502	2.8350	3.2408
物件の規模	98.277	33.638	88
物件の探索範囲	2.9574	1.5304	3
取引にかけた時間	4.2766	1.1677	4
年齢	47.340	11.839	50
世帯年収	0.15101	0.26385	0.065

（遠くまで探索した順に1～5、その他は0）、「取引にかけた時間」（より長い時間をかけた順に1～5）を用意した。統制要因としては、回答者の「年齢」（20代～70歳以上、年代の数字を代入）、「世帯収入」（各階層の中間値（例えば400万～500万円未満の場合は、450万円）に置き換え。不明の場合は最頻値（450万円）に置き換え）、「売買ダミー」（家を買ったなら1、売ったなら0）を用意した。

　結果を図表15に示す。物件の規模が大きくなると手数料率が有意に高くなる一方で、戸建てダミーは負に有意に作用した。これは、当初の予想と異なり、戸建て住宅市場においても、共同住宅並みかそれ以上の市場競争による手数料率の押し下げ効果が働いているためと考えられる。また、立地ダミーについては有意に作用しなかった。

　仲介業者の手間を表す代理変数である物件の探索範囲、取引にかけた時間は、いずれも有意に作用しなかった。これは、現行法制度では仲介手数料は成約価格から算定されるため、成約に至るまでにかけたコストが反映されないことと呼応している。

　統制要因については、世帯年収と売買ダミーが負に有意に作用した。世帯年収は、手数料の支払いにおける予算制約としては働いておらず、むしろ高所得層の方がより手数料率の低い取引に成功している。また、売り仲介に比べ、買い仲介の方が手数料率が低い傾向にあるという結果になった。

	係数	標準誤差
切片	0.06971	0.02299 ***
物件の規模	0.0002464	0.00009709 **
立地ダミー		
大都市圏	0.001526	0.006586
それ以外	（基準）	―
戸建てダミー		
戸建て	−0.02220	0.006296 ***
それ以外	（基準）	―
物件の探索範囲	−0.00003516	0.001848
取引にかけた時間	−0.001947	0.002491
年齢	−0.0004304	0.0002616
世帯年収	−0.02679	0.01054 **
売買ダミー		
家を買った	−0.01271	0.007505 *
家を売った	（基準）	―
R^2	0.2221	
修正R^2	0.1489	

(注) *** : $p < 0.01$, ** : $p < 0.05$, * : $p < 0.1$　　　　　　　　　　　　　　　　($N=94$)

[参考文献]

Evans, R. and Kolbe, P. (2005) "Homeowners' Repeat-Sale Gains, Dual Agency and Repeated Use of the Same Agent," *Journal of Real Estate Research*, 27 (3), pp.267–292.

Gardiner, J., Heisler, J., Kallberg, J. G., and Liu, C. H. (2007) "The Impact of Dual Agency," *Journal of Real Estate Finance and Economics*, 35 (1), pp.39–55.

Kadiyali, V., Prince, J., and Simon, D. H. (2014) "Is Dual Agency in Real Estate a Cause for Concern?" *Journal of Real Estate Finance and Economics*, 48, pp.164–195.

Olazabal, A. (2003) "Redefining realtor relationships and responsibilities: the failure of state regulatory responses," *Harvard Journal on Legislation*, 40, pp.65–132.

白川慧一・大越利之 (2016)「中古住宅市場における両手仲介と手数料率設定―不動産仲介業者アンケート調査をもとにして―」土地総合研究24 (1), pp.148–160.

白川慧一・大越利之 (2017)「中古住宅市場における両手仲介と手数料率, 成約価格への影響―不動産仲介業者アンケート調査をもとにして―」日本不動産学会誌31 (1), pp.88–96.

高橋孝明 (2009)「不完全な不動産情報がもたらす資源配分の非効率性―経済学の見地から」都市住宅学66, pp.18–22.

中川雅之 (2014)「中古住宅流通活性化と住宅市場の将来ビジョン」季報住宅金融30, pp.26–33.

山崎福寿 (1997)「中古住宅市場の機能と建築コスト」住宅土地経済26, pp.10–19.

実務的観点からの
既存住宅流通市場活性化提言

リニュアル仲介株式会社 代表取締役
西生 建

1　既存住宅流通活性化を阻害するいくつかの要因

（1）日本人は新築志向の誤解

　住生活基本計画でも指摘されているとおり、「リフォーム・既存住宅流通等の住宅ストック活用型市場への転換」は遅れている。遅れている原因の1つに、「新築産業から変化できない建築・不動産業界」と「一生で1回の買い物だと思っている消費者」の不幸なマッチングが成立していることがあると考える。「できれば新築」という強い思いが、事業者・消費者双方にある。「新築が良いか？　中古が良いか？」と問われれば、「新築」と答えるのが当然だ。日本人は新築志向だという人もいるが、何も日本人に限った話ではない。しかし、「資産価値が下がりやすい物件か資産価値が下がりにくい物件か」と問われれば、多くは資産価値が下がりにくい物件を選択するだろう。住宅を購入しようとする消費者に対し、資産価値についてプロが助言することはほとんどなく、消費者の想い（希望の立地・趣味嗜好・自分のライフスタイル）を形にする提案が主流である。

　次の表は、築年数と共にマンションの登録価格・成約価格の平均がどの

首都圏の不動産流通市場（2015年）マンション

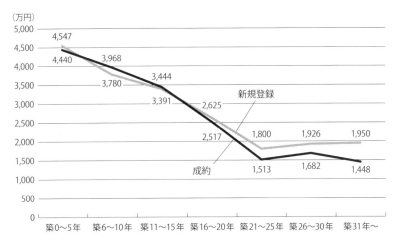

（出所）公益財団法人東日本不動産流通機構　築年数から見た首都圏の不動産流通市場2015年

ように変化するかをグラフにしたものである。登録・成約とも築20年まで
は下がり続け、以降は下げ止まっていることが分かる。このデータからも、
新築からの20年は資産価値が大きく減価する可能性が高く、築20年以降
は資産減価がほとんどないことを物語っている。住宅購入者が新築プレミ
アム（築浅プレミアム）を評価するのが築20年くらいまでである裏付けであ
るともいえる。多くの消費者は、マンションでいうと築20年まで価格が下
がり続けるリスクがあるという事実を知らずに、新築を選択している実態
があるのではないか。

(2)「自分らしく」が不動産の流動性を悪くする

　「自分らしく」は、とても耳障りの良い言葉だ。企業の宣伝にも感性に訴
える「自分らしさの追求」が頻繁に利用される。「自分らしく」という意味
は、「自分の好き／嫌いに忠実に生きる」ということだと思うが、主観であ
る以上、その内容は様々だ。新築やリフォーム等、建築を請け負う事業者
に「自分らしく」を強くPRする宣伝が目立つ。セールスの側面で考えても、
感性に訴えたほうが販売に結びつきやすいのだろう。しかし、その「自分

図表2 年代別人口分布

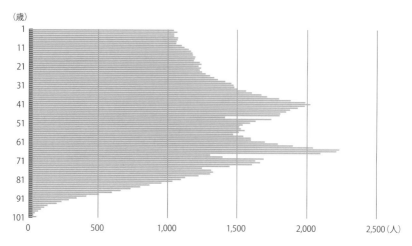

（出所）平成24年総務省統計局

らしさ」に気をとられるあまりに、「万人にとってどうか」という、流動性の視点が抜けてしまう消費者が多い。デザインも立地も、個性を強めれば当然流動性が悪くなる。事業者が顧客に対して「自分らしさ」をPRすることは悪いことではないが、流動性について顧客と向き合うことなく、顧客の夢の実現だけを話しているのであれば、結果的に流動性のない不動産を購入させることになる。住宅を購入させるところまでは考えても、購入後のその人の生活まで思いを馳せる建築のプロは少ないのではないか。

(3)「終の住処」という幻想

多くの人の立地選定基準が「昔から住んでいる」「子供の学区域の問題」「通勤に便利」等、自身の事情だけを基準に立地を選択している。ここには「万人にとってどうか」という流動性の視点が抜けている。45歳前後の団塊ジュニアは、一世代で200万人。対して、平成28年の年間出生数は98万人。かつてのように「家は一生で1回の買い物」だとすれば、住宅購入機会は半減することが確定している。

今でも「終の住処」と宣伝して集客している供給者が多く存在するが、

そのようなプロモーションは顧客のためにならないどころか、不動産の流通機会を減らすことにもつながり、結果的に自分の首を絞めている現実に事業者は気づかなければいけない。

「終の住処」はあくまでも「終の住処だった」という結果でしかないはずなのに、購入時に「終の住処」という幻想を追いかけてしまうのは、あまりにもリスクが高いのではないだろうか。

(4) ベッドタウンで30代が急減した深刻な事情

先日、所沢市と多摩市のアラサー（30歳前後）世代の人口が急減しているという記事を読んだ。本当にそんな事実があるのか調べてみた。

まずは、一都三県の住民基本台帳（年齢別）で、2005年と2015年の比較。住宅の一次取得者層である25〜44歳までの人口の減少数上位10の自治体は以下のとおり。人数そのもので見ると、アラサーで最も人口が減っているのは、横浜市青葉区、次いで横須賀市だ。青葉区といえば、東急田園都市線「たまプラーザ」等の駅がある一大ベッドタウンだ。横須賀市は人口減少問題がいわれて久しいが、意外なのが、比較的都心に近い江戸川区、市川市、松戸市など、東京と千葉の県境エリアだ。東京都だけをもう少し詳しく見ると以下のとおり。

注目したいのが、「町田市」「江戸川区」「八王子市」等だ。いずれも40万人以上の人口を抱え、大きい部類の自治体だ。しかも、ここ10年ではいずれの自治体も人口が増加している。しかし、アラサーの人口を見ると、2万人以上、江戸川区に至っては3万人以上も激減しているのである。隠れ肥満ならぬ、隠れ人口減少ともいえよう。参考までに、アラサー人口が増えている自治体は以下のとおり。

中央区、港区、新宿区、豊島区はアラサー人口が1万人以上増えている。より職住近接を望むアラサー世代が都心に流入しているのではないだろうか？　かつて、東京23区で唯一「消滅の可能性」を指摘されたのが豊島区であり、そのときにも違和感を感じたが、消滅するどころかアラサーが流入し、子供も生まれ、にぎやかな街になっているのではないだろうか？

住民基本台帳（年齢別）における、2005年と2015年の25歳〜39歳の人口比較

1	横浜市青葉区	−17,786
2	横須賀市	−16,675
3	江戸川区	−13,072
4	松戸市	−12,532
5	横浜市港南区	−10,879

6	横浜市旭区	−10,841
7	市川市	−10,684
8	町田市	−8,545
9	横浜市金沢区	−8,437
10	八王子市	−8,289

市町村名	総数	増減数	25〜29歳	30〜34歳	35〜39歳	25〜39歳	
青梅市	139,532	−2,480	−2,749	−3,816	−1,361	−7,926	−5.68%
羽村市	55,151	1,453	−962	−1,542	−439	−2,943	−5.34%
清瀬市	72,172	2,202	−1,217	−2,043	−492	−3,752	−5.20%
福生市	59,334	−781	−676	−1,570	−830	−3,076	−5.18%
町田市	401,855	24,793	−7,456	−10,662	−1,976	−20,094	−5.00%
江戸川区	638,099	42,163	−7,586	−17,256	−6,400	−31,242	−4.90%
東久留米市	114,091	2,403	−1,869	−2,925	−782	−5,576	−4.89%
あきる野市	79,905	1,792	−1,122	−2,185	−317	−3,624	−4.54%
狛江市	75,778	3,318	−1,795	−1,257	−263	−3,315	−4.37%
国立市	71,850	2,708	−862	−1,305	−965	−3,132	−4.36%
多摩市	141,478	6,008	−3,660	−2,796	311	−6,145	−4.34%
府中市	234,083	20,468	−3,732	−5,005	−886	−9,623	−4.11%
東村山市	144,623	6,789	−1,908	−3,133	−825	−5,866	−4.06%
調布市	208,156	16,035	−3,972	−4,284	−175	−8,431	−4.05%
武蔵村山市	66,387	5,705	−1,062	−1,628	163	−2,527	−3.81%
八王子市	533,374	29,198	−8,166	−10,863	−1,102	−20,131	−3.77%
立川市	168,589	10,501	−2,672	−3,472	−108	−6,252	−3.71%
稲城市	74,887	11,707	−763	−1,870	−100	−2,733	−3.65%
日野市	168,495	12,480	−2,003	−3,252	−869	−6,124	−3.63%
東大和市	79,978	6,184	−883	−1,590	−376	−2,849	−3.56%
中央区	95,083	43,005	1,668	3,662	5,892	11,222	11.80%
千代田区	43,210	13,663	815	1,546	2,260	4,621	10.69%
港区	172,237	68,348	2,316	4,951	8,728	15,995	9.29%
新宿区	273,842	53,870	5,380	4,598	6,611	16,589	6.06%
台東区	159,100	30,695	2,268	2,511	4,453	9,232	5.80%
豊島区	235,242	40,265	3,505	3,520	6,143	13,168	5.60%
荒川区	177,216	31,871	2,078	1,087	4,159	7,324	4.13%
墨田区	225,100	33,323	2,758	1,754	4,072	8,584	3.81%
文京区	178,324	29,089	647	1,725	3,993	6,365	3.57%
江東区	407,908	86,044	258	−90	9,262	9,430	2.31%
品川区	332,565	39,512	−1,331	249	6,248	5,166	1.55%
渋谷区	194,747	22,261	−2,496	1,174	3,990	2,668	1.37%
北区	316,202	21,882	101	−297	4,166	3,970	1.26%
中野区	297,402	19,223	−1,474	819	3,426	2,771	0.93%
目黒区	246,458	23,231	−3,536	738	3,720	922	0.37%
板橋区	506,411	37,761	−3,860	−4,957	3,747	−5,070	−1.00%
小金井市	109,002	8,425	−902	−495	190	−1,207	−1.11%
大田区	655,975	51,480	−946	−7,733	1,393	−7,286	−1.11%
杉並区	513,977	33,188	−7,176	−2,842	3,512	−6,506	−1.27%
武蔵野市	132,515	9,623	−2,657	−839	919	−2,577	−1.94%

(5)「田舎暮らし」も不動産の流動性を悪くする

　定年退職したシニア世代が、そば打ちや畑仕事などのスローライフができる地に、こだわりの「終の住処」を購入したとする。元気なうちはよいが、老後は夫婦のどちらかが病気になったり、亡くなったりする等、想定外のことがいくらでも起こる。そんなとき、病院が近くにない場所に高齢者が住み続けることは困難だ。スローライフの地は、中山間地域に近い地方と相場が決まっている。そのような不動産は換金性が低い。そこに余生の貯蓄を投資してしまえば、全く身動きが取れない状況になる。夫婦どちらかが病気になっても、家を売却し換金できれば、病院の近くに住み替えることもでき、高齢者施設に入居する一時金などにも活用できる。家を貸し出して、便利な都会や子供世帯の近隣に住み替えることもできる。換金性の高い住宅を所有しておくということは、老後の選択肢を多く残すことと同義。田舎暮らし、スローライフが不動産の流動性を悪くする要素にもなっている。

(6) 惑わされてはいけない「ユニーク層の一般化」

　国立社会保障・人口問題研究所の「日本の将来推計人口」予測。2100年の人口予測が、平成14年1月発表時には中位推計で6,414万人だったものが、平成18年12月推計では4,771万人と大きく下方修正されていた。前にも豊島区の件で触れたが、元総務相の増田寛也東大客員教授らが2040年には全国896の市区町村の半分が人口減により消滅の危機を迎えるとの予測をまとめた。日本には1,740ほどの市区町村があるので、単純に計算して2つに1つが消滅の危機を迎えるということになる。我々が生きてきた「人口増加」「家不足」「成長産業とインフレ」時代では、人口動態など考えなくても、不動産で資産を著しく損なうことは、バブル崩壊以外考えにくかった。しかし、これからは、人口動態を考慮しない不動産購入は、資産を大きく毀損する可能性が高い。

　ある首長のレポートの抜粋。『「定住促進」もお勧めできない。メディアは盛んに地方を目指す若者が増えていると報じるが、意識が高いユニークな層の動きを一般化させて見せるのはメディアの常套手段だ。話題になっ

た2013年の毎日新聞と明治大学の共同調査。2009年から13年にかけて3,000人が8,000人、（移住者が）3倍近くになったということで話題を呼んだが対象の自治体が1,000程度なので1自治体平均で8人程度人口が増えただけ。これを焼け石に水と呼ばずして何と呼ぼうか。』

　二地域居住や地方移住、空家再生に空家リノベーション、数が延びているという報道もあるが、まさに「ユニーク層の一般化」だ。この、メディアが取り上げたがる「ユニーク層の一般化」に惑わされてはいけない。一部の特殊な事例に過ぎない。この首長は、「地方創生」ではなく「地方消滅」で行こうとまでいう。創生は耳障りの良い言葉だが、我々にそんな悠長な時間は残されていない。一刻も早く「消滅させる街を選択」していくことが求められている。ただ厄介なのが、これらを推進するのは各地方の議員や行政マンである。「わが町は消滅します」とは、口が裂けてもいえないだろう。1つの自治体が創生すれば、周辺の3～4の自治体はなくなるわけで、いわゆる合成の誤謬に陥らないようにしなければならない。全体を俯瞰して判断でき、行政職員や議員ではない、利害関係のない人々が俯瞰して検討しなくてはいけないのかもしれない。

（7）域内均一のインフラ使用料が田舎暮らしを許容する

　名古屋大学林教授のレポート。愛知県下のインフラの年間維持費の話だが、名古屋市とその周辺の場合、中心部の年間の平均維持費用は1人当たりおよそ16,000円。一方、郊外の中には80万円近くかかる場所があることが分かった。今後さらに郊外の人口減少が進むと、中心部と郊外の維持費用の格差は最大180倍にも広がると林教授は指摘する。積極的にスローライフを選択し、郊外に居住する人もいるが、それは高額なインフラ維持費を都市部居住者に負担してもらって成立しているという自覚と、贅沢なことであるという認識が必要だ。インフラコストは受益者負担となれば、地方移住者は激減するだろう。あえて田舎のど真ん中で暮らさなくても、そもそも日本の国土の7割は中山間地域。車で30分も走れば、自然豊かな場所に到着する。

　1999年には3,232だった自治体総数は、平成の大合併を経て2014年時点

で1,741団体だ。インフラ使用料は、自治体ごとに変わってくる。なので、過疎化が激しい町や中山間地域を合併することになるとインフラの維持費は高くなる傾向にある。ちなみに、財政破綻した夕張市の水道料金は6,852円／月、神奈川県鎌倉市は3,371円／月、東京都中野区は2,764円／月と、鎌倉市の2倍、中野区の3倍近くにもなっている（口径：20mm／使用料：20㎥の月額〈平成26年〉）。スローライフをするつもりで畑を始めても、おちおち水も撒いていられない。インフラの受益者負担が鮮明になると、現実を直視せざるを得なくなる。

(8)「中古住宅は新築を買えない人が買うもの」の誤解

　不動産事業者も消費者も、「中古住宅は新築を買えない人が買うもの」と考えている人はいまだに多い。もちろん、過去・未来においても、与信力が低く、新築を買いたいがやむを得ず中古住宅を選択する人はいるだろう。しかし、これからの既存住宅流通活性化市場において中心的な顧客は、新築も購入可能だが「あえて中古住宅」を選択する層だ。

　日本人は、自らのライフイベントを軸に、立地も内装なども趣味嗜好を凝らす。一生で1回の買い物だと考えているからだ。欧米諸国では「不動産は売却するもの」という考えが定着しているため、売却のことを考えずに購入することはないと聞く。その結果、日本では「新築か中古」のような趣味嗜好での判断を優先させるが、諸外国では「資産価値が下がりやすい物件か資産価値が下がりにくい物件か」という判断基準が先行し、資産価値が安定している不動産を選ぶことになる。資産価値の安定感から考えると、昔から栄えている街ということになり、そのような街には新築を立てるような余地は残っていない。だから中古住宅を選択することになる。日本でも、バブル経済崩壊までは新築でも中古でも、住宅の価格が下がることはなかった。しかし、バブル崩壊後、家が余り、人口減少が始まり、消滅する街が出てきている今日、バブル崩壊前と同じ感覚で家を購入していてはリスクが高いといえる。自らのライフイベントだけでなく、空き家になってもすぐに借り手・買い手が見つかる街、人口が減少しない、しにくい街、仕事があり多世代が循環して暮らしている街、このような視点を

もって住宅選びをしなければ、資産の減価は抑えられないだろう。中古住宅は新築が買えない人が買うものではなく、資産を持っているからこそ、その保全のためにも中古住宅が合理的である、という認識が消費者の間にも既に広まり始めている。

（9）既存住宅は必ず流通活性化する

人口減少、家余り、このような環境を考えただけでも、既存住宅流通活性化しか選択肢がないが、この「資産価値が下がりやすい物件か資産価値が下がりにくい物件か」という判断基準について、消費者の認知が進めば、必ず既存住宅流通活性化するだろう。しかし、建築業界や不動産業界がいまだ新築偏重であるため、このようなメッセージを伝えるプロが少ないことが、既存住宅流通活性化が遅れている最大の原因かもしれない。

2　中古住宅・リフォーム業界の現状

（1）中古住宅・リフォーム市場のビジネスモデル

不動産業界における中古住宅・リフォーム市場のビジネスモデルとして、大きく分けて3つのモデルが存在する。①「買取再販型」、②「仲介・リフォームワンストップ型」、③「仲介・リフォーム連携型」である。どのモデルも一長一短ではあるが、以下に各モデルの特徴を列記する。

（A）買取再販型

中古住宅・リフォーム市場の草創期にまず登場したのがこの買取再販型のモデルである。戸建て住宅を取り扱う事業者は少なく、マンションが中心だ。戸建て住宅が少ない理由は、「仕入れの難しさ」「引渡し後のリスクが高い」「構造の知識が必要」等があげられる。一方で、マンションは、構造のトラブル等は区分居室ではなく共用部の問題のため、その責めを負うリスクが低く、また、建築の知識や技術がなくとも内装リフォームが容易であることが特徴である。

資金さえあれば参入が容易なため、参入者が多く、都市部において良い仕入れをすることは徐々に困難になってきている。偶然回ってきた良い条件の物件のみ対応するのであれば問題ないが、本事業を事業の中心にすると、仕入れの目標を設定せざるを得なくなるので、無理な仕入れによる収益悪化や在庫期間の長期化が大きなリスクとなる。

　最近は大手デベロッパーもこの買取再販型ビジネスに乗り出している。自ら分譲し、管理も行っているので、顧客情報や物件の管理状況など多くの情報を持っている。大手デベロッパーは情報の上流であるがゆえに、このマーケットでの優位性は揺るぎないものがある。競売物件を中心に戸建て住宅を取り扱う事業者も存在するが、こちらも仕入れの優位性が必要なため、過当競争になっていないエリアに営業地域を順次移動させることになる。コスト削減のため、リフォーム内容も表層リフォーム程度が多く、耐震改修工事などに取り組む事業者は全くといってよいほどない。

　なお、マンションの場合でも仕入れコストの安い旧耐震基準のマンションが多い。低いコストで、高く販売することで成立するビジネスモデルのため、参入障壁は低いが、情報の優位性がないとビジネスの継続性はあまりないと考える。

(B) 仲介・リフォームワンストップ型

　買取再販売型の後に続いて登場しているのがこの仲介・リフォームワンストップ型である。地方では、不動産仲介手数料だけでは経営が厳しく、以前より、建設業も並行して手掛ける不動産事業者が多く存在している。このような地方事業者を中心に、不動産仲介からリフォームまでを自社でワンストップ対応する業態である。買取りの資本や在庫のリスク等もないので、比較した3つのビジネスモデルの中では最も取り組みやすいモデルかもしれない。

　現在の不動産市場では、売主から売り物件の媒介を預かり、その情報をポータルサイトに掲載したり、チラシで告知したりするなどして、物件の反響として初めて住宅購入予定者を発見することができる。しかし、新たに不動産事業に参入した事業者は、売り物件の媒介を預かることが難しい

図表4 同じ3,000万円を使っても、不動産とリフォームにかける費用で事業者の利益が違う

3,000万円の予算の場合

リノベーションに軸足を置くと	
リフォーム 1,500万円	1,500万×30% 450万円が利益
不動産価格 1,500万円 （資産）	1,500万×3%+6万 51万円が利益

合計501万円が利益

不動産に軸足を置くと	
リフォーム 300万円	300万×30% 90万円が利益
不動産価格 2,700万円 （資産）	2,700万×3%+6万 87万円が利益

合計177万円が利益

不動産にお金をシフトしたほうが資産減価を抑制しやすい

ため、住宅購入予定者の発見も困難だ。そこで、多くの事業者はリフォームのデザインに特徴をもたせ、リフォームのデザインをPRすることで住宅購入予定者との接点を設けている。

前記した買取再販型は自らが売主であるためセールス型のビジネスモデルとなるのは当然だが、ワンストップ型も「リフォームを請け負うための不動産仲介」となっているケースが多く、セールス型のビジネスモデルである。その結果、リフォームを伴わない物件をあっせんすることは少なく、リフォーム金額が高くなるのが特徴だ。例えば、3,000万円の予算の場合、1,500万円の物件を買って1,500万円のリフォームをしても、2,700万円の物件を買って300万円のリフォームをしても、購入者にとっていずれも3,000万円の支出となる。しかし、ワンストップ事業者にとっての手残り（粗利）は全く違ってくる。リフォーム請負時の平均的な粗利益は30％程度である。2,700万円の物件を買って300万円のリフォームの場合、事業者の粗利益は仲介手数料とリフォーム粗利で最大177万円だが、1,500万円の物件を買っ

て1,500万円のリフォームをした場合、約500万円の粗利となる（図表4）。耐震改修工事など構造のリフォームであればまだしも、内装リフォームでは不動産価値は向上しない。マンションリフォームは内装だけなので資産価値向上は見込めない。対して、消費者はリフォームよりも不動産にコストをかけたほうがリセールバリューを維持しやすくなる。多額のリフォームを請け負いたいリノベーション事業者と資産価値維持を考える消費者は利益相反関係である。

（C）仲介・リフォーム連携型

仲介・リフォーム連携型のビジネスモデルはまだ少ないが、買取型・ワンストップ型がセールス型のビジネスモデルだとすれば、仲介・リフォーム連携型はエージェント型のビジネスモデルである。顧客と同じ目線で玉石混交の不動産の中から玉を探し出す共同作業を担う。エージェント型の大きな特徴は、顧客が判断に必要な情報を収集し、情報提供するところだが、中でも顧客に対してネガティブ情報も積極的に開示するのは大きな特徴といえる。

なお、アメリカの不動産業界において、不動産営業担当を「エージェント」と呼称し、このエージェント型のビジネスモデルが主流だ。既存住宅流通活性化へとマーケットが変遷していく中で、都市部など、不動産の流動性の高いエリアについては、この仲介リフォーム連携型がこれからのスタンダードになると考える。

（2）リフォームには趣味のリフォームと資産価値維持向上のリフォームがある

（A）自分にとって100点のリフォームは他人にとって0点

他人が評価できないリフォームは、いざ売却する際には価値にならないどころか、敬遠されてしまうリスクさえある。最近は、こだわりのリノベーションを提案する事業者も増えてきており、消費者の意識もこだわりのリノベーションに向けられがちだ。もちろん、こだわりのリノベーションは悪くはないが、こだわればこだわるほど費用が高額になるうえ、他人が共感

しにくい家になる。例えば、流行りのカフェ風リノベ。内装を全てはがし、コンクリート打ちっ放しのスケルトンに、カウンターテーブル。30代の若いDINKSならまだしも、子育て世代や高齢者には居心地の悪い空間かもしれない。自分にとっても、他人にとっても70点、そういう汎用性の高いリフォームが不動産の流動性を高める。

　ある経済評論家の話。「欧米の人は家をリフォームして、買ったときよりも高く売るのが一般的。彼らは住宅をハコとしてとらえ、リフォームする際にも標準的な間取りにして、流通しやすいように工夫する。一方、日本ではテレビ番組でよく紹介されるように、その時の家族構成やライフスタイルに合わせてカスタマイズし過ぎた家を作るため、流通価値がなくなってしまう。」なるほど、一理ある。

（B）室内の雰囲気はインテリアと住宅設備で決まる

　部屋全体の雰囲気や色味は、まず「壁紙」で決まる。壁紙はそもそも消耗品なので、強く個性を出しても問題ないだろう。さらに、床や建具といった住宅設備で基本的なテイストは決まる。でも、一般的には「白は爽やかなイメージ」「濃い茶色の落ち着いたイメージ」「薄い茶色のナチュラルなイメージ」「黒が基調のモダンなイメージ」「純和風」この5つが基本。それ以外に「青が基調の海のイメージ」「緑が基調の山や自然のイメージ」「ピンク等ビビッドな色が基調のポップなイメージ」等あるが、室内の雰囲気は「壁紙」「建具」「床」の色で決まる。そして、部屋のアクセントになるのがインテリアだ。テーブル・ソファー・ラグマット・照明・家電等、ベースの雰囲気にアクセントが加わる。

　これらの提案はインテリアコーディネーターの仕事であり、建築事業者の本分とは少し違う気がする。それでは、リフォーム事業者が担うべきデザインとは何か？　それは、「構造のデザイン」や「造作」かもしれない。据え付けの家具や収納、手作りキッチンなど、大工や木工家具職人の腕の見せ所。しかし、造作を増やせば増やすほどコストがかさみ、売却の際には壊すことも多くなる。

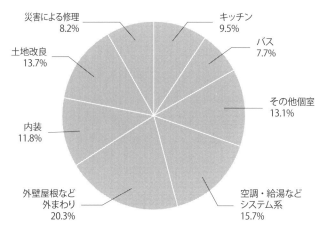

災害による修理
8.2%

キッチン
9.5%

バス
7.7%

土地改良
13.7%

その他個室
13.1%

内装
11.8%

空調・給湯など
システム系
15.7%

外壁屋根など
外まわり
20.3%

（資料提供）Craig Webb（『Remodeling』誌編集長）
（資料協力）藤井 繁子氏（SUUMOジャーナル）

（C）リフォームは主張が強くなり過ぎないほうが資産価値が維持され
やすい

　壁紙はいずれにしても張り替えるので自由に遊んでもよいが、キッチン・
お風呂・トイレ・扉・床などの住宅設備はスタンダードなものがよいだろ
う。前述のとおり、部屋の雰囲気はインテリアで決まる。そのインテリア
を撤去したら強い個性が残らない、そのようなリフォームが汎用性を高め
る。汎用性が高くなくてはいけない「賃貸物件」や「ホテル」等がまさに
その模範だろう。壁紙をはがし、家具を移動したら個性を主張しない空間
にしておくことが肝心だ。自分のためのリフォームと売却を考えたリ
フォームは、そもそも根本的な発想が違うことを認識しておく必要がある
だろう。

（D）資産価値を考えたリフォームをする米国

　図表5は、アメリカのリフォーム部位別シェア。自分のためにする内装、
その他個室リフォームは合算してもわずか24.9％。それ以外は設備の更新
や外観のブラッシュアップなどで、リセールバリューを考えたリフォームを

実施することが特徴だ。自分のためだけにリフォームをしている日本とは大きく違う。

（3）周辺事業者との連携とエージェントとしての不動産事業者の役割

　既存住宅流通市場においては、不動産事業者は顧客とのインターフェイスとなり、インスペクション事業者、保険法人、アフターサービス提供事業者、金融機関、司法書士、不動産鑑定士等の周辺事業者との連携を調整する能力が必要になる。具体的に、どのような連携が必要になってくるか、取引の流れに沿って検証してみる。

（A）物件売却（売主）
物件売却時は売主と以下の事項を行う。
①不動産事業者に物件の売却について媒介を依頼する。
②不動産事業者は媒介契約書の中に建物状況調査（インスペクション）[1] のあっせん有無について表示する。
③売主からの要望で建物状況調査（インスペクション）を実施する場合、その手配は不動産仲介事業者が担う。
④建物状況調査（インスペクション）の結果に基づき、土地と建物の価格査定を行う。
⑤建物状況調査報告書付きの物件として、買主を募集する。

（B）物件購入（買主）
物件購入時は買主と以下の事項を行う。
①従来の物件情報および物件価格だけではなく、売主から開示されている建物状況調査（インスペクション）の内容なども確認し物件の選定を

---

1)　建物状況調査（インスペクション）の担い手はその多くは、住宅瑕疵担保責任保険協会の認定する「既存住宅状況調査技術者」が担う。各法人や物件規模によって違いはあるものの、現況検査費用は5万円前後である。この費用は、売主が売却のためのコストとして負担するのが一般的になると考える。既存住宅状況調査技術者が実施する現況検査は、瑕疵保険の付保と連動しており、購入者は現況検査の結果に基づいて必要に応じて是正工事を行い、保険を付保することになる。この「検査と保険が一体」になった一連の流れがこれからの標準となる。

進める。

②売主からの情報開示がない場合、または現在のような制度の過渡期は、買主主導で検査することが多い。築20年を超える木造住宅は、建物の価値を価格に反映していない場合が多く、建物の瑕疵については免責とされることも多い。この場合、買主の費用負担で検査が進むことになる。

③建物状況調査（インスペクション）と同時に、瑕疵保険付帯のために是正工事を伴う場合には、是正工事の費用を要する。また、同時にリフォームを行う場合にはリフォームの概算費用についても見積りを行う。

④買主は、売主から開示されている情報と自らが手配して得られた情報、不動産価格の妥当性、リフォームのコスト等を勘案しながら購入を決断する。

⑤購入を決断したら、金融機関への融資の打診となる。ポイントは、住宅購入資金だけでなく、リフォーム資金についても一体で融資が可能か否かである。

⑥融資承認が下りれば、売買契約締結となる。

⑦売買契約締結後、引渡しまでの時間で、さらに詳細なリフォームの仕様決定や、必要に応じて瑕疵保険付帯の手続や耐震基準適合証明書発行の手続を行う。

⑧住宅ローンが融資実行され引渡しが完了すると、瑕疵保険付帯のための是正工事や、耐震基準適合証明書発行のための耐震改修工事、リフォーム工事に着工することになる。

⑨融資の実行形態は金融機関によって様々であるが、多くは以下の3つとなる。

　Ⓐ引渡し時一括実行　住宅購入費とリフォーム費用を引渡し時に一括実行し、リフォーム費用については購入予定者の引出しが不可能な預金口座などに振り込むケース。

　Ⓑ分割実行　引渡し時には住宅購入費を、リフォーム完工後にリフォーム費用を分割実行するケース。現在は一般的ではないが、最

も望ましい形と思われる[2]。

ⓒリフォーム完工後一括実行　独立行政法人住宅金融支援機構のフラット35を利用する場合はこのケースとなる。引渡し時は、つなぎ融資が実行される。そのため、つなぎ融資の事務手数料、つなぎ融資の金利、仮登記の費用などが必要になる。

⑩リフォーム完工後、瑕疵保険の付保、耐震基準適合証明書の発行等の手続を行う。

⑪入居後、瑕疵保険の付保証明書の受領、住宅ローン控除手続を行う。

（C）不動産事業者の役割

　これらの手続は、不動産仲介事業者が必ず担わなくてはいけないものではなく、消費者に告知をしなくとも宅地建物取引業法違反に問われることはない。しかし、購入予定者にとっては特に重要なプロセスばかりだ。既存住宅流通を活性化するといっても、人生で3〜5回程度の自宅購入のたびに、消費者自ら正確な情報把握をしなければならないのではハードルが高い。それらの情報提供・手続手配などを行うのがまさにエージェントの役割だ。残念ながら現在は、業務量が増えても報酬が増えないこともあり、不動産事業者はこれらの取り組みに消極的だ。しかし、これからはこのような手配のできる不動産事業者こそが消費者から選ばれるようになるはずである。物件紹介業はもはやネットの仕事であり、不動産事業者はこのような積極的な情報開示と、連携事業者とのインターフェイスの役割が重要になってくる。

---

2)　中古住宅を購入してリフォームする場合、リフォームの施工期間があるので、引渡しを受けても入居できないという期間が発生する。この場合、購入者は現在の住居に引き続き住み続けることになるが、現在の住居が賃貸住宅の場合は住宅ローンと賃料の二重払いになること、現在の住居を売却して購入する場合は、現在の住居の引渡しがずれ込むことをスケジュールに織り込んでおく必要がある。

3 実務者の視点で考える 既存住宅流通市場のあと一歩の整備

(1) 整備が進んだ既存住宅流通市場

　平成30年4月より、建物状況調査に関する事項の告知が義務化される。私が既存住宅流通に携わるようになった8年前と比較すると、健全な既存住宅流通のための様々な施策が実行に移された。この8年で実現したことをいくつか列挙してみると、

　①中古住宅向け瑕疵保険のリリース（既存住宅売買瑕疵保険）

　②既存住宅売買瑕疵保険の引渡し後是正工事を許容する特約

　③引渡し後の耐震改修工事で、耐震基準適合証明書による住宅ローン控除の築後年数要件緩和

　④割賦販売法との整理が未解決ではあるが、住宅ローンとリフォーム資金の一括融資

　⑤レインズにおけるステイタス管理

　⑥売主限定だが、一般消費者によるレインズへのアクセスの許容

　⑦まだ社会実験段階だが、IT活用による重要事項説明

　⑧情報ストックシステムの仮運用開始

　⑨既存住宅インスペクション・ガイドラインの発表

　⑩住宅リフォーム事業者団体登録制度の開始（リフォーム瑕疵保険付保義務付け）

　⑪既存住宅現況検査（状況調査）技術者講習会の開催

　⑫価格査定マニュアルの改訂

　⑬建物状況調査に関する事項の告知が宅建業法で法制化

　他にも多くの取り組みが形になっており、枚挙にいとがまない。不十分だという声も聞くが、個人的には、これだけ保守的な業界において、この短期間でよくここまで整備したなという感じである。せっかく整備されてきた環境でもあるので、しっかり運用され、健全な既存住宅流通活性化を実現したい。実務者の視点から、あと一歩、整備が進んだらさらに施策の

推進になるのではないかと思われることについて、挙げていきたい。

（2）売買契約に「建物状況調査特約」

平成30年4月に義務化される建物状況調査に関する告知は、

①媒介契約時に売主に対して建物状況調査事業者の斡旋の有無を明示

②重要事項説明書に、建物状況調査報告書の有無を表示し、有りの場合は概要を説明

③売買契約締結後に交付される37条書面の中に、専門的な第三者による調査結果を重要事項として買主に説明した場合には記載

となっている。これら、規定された建物状況調査は全て「売主が建物状況調査を実施し、作成した報告書」を前提としている。売主及び売主の仲介会社が建物状況調査について理解があれば、売主が調査費用を負担して建物状況調査報告書が作られ、買主に開示されるというプロセスにもなるだろう。しかし、築20年を超えるような木造一戸建て住宅は、そもそも建物の価値を売却予定価格に織り込んでいない場合も多く（土地情報で古家ありと表示されることも多い）、売主及び売主仲介会社としては、中古建物を売却しているという意識自体が希薄である。そのような環境の中、売主及び売主仲介会社として建物状況調査報告書を作成する能動的な動機はあまり見いだせない。

当社で仲介する木造一戸建ての案件の場合、売主側での建物状況調査報告書の提示は過去において一度も事例がない。売主からの提示はないが、ほとんどの買主は建物状況調査を有償でも実施し、当該建築物に致命的な欠陥などがないか確かめたいという顧客ばかりだ。また、もし売主側で建物状況調査を実施し、その報告書が存在していたとしても、買主はその報告書の真偽を自身で確認したいに違いない。売主側からの建物状況調査報告書の提示の有無にかかわらず、買主側からのニーズが顕在化している実態があることを知ってほしい。しかし、買い付け申し込みが複数入っているような物件の場合、建物状況調査の希望を売主仲介事業者に伝えると、「調査せずに満額で購入を決断できる顧客が他にいる」等といわれ、やむを得ず売買契約締結後に建物状況調査をすることも少なくない。これでは、

買主が購入判断材料として建物状況調査を活用することができない。

　アメリカの不動産取引においては、売買契約締結後、一定の条件を満たさなければ契約が解除できる、コンティンジェンシー期間（Contingency Period）が14日程度取られると聞く。いわゆる建物状況調査を実施するInspection Contingency、住宅ローンが成立するか否かのLoan Contingency、不動産価値を判断するAppraisal Contingencyの3つが行われているそうだ。日本も、売買契約の解除条件として「住宅ローン特約」や「買い替え特約」等の特約がつけられる場合が一般的だ。しかし、建物状況調査の結果に基づいて、契約解除の条件にするような「建物状況調査特約」のようなものはない。建物状況調査報告書の普及のためにも、買主側からの要請があれば必ず建物調査を実施できるような仕組みが必要だ。

　買主の顕在化しているニーズを確実に実行に移すことができれば、既存住宅流通時に建物状況調査が普及し始め、最終的には売主側からの建物状況調査報告書の開示へとつながっていくものと思う。ぜひ「建物状況調査特約」付きの売買契約を普及させたい。

（3）既存住宅売買瑕疵保険の個人間と宅建業者の区別

　平成28年3月に発表された住生活基本計画の成果指標において、既存住宅流通市場における瑕疵保険の付保率を2013年現在5％のものを2020年には20％に引き上げるという意欲的な目標が掲げられている。平成26年1月末現在、既存住宅売買瑕疵保険「宅建売」の証券発行件数は4,085件、「個人間」は533件というレポートがある。全取引量から考えると、既存住宅売買瑕疵保険の利用は低調であるといわざるを得ない。しかも、宅建売より圧倒的な流通量のある個人間売買での保険の付保率が宅建売の1/8であるのは、個人間売買での保険付保はほとんどないに等しいのだろう。ちなみに、平成23年に利用が増えているのは、「既存住宅流通・リフォーム推進事業」における補助金を受ける要件に既存住宅売買瑕疵保険が含まれていたためである。なぜ、利用が進まないのであろうか？

　不動産業界でよくいわれることとして、「瑕疵保険は顧客が不要だという」という話がある。しかし、当社で、中古一戸建てを仲介した顧客で、

図表6　中古住宅・リフォームにかかる瑕疵保険の証券発行件数

補助事業の効果

(年度)

	認可日（※）			H22	H23	H24	H25	H26(1月末まで)
リフォーム瑕疵保険	H22.3.18	件数		8,853	3,064	2,494	2,327	1,995
大規模修繕工事瑕疵保険	H21.12.18	棟数		65	234	454	604	455
既存住宅売買瑕疵保険（宅建）	H21.12.18	戸建	戸数	806	1,141	629	917	1,612
		共同	棟数	65	229	150	280	1,665
			戸数	814	1,193	1,130	1,311	2,473
		合計	棟数	871	1,370	779	1,197	3,277
			戸数	1,620	2,334	1,759	2,228	4,085
既存住宅売買瑕疵保険（個人間）	H22.3.8	戸建	戸数	128	393	224	266	437
		共同	棟数	3	71	11	27	44
			戸数	58	784	11	66	96
		合計	棟数	131	464	235	293	481
			戸数	186	1,177	235	332	533

補助事業の効果

※認可日…最初の保険法人が保険商品の認可を受けた日。
（出所）国交省住宅瑕疵担保履行制度のあり方に関する検討委員会報告書（資料集）平成27年3月

瑕疵保険を案内すると、ほぼ全員が瑕疵保険を付保する。推測でしかない（ほぼ確実だとも思っている）が、個人間売買において既存住宅売買瑕疵保険の付保が進まないのは、仲介事業者の理解不足で顧客に案内されていないこと、顧客が存在を知らないという告知不足であるという点が大きい。平成30年4月からは建物状況調査に関する告知が義務化されることで、事業者の理解や、消費者の認知が飛躍的に進むことを大いに期待したい。

　平成26年末までに、保険事故として報告があった件数が3,261件、うち1,844件が保険事故として確定したそうだ。多くは新築住宅だと思われる（内訳不明）。新築事業者や既存住宅売買瑕疵保険の宅建売を付保する事業者は、建築や不動産の事業者となる。自ら供給して、自ら保険を付保するので、リスクヘッジのニーズが顕在化している案件である。例えば、買取

再販売事業者等は、劣化などがあっても、悪意を持って壁体内に隠してしまえば保険が付保される可能性は高く、引渡し後に瑕疵を発見した場合、発生時期の予測が困難なこともあり、保険金の払い出しが行われるという事例は少なからずあるのではないか。それに対して、既存住宅売買瑕疵保険の個人間は、検査を実施する者に、被害を隠す能動的な理由は全くなく、それどころか、検査不足などの責任を問われるリスクがあるため、より正確な診断が行われる可能性が高いと思われる。新築に比べて、既存住宅のほうが事故率が高いという報告があり、既存住宅売買瑕疵保険の付保について、保険法人もあまり積極的ではないというような話も耳にするが、個人間と宅建売の発生確率を分けて発表すると、個人間での事故発生確率は宅建売を大きく下回るのではないだろうか？

　前述のとおり、中古一戸建て購入者に対して当社では既存住宅売買瑕疵保険の付保が進んでいるわけだが、既に保険の払い出し案件が複数件発生している。しかし、保険金の払い出しがスムースでなかったり、払い出しされなかったりという案件が出ているのは、瑕疵保険を紹介する立場としては、非常に困った事態に陥る。購入顧客には当然悪意などを反映させることができるわけでもなく、瑕疵保険を付保する意味があったのかと、問い詰められることもしばしばある。保険料も含め、事故の払い出しなどについては、個人間と宅建売では区別をしてほしい。

（4）不動産情報以外で購入予定者を発見する方法の確立

　不動産業界で以前から言われている問題として「両手仲介問題」がある。利益相反関係にある売主と買主の媒介を同一人物が行うことで、顧客に背信的になる可能性が高いという問題だ。もちろん、このような倫理にもとる行為は、決して許されるべきものではない。しかし、業界の構造にも問題があるかもしれない、ということを挙げておきたい。

　不動産業を始めるときは「まず物上げ」という、売り物件の媒介を預かることから始めるのが一般的となっている。どの不動産会社も、FC本部も物上げに躍起だ。売り物件を預からなくてはいけない理由の1つとして、「物件情報がないと購入顧客を見つけられない」という、業界のビジネスモ

デル体質がある。購入予定顧客は、不動産情報を新聞折り込みや、不動産情報ポータルサイトなどに広告掲載することで、物件の問い合わせとして購入顧客との出会いができるのが一般的だ。物件情報での集客ということになるので、未公開物件や特殊物件情報が重宝され、ポケットリスティングの温床にもなっている。営業マンの知識・スキル向上よりも、独自の物件情報取得のほうが優先されている状況では、人材育成の観点からも決して好ましいことではない。

　住宅購入予定者の発見に、物件情報によらない方法が確立しないと、両手仲介やポケットリスティングの問題なども解決しないのかもしれない。売り物件を預からなくとも、優秀な不動産事業者、優秀な営業マンがマーケットの中から適切にピックアップされるような仕組みを作る必要性を強く感じる。

（5）重要事項説明書の事前確認について

　重要事項説明書は、購入予定者に告知すべき事項が定められ、宅建士が面談のうえ、購入予定者に説明することになっている。そこまでするのは、まさに「重要事項」だからである。重要事項説明書の作成は、売主の仲介事業者が作成する場合が一般的である。しかし、売買契約が成立する以前に重要事項説明書を作成すると、顧客から報酬が得られないのに重要事項説明書を作ることになる。手間をかけて重要事項説明書を作成したのに、他社で成約してしまうリスクを嫌ってか、売買契約日が確定してから重要事項説明書を作成する事業者も少なくない。しかも、この重要事項説明を購入予定者に説明するのは売買契約日の売買契約手続きの直前に行われるのが常態化している。本来、重要事項説明ということであれば、購入予定者は、宅建士から直接説明を受けないまでも、重要事項説明書を事前に受け取り、その情報を踏まえたうえで購入判断をするのが当然だ。建物状況調査報告書の活用も重要だが、かねてより実施されている重要事項説明書について、購入判断材料として適切に住宅購入者に開示される具体策が必要だ。

（6）ワンストップ建築士の要請と情報開示

　宅建業法で告知することになった建物状況調査報告書の作成は、建築士が担うことになる。しかし、建物状況調査ができても、耐震診断ができない。耐震診断ができても、フラット適合証明技術者になっていないなど、不動産流通時に必要なスキルを全て身につけている建築士は少ない。不動産流通市場において必要な資格やスキルを以下に列挙する。

　①既存住宅状況調査技術者

　　いわゆる建物インスペクションの担い手である。住宅瑕疵担保責任保険協会が実施する同講習会は、「検査と保証が一体」となって建物状況調査が行われる点がポイント。

　②耐震診断および改修設計のスキル

　　耐震診断というと、財団法人日本建築防災協会が示している耐震診断手法を用いるのが一般的だ。同手法に基づいて耐震性を判断し、その診断結果に基づいて合理的な設計ができるスキルが身についている人材が必要だ。瑕疵保険付保の際、昭和56年6月以前の建築確認の場合、耐震診断を実施し、耐震性が担保されていることを確認しなければならない。その際に必要となってくるスキルである。

　③耐震基準適合証明書の発行スキル

　　旧耐震基準の物件の瑕疵保険付保の際や、築20年を超える非耐火構造の場合、住宅ローン控除の築後年数要件の緩和のために、耐震基準適合証明書が必要になる。耐震診断・改修設計のスキルはもちろん、証明書発行業務は「建築士事務所に所属する建築士」に認められているため、この建築士事務所所属か否かという確認が必要になる。

　④フラット適合証明技術者

　　住宅購入の際に住宅金融公庫のフラット35を利用して融資を受ける人がいる。この場合、対象物件がフラット35の融資条件を満たす建築物か否かを判定し、条件を満たす場合には、フラット適合証明書の発行をもって融資を受けることができるようになる。

　⑤各種補助金の利用手配ができるスキル

　　例えば、耐震診断や改修工事に補助制度を持っている自治体は多い。

各自治体別に制度が違うため、その地域の自治体の制度を把握しておく必要がある。また、自治体によっては、登録されている建築士を要件としているところもある。また、長期優良化リフォーム推進事業、住宅ストック循環支援事業、住まい給付金、住宅省エネリノベーション促進事業等など、各種補助金の要件、手続きを理解している建築士でないと、補助金を受けることは困難である。

⑥建設業の許可

建築一式工事以外の建設工事については、工事1件の請負代金の額が500万円未満の場合は建設業の許可が不要となっているが、当然、許可を取得しているに越したことはない。

⑦瑕疵保険検査会社登録

瑕疵保険の検査を実施するには、各瑕疵保険法人に検査会社としての登録が必要となる。

（7）住宅の耐震性に関する不動産事業者の意識向上

平成28年4月に発生した熊本地震。旧耐震基準の住宅のみならず、新耐震基準の住宅も倒壊した。図表7は、木造住宅とRC造の建物の被害状況である。

これを見ても明らかなとおり、旧耐震基準の住宅に被害が集中している。地震大国日本において、不動産流通時に耐震性の確認の必要性やその性能の担保は論を俟たない。ちなみに、2016年は3回目の住生活基本計画の見直しの年にあたり、同年3月に新たな住生活基本計画が閣議決定された。その中には、耐震基準（昭和56年基準）が求める耐震性を有しない住宅ストックの比率を2013年では18％存在するものを2025年には解消しようという非常に意欲的な目標を掲げている。

昭和56年6月以前の旧耐震基準の物件の場合、「重要事項説明」において、耐震診断書の有無を記述し、取引関係者が認識できるようになっている。しかし、耐震診断を受診している家屋にもかかわらず、その診断結果が基準を下回っているため、「耐震診断書なし」と表記されている案件が多いと聞く。診断結果が悪いということは、倒壊の危険が高いだけでなく、

木造	~1981.5		1981.6~ 2000.5		2000.6~		時期不明		計	
無被害	31	4.4%	167	20.9%	134	55.4%	79	40.3%	411	21.2%
軽微・小破・中破	322	45.9%	482	60.3%	91	37.6%	102	52.0%	997	51.4%
大破	124	17.7%	78	9.8%	10	4.1%	15	7.7%	227	11.7%
倒壊・崩壊	225	32.1%	73	9.1%	7	2.9%	0	0.0%	305	15.7%
計	702	100.0%	800	100.0%	242	100.0%	196	100.0%	1,940	100.0%

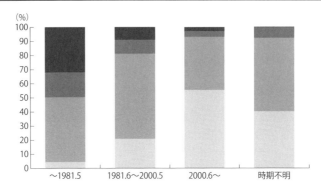

RC造	~1981.5		1981.6~ 2000.5		2000.6~		時期不明		計	
無被害	4	57.1%	14	70.0%	0	0.0%	18	75.0%	36	70.6%
軽微・小破・中破	1	14.3%	6	30.0%	0	0.0%	6	25.0%	13	25.5%
大破	0	0.0%	0	0.0%	0	0.0%	0	0.0%	0	0.0%
倒壊・崩壊	2	28.6%	0	0.0%	0	0.0%	0	0.0%	2	3.9%
計	7	100.0%	20	100.0%	0	0.0%	24	100.0%	51	100.0%

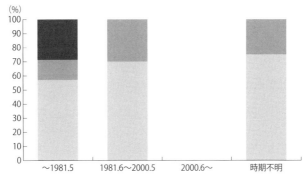

（出所）国土交通省及び国立研究開発法人建築研究所「熊本地震における建築物被害の原因分析を行う委員会」
　　　報告書より（平成28年6月30日開催）

「次の買い手が見つかりにくい＝流動性が低い」ということでもある。なかなか、その表示に積極的な売主は少ないだろう。しかし、売れなくなるから、そのような理由で耐震性の確認をしなかったり、情報開示を拒んだりなどというようなことがあってはならない。

　一戸建て住宅は、自ら耐震改修可能だが、マンション等共同住宅は、その合意形成が困難で耐震改修事例はほとんどない。マンションの耐震化は頭が痛いところだ。そんな中、不動産事業者による買取再販物件や、多額のリフォームを勧めるリノベーション事業者の紹介する物件に、旧耐震基準のマンションが多く見られる。その理由は、買取再販は仕入れを抑えることができ、リノベーション事業者は、安い物件であれば多額のリフォーム費用を捻出できるからだ。旧耐震基準のマンションをヴィンテージマンションなどと呼び、その安全性を購入予定者に説明することなく、流通させている事業者の倫理観が問われる。

4　これからの不動産流通業界

（1）大手の寡占から優秀なエージェントへ

　消費者が不動産を売却する際、あまり名の知れない不動産事業者に依頼するケースは少ない。テレビのCMなどを大量に流している大手不動産仲介会社に依頼するケースが多いだろう。そのため、大手仲介事業者は売り物件を集めることは比較的容易であり、買主さえ探せれば両手仲介が成立している。事実、仲介件数の多い大手不動産仲介事業者の平均手数料率は、5％を超えているところもある。宅地建物取引業法では手数料の上限を3％＋6万円と定めているので、平均が5.3％というのは、取引の8割近くが両手仲介で成立していることになる。

　顧客に対する背信行為があれば問題だが、両手仲介は法律で禁止されていないので違法ではない。大手仲介事業者のビジネスモデルが両手仲介中心になるのはごく自然のことだと思われる。しかし、今後、既存住宅流通が活性化していく中で、一生で1回の買い物だった不動産が、一生で3〜5

社名	取扱件数	平均手数料率（%）
三井不動産リアルティ	42,550	5.32
住友不動産販売	35,455	5.33
東急リバブル	19,435	4.39
野村不動産グループ	7,437	3.64
三井住友トラスト不動産	7,043	3.69
大京グループ	6,840	4.87

（出所）週刊住宅「主要各社の平均手数料（2013年度）」

回経験するとなると、売却を大手であるからという理由で任せる必然性は低くなるだろう。それどころか、前回の購入時の不動産事業者や担当者が優秀だったとすれば、売却も同社に依頼する可能性が高くなる。今後は、会社の規模や認知度などではなく、優秀なエージェントか否かが顧客の判断基準になるのではないだろうか。

(2)「フィンテック」ならぬ「リアルエステートテック」の波

　最近、不動産流通業界への異業種からの新規参入が増えてきている。これだけIT化が進んでいる社会で、いまだに「未公開物件」と宣伝して、情報の非対称性でビジネスを成立させることや、ほとんどのことがスマートフォンでできる時代に、鉄の塊の「鍵」を持っているという事実に、私たちは違和感を感じなくてはいけないのかもしれない。異業種から見ると、不動産業界は、どうやら「ブルーオーシャン」（競争のない未開拓市場）に見えているようだ。

　金融業界では、IT技術を使った新たな金融サービスとして「FinTech（フィンテック）」の台頭が凄まじい。フィンテックとは、金融を意味する「Finance（ファイナンス）」と、技術を意味する「Technology（テクノロジー）」を組み合わせた造語である。不動産業界にも、「RealestateTech（リアルエステートテック）」と呼ばれる、新しい波が押し寄せている。既に多くの企業が取り組んで提供されているサービスに、ビッグデータ解析と機械学習に

よって、マンションの部屋別の物件価格やその推移、売買の履歴、賃料や推定価格などを提供するものがある。さらに、スマートキーに、電子契約、ブロックチェーン技術を活用した決済システム、ソーシャルレンディングなど、様々なテックサービスが始まるだろう。我々事業者は、それらのサービスをつぶさにウォッチしながら、労働集約的な不動産仲介ビジネスの合理化を推進しなければならない。事実、価格査定を始め、見学日調整、物件案内、鍵の授受、各種契約書作成等、その多くは人間が担わなくてもよい仕事ばかりだ。それどころか、正確に確実にこなすのは、コンピューターのほうが得意である。テック技術の進化で不動産仲介事業はなくなってしまうのでは？　と、危惧する人すらいる。私はなくなると思う。なくなるといっても、仲介業自体がなくなるのではなく、仲介事業者が現在仕事としてとらえている業務だ。ちなみに、売り物件を預かるプロセスがテクノロジーにどのように置き換わるか、記述してみる。

①売却希望者をチラシ・ネットで募る

　　（従来）一括査定や折り込みチラシ

　　（テック）従来とは違う集客方法が誕生する

②価格査定

　　（従来）営業マンが経験と勘で査定書作成

　　（テック）コンピューターが蓄積データから瞬時に判断

③媒介契約

　　（従来）売主と時間を合わせ面談しながら契約

　　（テック）ネット上で署名（DocuSign等）

④物件調査

　　（従来）1物件ずつ営業が現場チェック後作成

　　（テック）過去の情報を取得し現場チェックは最小限

⑤重要事項説明書作成

　　（従来）各行政機関を回り調査後作成

　　（テック）不動産総合データベース利用で簡単作成

⑥レインズへ登録

　　（従来）1物件ずつ入力し登録

（テック）重要事項説明書から自動入力

⑦ポータルサイトにエントリー

　（従来）1物件ずつ営業がエントリー

　（テック）ポータルサイトはなくなる？　自動エントリー

⑧鍵の管理

　（従来）取りに来てもらうかキーBOX管理

　（テック）ブルートゥースで解施錠されるスマートキー

⑨物件案内

　（従来）同行する等、現地へ足を運ぶ

　（テック）VRの活用で現地案内回数激減

⑩購入申し込み・価格交渉

　（従来）営業マンの腹積もり

　（テック）売主・買主に見える化

⑪重要事項説明・売買契約

　（従来）売主・買主・不動産会社　全員集合

　（テック）署名を関係者で廻す（DocuSign）

⑫住宅ローンの実行・登記

　（従来）金融機関に関係者集合

　（テック）持ち回りで取引が完了（ブロックチェーン）

（3）不動産仲介事業者は本当に必要なのか

　マイケル・A・オズボーン＝カール・ベネディクト・フライ『雇用の未来
コンピューター化によって仕事は失われるのか』によれば、あと10年で
「消える職業」として「不動産ブローカー」があげられている。もはや、不
動産業界や建築業界で従来と同じ数だけの雇用を支えることは不可能だ。

　しかし、不動産エージェントやブローカーの仕事は、形を変えてニーズ
が増していくと感じる。金融商品と比べて不動産は一物一価としての性質
が高い。同じマンションでも、広さ、向き、コンディションなどによって価
値は異なり、多くのテック技術が浸透しても、一物一価としての性質が高
ければ高いほど、高額であればあるほど、エージェントとしてのニーズは

高まると考える。ある会社では、消費者同士のマッチングサイトが既に稼働している。売主自らがインターネット上に自らの物件情報をエントリーできるが、うまくいっているという話は聞かない。売主は手数料が無料だそうだ。売主にはメリットがありそうだが、その価格は売主の言い値なので当然高い。売主は手数料無料だが、買主は手数料を負担する。報酬を得るのは買主からだけなので、買主のためだけに奉仕すべきだと思うが、買主のメリットが全くといってよいほどない。売主と買主は利益相反関係、そのような構図もエージェントの必要性が高い理由かもしれない。

（4）住宅のコモディティ化は加速する

　不動産の流通活性化には「資産価値が下がりにくいこと」が必須だが、もう一点重要なのが「個性が強くないこと」である。先述のとおり、従来の注文住宅や現在のリノベーション市場を見ると、家は一生で1回の買い物であるかのように、自己満足の高い建築・リフォームを行っている。不動産は資産であり、売却や賃貸・民泊といった出口を意識するようになればなるほど、住宅のコモディティ化は加速することになる。既にコモディティ化しているオフィスのように、多くの人が買う・借りる・出入りするという不動産は、立地・想定利回り・管理費／修繕積立金の妥当性・新／旧耐震基準の別等、スペックが重要であり、個性はそれほど必要ない。不動産の流通活性化、資産価値への意識の高まり、リアルエステートテックの波、どれをとっても、「資産性重視＝住宅のコモディティ化」は加速することになるであろう。中古住宅の流通活性化は住宅のコモディティ化と同時進行である。

2-5

事業用不動産の流通促進に向けた課題

三菱UFJ信託銀行株式会社不動産コンサルティング部 専門部長

山﨑 暢之

　平成28年8月に国土審議会土地政策分科会企画部会がまとめた「土地政策の新たな方向性2016」においては、最適活用（成長分野の確かな需要に的確に対応し、時期を逸することなく、的確かつ柔軟に資金を供給し、土地利用についての適切な調整を経た上で円滑に土地・不動産を供給すること）が新たな土地政策の方向性の一つとして掲げられている。今後、我が国が迎えることとなる本格的な人口減少社会においては、むやみに不動産ストックを拡大していくのではなく、時代の変化とともに使命を終えた不動産について、成長分野などの新たな需要に向けてスムーズに用途を転換していく、いわば不動産の新陳代謝を適切に進めていくことがますます重要になろう。

　このような問題意識の下、本章では、不動産の最適活用の実現に必要不可欠な事業用不動産の流通促進に向けた課題について検討する。

　なお、本章の内容は、筆者の所属する組織を代表するものではなく、筆者個人の見解である。

1　事業用不動産とは

　本章では、事業用不動産を、事業法人等が自社で使用する事務所、営業

所、店舗、工場、倉庫等のほか、賃貸ビルや賃貸マンション等の投資用不動産、分譲マンションやオフィスビル等の開発を目的とした土地も含む概念と位置付けている。事業用不動産は、商業用不動産とか、業務用不動産と呼ばれることもある。

　事業用不動産と対になる概念が自己居住用の住宅用不動産である。自己居住目的での住宅用不動産は、マンションの1室（区分所有建物）、一戸建て住宅、自宅建築用土地に分けられ、さらに、マンションや一戸建て住宅は新築と既存とに細分化される。（なお、用途は住宅であっても、アパートや賃貸マンション一棟の売買、分譲マンションや複数戸の分譲一戸建て住宅を建築するための土地売買は、一般的に事業用に区分される。）

　後に述べるように、事業用不動産の取引市場は、居住用不動産とは異なる特徴を有するが、事業用不動産の売買にも居住用不動産の売買にも、同様に宅地建物取引業法が適用されている。

2　事業用不動産のストックと流通量について

　国土交通省の資料によれば、日本の不動産資産は、法人、個人、国・地方等の公的セクター所有の合計で約2,400兆円、うち、法人所有不動産が約430兆円、公的不動産が約590兆円となっている（図表1）。

　法人所有不動産の大半と公的不動産の多くは、事業用不動産に該当するものと考えられ、また、個人も事業用不動産の一部を所有しているため、事業用不動産のストックは、日本の不動産資産の約半分1,200兆円程度と推測される。

　事業用不動産のフローでの流通市場規模については、確固たる統計はないものの、ここ数年、東京証券取引所に開示された不動産売買は年間2兆～3兆円で推移し（図表2）、民間シンクタンク等の調査では年間4兆～5兆円となっている。但し、これらがすべての事業用不動産の取引を網羅している訳ではなく、実際には8兆円程度の市場規模があるものと推測される。

　ちなみに、国土交通省が公表している商業用不動産の取引に係わる土地

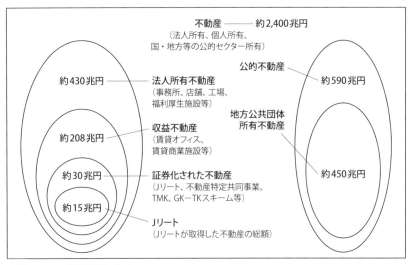

不動産 ── 約2,400兆円
（法人所有、個人所有、
国・地方等の公的セクター所有）

約430兆円 ── 法人所有不動産
（事務所、店舗、工場、
福利厚生施設等）

公的不動産 約590兆円

約208兆円 ── 収益不動産
（賃貸オフィス、
賃貸商業施設等）

地方公共団体
所有不動産

約30兆円 ── 証券化された不動産
（Jリート、不動産特定共同事業、
TMK、GK－TKスキーム等）

約450兆円

約15兆円

Jリート
（Jリートが取得した不動産の総額）

（出所）国土交通省資料を基に作成

図表2 適時開示による不動産取引の推移

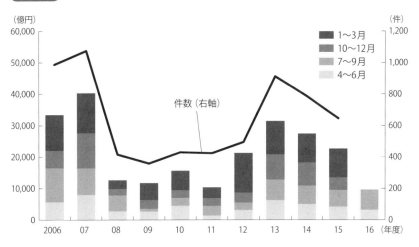

（億円）
60,000

■ 1〜3月
■ 10〜12月
□ 7〜9月
□ 4〜6月

（件）
1,200

50,000

1,000

40,000

800

件数（右軸）

30,000

600

20,000

400

10,000

200

0

2006 07 08 09 10 11 12 13 14 15 16 （年度）

0

（出所）公表資料を基に作成

図表3 商業用不動産の地方別・用途別取引面積（平成27年度）

（単位：万㎡）

	店舗	オフィス	倉庫	工場	マンション・アパート（一棟）	商業用不動産計
北海道地方	115.2	50.5	38.0	40.1	126.7	370.5
東北地方	121.0	160.6	40.8	96.6	99.0	518.0
関東地方	144.2	172.6	103.1	164.0	405.2	989.1
北陸地方	13.8	28.2	12.6	30.3	35.6	120.6
中部地方	55.1	107.8	60.6	99.1	174.2	496.7
近畿地方	64.1	126.4	70.8	62.2	223.2	546.7
中国地方	30.8	81.2	34.1	33.5	80.8	260.4
四国地方	14.2	36.2	24.7	16.7	49.9	141.7
九州・沖縄地方	71.4	148.5	58.4	86.9	206.0	571.1
全国計	629.9	912.0	443.0	629.3	1,400.6	4,014.7

（出所）国土交通省「不動産価格指数及び不動産取引件数・面積」を基に作成

面積は、平成27年度の1年間で4,000万㎡強となっている（図表3）。これらの面積と地価公示の地域ごとの平均価格をベースに、1年間の事業用不動産の取引額のうち土地取引価格相当額を試算すると5兆～6兆円となるが、この金額には、建物の取引価格や土地単独の取引は含まれていないことから、上記の事業用不動産の取引市場規模推計は概ね妥当な範囲にあるものと考えられる。

3 自己居住用不動産と異なる事業用不動産の流通事情

　事業用不動産については、多くの場合、一般事業法人、不動産会社、デベロッパー、プロの投資家といった事業者が売買当事者となっており、主として消費者を対象とする住宅用不動産の流通市場とは異なる特徴を有する。以下、事業用不動産の流通に係わるいくつかの特徴を説明する。

（1）情報の秘匿性

　住宅用不動産の流通市場と大きく異なる点として、事業用不動産情報の秘匿性が挙げられる。

　企業は、遊休地や空き家となっている不動産は別として、稼働中の事務所や工場、店舗等の売却は、従業員や取引先等の多くの関係者が存するため、関係者との調整を終えて正式に売買が決定されるまでは、オープンにして欲しくない事情を抱えることが多い。また、大規模な工場跡地等については、既に遊休化していても、地元自治体との関係等で売却後の用途や買主等について配慮が必要な場合も多い。

　さらに、既に閉鎖済の事務所、工場等の場合でも、帳簿価格が時価と乖離しているケースでは、売却に伴う含み損益の実現により企業決算に多大な影響が出ることとなる。このため、売却方針を決定すること自体が金融商品取引法上の「インサイダー情報」に該当し、情報の厳格な管理を求められるケースもあるし、決算対策として、本業の赤字と相殺するためにあえて含み益のある不動産を処分して、特別利益を出すケースもある。

　情報の秘匿性が求められるのは、売却情報の場合が中心であるが、住所移転を伴うような本社購入の場合は、購入情報についても秘匿性の確保を求められることがあろう。

　このように、特に一般事業法人が事業用不動産を売買する場合は、当該情報を流通市場に広くオープンにすることができない状況下で、処理せざるをえないことが多いため、事業用不動産の流通市場については、このような特性を踏まえつつ、いかに効率的な市場とするかを考える必要がある。

（2）用途の可変性と買主が想定する用途によって異なる価格

　事業用不動産は、一つの不動産の売却であっても、利用可能な用途の多様性や可変性ゆえに様々な用途での買主が競合しうる。例えば、オフィスビルを売却する場合、稼働率の高い新築テナントビルであれば、買主候補は賃貸用不動産として投資しようとする者が中心となると考えられるものの、築年数が経過し、空室が多いビルであれば、純粋な投資用だけではなく、空室を自社ビルとして利用しようとする一般事業法人、テナントを退

去させた上で、取り壊して分譲マンション等を開発しようとするデベロッパー、また、ホテル等へのコンバージョンを企図する者も購入を検討するだろう。

この場合、購入検討のベースとなる価格目線は各々異なりうる。例えば、賃貸用不動産として投資する投資家は利回り重視で、自社ビルとして購入する事業法人は周辺の相場や賃借を続ける場合との比較重視で、デベロッパーは取壊しや新築に要する建築費、周辺の新築マンション価格相場等を踏まえた投資採算性を重視して価格を決定することになる。

このように事業用不動産は、用途が可変で、その時々の需給、市場環境によって最高値をつける利用方法が変更しうるという特徴を持つ。用途可変性の高い事業用不動産の流通を効率的に行うためには、幅広い用途や様々な目的で購入を検討している者が、当該売り物件情報を入手する機会を確保できることが重要となる。

（3）多数の不動産を所有

製造業、サービス業等の一般事業法人においては、事業を遂行するために複数の不動産を利用していることが通常である。例えば、ある製造業が不採算事業の縮小や競争力向上のために国内に複数ある生産拠点を集約しようとする場合、通常、事業面での使用価値と不動産面での市場価値の両面から拠点の各々について判定した上で、従業員や財務への影響も踏まえて、どの拠点を閉鎖し、売却するかを決定することとなる。

多くの場合、企業が所有する不動産ポートフォリオに属する個別不動産の市場価値の判定に際しては、外部の不動産会社等をアドバイザーとして活用することになる。アドバイザーは、企業が所有する数多くの不動産を個別に調査し、売却容易性の判定や価格査定といった売却準備活動を実施し、場合によっては、複数の不動産を一括して処分する方法等、売却方法を提案することもあろう。

事業法人としては、あくまで競争力向上等が目的であり、特定の不動産処分は手段に過ぎないことから、まず所有不動産のポートフォリオ全体から入り、その結果として個別不動産の売買が生じるところは、住み替えを

主たる目的とする個人の居住用不動産の売買とは異なる点だ。

（4）売却が誘発されることも

そもそも売り物件ではない事業用不動産が、購入希望者からの強い申し出に応じて売却に至るケースもある。

これは、所有者（一般事業法人のことも不動産会社やファンド等のこともある）が、もともと売却方針ではなかった不動産について、「いくらで売ってくれないか」という具体的な申し出を受けて、初めて売却の可否を検討した結果、「それでは売却しよう」と決定するケースで、賃貸中の不動産や遊休地等に際し比較的多く見られる。

昨今の金融緩和状況下、Ｊリートや私募ファンド、デベロッパー等による旺盛な買いニーズはあるものの、売り物件が極端に少ない状態が続いている中では、このような形で売却が決まるケースも少なからず見られる。

（5）情報システムの不存在

住宅用不動産の場合、売却のケースであれば、まず、宅地建物取引業者への売却相談、価格査定の後、売却価格を明示して媒介契約が締結され、レインズへの登録、ホームページ等を通じた広告活動により、売り情報がオープンにされ、他の宅地建物取引業者も含めて幅広く買主が探索される。一方、購入希望者の側も、自分でホームページをはじめとする様々な広告を通じて売り物件の探索が可能であるし、宅地建物取引業者に物件探索を依頼した場合には、当該宅地建物取引業者はレインズによって容易に市場にある売り物件や売却条件等を検索できる。

これに対して、事業用不動産の売却に関しては、レインズに登録されたり、広告に掲載されたりすることは少なく、一覧性のある情報システムは存在しない。これは上述した情報の秘匿性に起因する部分が大きいが、事業用不動産市場が依頼を受けた仲介者ごとに分断された形となっており、後述するように、特に自社利用の事務所、営業所、店舗、工場、倉庫等、エンドユーザー向けの物件売買については非効率な市場構造となっているものと考えられる。

4　事業用不動産の流通を一層促進するための仕組み

　事業用不動産の流通を一層促進するためには、これまで述べてきたような事業用不動産市場の特徴に加えて、売買当事者が、「消費者契約法」でいう消費者ではなく、事業者のケースが大半で、仲介業者との関係においても対等あるいは依頼者側が優位に立っていることを踏まえて検討する必要がある。

　ここでは、主として消費者保護の観点からの規制が中心の既存の宅地建物取引業法や広告規制等の枠組みにこだわらず、事業用不動産の特性にあわせて、市場をより効率化し、円滑な流通を促進するための仕組みを検討する。

（1）売却アドバイザリーシステムの採用

　事業用不動産の売却に際しては、所有者に対して売却シナリオ、買主候補やその探索方法、スケジュール感等をアドバイスし、売主側の窓口となるエージェントを選定することが望ましいと考えられる。

　売り側エージェントは、売却対象不動産の立地、用途、規模、件数等にもよるが、秘匿性を保ちつつ、所有者にとってベストな買主候補を見つける必要があることから、豊富な仲介経験と幅広い情報ネットワークを有する大手仲介会社から選択されることになろう。売り側エージェントの決定に際しては、以前からCRE等、企業の不動産戦略全般に関して様々な相談をしてきた不動産会社を選択することもあれば、コンペ方式により、複数社から対象不動産に係る売却シナリオ、売却見込み価格、報酬等を提案させた上で決定することもあろう。また、必ずしも1社のみとする必要はなく、複数社が共同して売り側エージェントを務めることも可能だ。

　報酬については、成功報酬とする場合は、宅地建物取引業法に規定する上限の枠内にとどめつつ、売り側エージェントにより高く売却するインセンティブが働くような体系（例えば、売却金額が目標金額以下の場合、報酬は

一定額とし、目標金額を超過した場合、超過した部分の一定割合を報酬とする）も一考に値するだろう。

なお、住宅用仲介では、両手仲介が物件情報の囲い込みにつながっているとの批判がある。事業用不動産の売却に際し、売り側エージェントを選定する場合には、買い側からの手数料の取り扱いも併せて決めておくことが望ましいだろう。

事業用不動産に関しては、売主である事業法人や不動産投資家等と、エージェントとなる不動産会社等との立場は、基本的に対等であるため、買い側手数料の取り扱いは、個別案件ごとに協議して決めればよいと考える。次項で述べる買主の探索方法とも絡んでくるが、買主側からの手数料を見込んで、売主からの手数料を低額又はゼロとすることが双方にとって合理的なケースもあれば、売り側エージェントはあくまで売主側の立場に立つ者として、買い側仲介者となることや買主側からの手数料収受を禁止することが有効なケースもあろう。

(2) 入札を前提とした購入者選択システム

上述した「情報の秘匿性」や「用途の可変性」等により、事業用不動産の売り方については、売却価格を明示してレインズや広告、ホームページ等を通じて幅広く買主を探索する住宅用とは大きく異ならざるをえない。

まず、登録すると幅広く情報が知れ渡ることとなる既存の情報ネットワークシステムを前提とすると、情報の秘匿性を確保する観点からは、情報システムには登録せず、売り側エージェント等により個別に、購入見込者や買い側仲介業者に物件を紹介していくほかないのが現状だ。どの範囲まで、どのようにして物件情報を紹介するかは、物件の特性と秘匿性の程度等を勘案しつつ、売主と売り側エージェントが協議して決めることになろう。

売却情報が広く出回ることを防ぐためには、買い側の仲介業者を限定することや仕向け候補者を事前にリストアップさせた上で売主側が了解した先のみに限り、売り情報を提供できるようにする方法、買い側仲介業者1社当たり紹介は何社までと限定する方法などが考えられる。また、特に秘

匿性が高い情報、例えば、現に賃貸中の物件に係る賃貸借条件、土地建物に関して詳細調査が実施されている場合の土壌汚染調査結果やエンジニアリングレポート等については、真剣に購入を検討する買主候補が守秘義務契約を差し入れることによって初めて詳細情報を明らかにする仕組みをとることで、情報の拡散を防止する必要がある。

その上で、買主は、いわゆる「入札方式」によって選定すべきであろう。というのも、上述の通り、事業用不動産については用途の可変性ゆえに、多様な利用を前提とした様々なジャンルの購入希望者が存在しうるためだ。

したがって、価格については、買主側が独自に収益性や採算性、費用性等を算定した上で、競合状況や取得の必要度合いを勘案し、「購入希望価格」を売り側エージェントに提出させればよいと考える。その際、必ずしも売却価格を売主側から事前に提示する必要はないものの、売却活動をより効率的に進めるためには、最低売却価格や希望価格等、何らかの価格目線を売主サイドから提示しておく方法も考えられる。

売主側としては、一定期日までに購入意向の表明を受けた購入申出者の中から、優先交渉権者を決定することとなる。基本的には、最も高額の購入希望価格を提示した者に優先交渉権を与えることになろうが、資金調達の実現性、その他付帯条件の内容によっては、購入希望価格のみではなく、他の条件も総合的に勘案して優先交渉権者を決定すべき場合もあると考えられる。また、すべての購入希望価格が売主の希望価格に到達しなかった場合には、売却中止とすることもありうるが、このような条件は入札実施に際して、売り側エージェントが売主と協議の上、入札要綱等に明記しておく必要がある。

ところで、秘匿性を保ちつつ、より高値での売却を追求するための上記売却手法は、全体として効率的と言えるであろうか？　もっと事業用不動産の流通市場を活性化し、最適活用の実現を容易化ならしめるための方策は考えられないのであろうか？

次項で詳述するが、買主候補者がほぼ限定されると判断されるケースにおいては、上記手法でも概ね効率的と考えられる。例えば、大規模な工場跡地で、最有効使用が明らかに分譲マンション開発用地というケースでは、

資金調達力、事業遂行力の両面から、購入可能な大手デベロッパーは限定されているのが実情だ。このため、上記のような売却手法によっても、短期間のうちに最高値で購入する買主を探索できる可能性は極めて高い。同様のことは、大規模な賃貸不動産についても言えよう。これらの買主は、一般的にはJリートや私募ファンド、大手不動産会社に限定される。

とはいえ、このようなケースでも、物件情報をより広く公開して、購入希望者を募ってもいいのではないのかとの考え方もあろう。確かに国や地方公共団体が所有する不動産の売却に際しては、公開入札により売却されることが一般的だ。但し、上述のような売主側での情報秘匿の必要性に加えて、買主側もあまりにも競争相手が多いと本気にならない可能性が高まるという事情も斟酌する必要がある。というのも、デベロッパーや投資家は、具体的に購入を検討する際には、マンション開発プランの作成、既存建物のデューデリジェンス等の手間と時間、資金をかける必要が生ずるため、どちらかと言えば、より競争相手が少なく、相対的に購入できる可能性が高い案件に注力する傾向があるためだ。

（3）事業用不動産に係る情報ネットワークシステムの構築

上記のようなデベロッパーや投資家等のいわゆる「不動産のプロ」が購入見込者となるケースと異なり、営業所用の土地建物など、いわゆるエンドユーザーが購入予定者と見込まれる場合には、事業用不動産の上記売却手法は明らかに非効率だと考えられる。

このようなエンドユーザー向けの物件については、売り側のエージェントや売却依頼を受けた仲介業者としては、自社が依頼を受けている買い希望者に当該物件を紹介するほか、様々なネットワークを駆使して購入希望者を探索しなければならない。その一つの方法として、レインズへの登録やホームページへの掲載等が考えられるが、所有者が一般事業法人の場合は、情報の秘匿性が高い場合はもとより、ある程度、情報を公開しても差し支えないケースでも、「正式に売却方針が機関決定されていない」、「いくらで売るとも決めていない」等の理由により、不特定多数への広告活動自体が困難なことが多いと思われる。この場合、近隣の会社や同業種の企業

等に売り物件として紹介したり、他の仲介業者に買主探索を依頼したりして買主を探索することになる訳だが、ここは明らかに市場に非効率が生じていると考えられる。

　裏返しになるが、同様のことは購入希望者側にも言えよう。現在の事業用不動産市場では、本社や店舗、営業所等の購入を希望するエンドユーザーの買主にとって、希望に見合った売り物件の探索は、非常に困難だ。

　仲介業者の1社に希望条件を提示し、物件探索を依頼したとしよう。この業者は、手持ちの物件やレインズ等で市場に公開されている物件を提供する訳だが、上述のごとく、事業用不動産の売り物件は、ほとんどレインズ等に掲載されている訳ではない。逆に言えば、公開されているのは条件が悪くて売れ残っている物件のことが多いので、買主の希望に合わないケースが大半である。

　そうなると次に買主は、他の仲介業者にも声をかけて物件を探索、紹介してもらおうとする。しかし、次の業者も同様に希望に合う物件はなく、さらに声をかける業者を拡大していくということになる。このように買い情報は、多くの仲介業者に拡散しやすく、依頼を受けた仲介業者にしてみれば、あまり力を入れても成果につながりにくいということで、結果的に情報が放置されるという悪循環に陥りやすいと考えられる。

　このようなケースで、実は買主の希望条件にぴったりの物件は、ある会社が潜在的な売り意向（価格次第では売却を検討してもよいとか、リストラや債務返済のために保有不動産のいずれかを売却する必要がある）を有している物件のこともある。しかし、その売却は潜在的であるがゆえに、相談を受けている仲介業者以外は、かかる物件の存在を知る余地がないため、買いニーズとマッチングすることができないという非効率性が生じている。

　このように現在の事業用不動産の流通市場は、特にエンドユーザー向けの用途において、仲介業者の生産性という面で非効率で、かつ売買当事者においても、売却や購入機会の逸失という点で社会的損失が発生している可能性が高い。現状では、時代・環境の変化に応じて不要となった不動産を成長分野の新たな需要に向けて的確に供給するという新たな土地政策の実現に支障となりかねない。

これを解決するためには、事業用不動産の売買を取り扱う各仲介業者が把握している潜在的な売り物件も含めたすべての情報を集約し、買い情報とのマッチングを可能とする情報ネットワークシステムの構築が必要であると考えられる。但し、併せて情報の秘匿性も確保する必要があることから、現在のレインズのように売り情報そのものを仲介業者が閲覧可能とする仕組みではなく、例えば、買いニーズを入手した仲介業者が買い情報を入力すると、それにマッチングする売り物件情報を有する仲介業者のみが示され、後は、互いに連絡をとりあって当該売り物件の提供可否も含めて取扱を検討するといったような工夫が必要となろう。また、同様に買い情報についてもストックしておき、新たに売り物件を登録すると、見合いの買い情報を有する仲介業者が表示されるようにしておく必要がある。

　なお、情報の鮮度とマッチングの精度は常に高めるように努めることが必要であろう。

5　事業用不動産の仲介者に期待される役割

　以上、事業用不動産流通の現状とより円滑な流通を促進する仕組み等について述べてきたが、仲介者には、何が期待されるのであろうか？

（1）情報ネットワークシステムの構築と積極的な維持

　上述したように、事業用不動産の仲介業者ごとに分断されていると言ってもよい現在の流通市場を統合することによって、事業用不動産の流通効率化、ひいては、遊休不動産から成長分野の需要への利用転換、最適活用の実現に資することとなる。

　事業用不動産に係る情報ネットワークシステムは、その性格上、最終需要者に直接オープンにするには適さないことから、仲介業者が主体となってシステムを構築し、また、情報のメンテナンスを迅速かつ的確に行うことで、利用者である各仲介業者及び依頼者であるエンドユーザー双方の信頼を獲得していく必要があろう。

この際、ポイントとなるのは、用途の多様性だ。事業用不動産は、上述の通り、多くの場合、用途が可変で、また、その時々の需給によって最高値をつける利用方法も変更しうる。このため、売り物件と買いニーズがシステムで自動的にマッチングされるだけでは不十分と考えられる。不動産のみならず社会経済情勢の変化等を的確に判断して、顕在化している買主のみならず、潜在的な購入需要を持つ者に対しても、能動的に売り物件を提供したり、強い買い需要を背景に物件所有者に売却可能性を打診したりする仲介者の重要性は高いと考えられる。

（2）付加価値の高い情報分析とアドバイス

　かつては、売主・買主と仲介者との間には、情報ギャップが非常に大きいと言われてきた。その意味で、仲介者の主たる役割は、情報提供、特に売り物件の提供だと考えられており、バブルのころには、住宅地図1枚とFAXがあれば商売が成り立つと言われていたほどだ。しかし、昨今、情報ギャップは急速に減少しているように思われる。もっとも、事業用不動産については、上述の通り個別売り物件の公開はさほど進展していないものの、以前と比べると、様々な周辺情報は入手することが可能となっている。

　そのような情報公開の進展に大きな役割を果たしているのが、Jリートだ。Jリートは、売買時点において売買価格や賃貸借状況、利回り等といった詳細情報を公開している。これに加えて、運用期間中においても、賃貸状況（賃料収入や空室率等）を継続的に公開しており、事業用不動産の売買を検討する当事者は、以前は仲介業者等から個別に入手するしかなかった情報を、Jリートの公開情報によって入手することが可能となった。

　また、国土交通省が提供している不動産取引価格情報提供制度によっても、物件は特定されておらず、取引価格も明示されていないものの、ある程度のレンジで実際の取引価格水準や取引の活発度合を把握することができる。これに加えて、2016年3月から試験運用が開始された「商業用不動産価格指数」により価格動向も把握することが可能となっている。

　但し、不動産、特に事業用不動産は、非常に個別性が強いため、地価公示等も含めた公開情報のみで、プロでない者が個別不動産のポテンシャル

や潜在価値を判断することは非常に困難と言わざるをえない。公開情報に各社の内部で蓄積された情報や豊富な業務経験に裏付けられたノウハウ等を加え、場合によっては、不動産鑑定士、一級建築士等の各々の分野でのプロフェッショナルも使って、売買対象となる不動産を取り巻く状況を多角的に分析の上、ベストな方法（売却の場合であれば、売却手法、売却スケジュール、最低売却価格等。購入の場合であれば、物件間の優劣比較、価格の妥当性等）をアドバイスしていくことに仲介者の存在意義があるのではないだろうか。

（3）安全・安心な取引の確保

事業用不動産は、複雑な権利関係、不分明な境界や越境物の存在、様々な行政上の制限、土壌汚染や建物の瑕疵等の問題を含んでいる場合があるが、それらが容易には判明しないことも多い。特に売主・買主の双方又は一方が不動産取引のプロではない場合、仲介者が物件調査を確実に実施し、物件に関する問題点を浮き彫りにして、売買契約に先立ちそれらの取り扱いを協議の上、契約書に取り扱いを明記しておくことが後日のトラブルを避けるために必須となる。

また、大型物件の場合、手付金授受による契約締結後、残代金支払・所有権移転まで相当程度の期間を設け、その間に、売買当事者が、売買契約に基づき境界確定や実測、建物取壊し、土壌調査等を実施することもあるが、期日までに確実に履行されるよう、測量士、土壌調査会社等専門家の紹介等を行うことで、決済を確実ならしめることも仲介者の重要な役割である。

さらに、グローバル化への対応という点では、海外の売主や買主に対し、外国語での対応を含めて、日本の不動産取引制度や慣行を仲介者が懇切丁寧に説明することなくしては、市場は拡大しないだろう。

（4）不動産市場の安定化のために

我が国の事業用不動産市場においては、これまで活況時には売り物件が供給不足となることで価格上昇に拍車がかかり、一方、リーマンショック

など価格下落時には買い手不在の中で市場の縮小と大幅な価格下落が見られた。仲介者の存在は、このような不動産価格の急激な騰落やマーケットの激変にクッションとなりうると考えられる。

　すなわち、今後は、仲介者の役割として、単に売主と買主との間での情報伝達者にとどまらず、不動産市場全体の分析やその見通しを積極的に述べることで、価格上昇局面における市場への売り物件提供や価格下落局面における買い手の市場参加を促進する役割も重要になってくるものと考える。

　日本の事業用不動産市場は、2013年初頭のアベノミクス開始以降、好調に転じたが、2016年半ばから天井感が広がり、先行きに不透明感が強まっている。かかる状況下こそ、事業用不動産の仲介者は、今後の不動産保有戦略等について頭を悩ませる事業法人や不動産投資方針見直しの要否を検討する機関投資家等に対して、論理的な分析に基づいた市場見通しを能動的に提供し、事業用不動産市場への参加を促進することが求められているのではないだろうか。

第 **3** 部

資料編

不動産流通に関する研究会報告

平成29年3月31日
一般財団法人 土地総合研究所

はじめに

　「不動産流通に関する研究会」は平成27年4月に発足し、平成27年度には5回にわたり、不動産流通の課題について有識者からの所見を聴取し、これらを基に平成28年度には、平成29年1月までに各委員それぞれからの問題提起を受け、計5回の意見交換・討議を行ってきた。これらを踏まえ、このたび今後取り上げられるべきと考えられる政策テーマを抽出し、とりあえずの整理を行い、ここに報告書としてまとめたものである。以下はその概要である。

　本報告においては、論点を明確にするため、不動産市場の中で近年の住宅政策の最大の課題の一つとなっている既存住宅流通市場の円滑化のための政策課題に絞った考察を行っている。ここでの既存住宅流通市場とは、既に取得されている住宅（以下「既存住宅」という（敷地を含む）。）を主として、売買を通じて新たな所有者に所有権を移転させる取引市場をいう。この売買取引のうち、大きな割合は宅地建物取引業者（以下「宅建業者」という。）の仲介を通じて行われており、以下の報告は、宅建業者の仲介を通じて行われる既存住宅取引を念頭に置いて議論を進める。以下では、特に断らなければ、宅建業者とは、担いうる多様な業務のうち既存住宅の仲介業務を行う者を念頭に置いて記述する。

　日本の既存住宅流通市場においては、売主又は買主である消費者は、十分な情報

（成約価格情報、品質と価格の結びつきに関する情報など）を持てずに市場に参加して意思決定を迫られる場合が多いという意味で、宅建業者よりも不利な立場に置かれている。そのギャップはインターネットの発達等に伴う各種関連情報のオープン化の進展により、逐次縮小してきているものの、依然大きいものがあり、こうした情報ギャップの解消は既存住宅流通市場の健全化のために極めて重要な課題である。2015年12月には、一部の新聞が既存住宅の売主側の宅建業者が指定流通機構（以下「レインズ」（REINS: Real Estate Information Network Systemの略語）という。）に登録すべき物件情報の登録を行わないまま、自ら得られた限られた顧客情報の中から買い手を閉鎖的に選定し、売主・買主双方から手数料を取るいわゆる囲い込みの問題が大きく報じられた。これが広く行われているとすれば、物件情報の囲い込みによって既存住宅流通市場は分断され、十分な機能を発揮していないことになる。

　現在、日本は3年半以上にわたるアベノミクス政策の推進により、三大都市圏の不動産市場は、2020年の東京オリンピックの開催、訪日外国人の増加等を背景に、明るさを取り戻す材料も出てきている。しかし、人口減社会が本格化する日本の既存住宅流通市場の将来は決して楽観できるものではない。また、第4次産業革命が進展する中でIoT、Big Data、AIの活用事例が毎日のようにメディアにおいて紹介され、既にその影響は宅建業者にも及んでおり、将来、これと無関係な不動産仲介業のビジネスモデルが成り立つとは考えにくい状況である。このようなグローバル化の進むイノベーションの時代にこそ、宅建業者の将来の在り方を展望し、消費者利便の増進と社会の発展に寄与する透明度の高い既存住宅流通市場の形成が進められるべきであると考える。

　今回、日本の既存住宅流通市場の将来を展望するにあたっては、ここ20年の間に大きく改善が進んだと言われる米国の既存住宅流通市場の動向を探った。その中で、日本の既存住宅流通市場が目指すべき政策の道筋を示すヒントが得られるという認識のもと、本報告では、米国の既存住宅流通市場の動向をも参考にしつつ、日本の既存住宅流通市場の健全な発達のために取り組むべき各種の政策課題を抽出することとした。

　既存住宅流通市場の改善に資する政策課題への対応のアプローチとしては、大きく、業務の中核を担う宅建業者の行為規制の在り方を中心に検討すべきであるとの意見があった一方、不動産取引の主体である売主・買主の主体的で自由な意思決定が尊重される必要があり、現在の不動産仲介に関する課題の多くは、既存住宅流通

市場が有効に機能する市場環境を整備する中で解決されるべきであるという意見があった。こうした中で、今回の報告内容は、各委員等から提示された既存住宅流通市場をめぐる政策課題の大雑把な抽出に留まり、論点を理論的に整理した熟度の高い具体的な政策提言には至っていない。

　ところで、人口減社会が本格化する日本の既存住宅流通市場が、既存住宅の取引割合が9割程度を占める成熟した欧米型の厚みを持った取引市場となるためには、大前提として、20年程度で除却・新築が繰り返される資源浪費型の住宅文化と訣別し、機能的長寿化により既存住宅の価値が維持され、長く仲介取引の対象となり、良質なストックとして蓄積されていくことが必要である。このため、日本において、住宅の躯体の物理的長寿性・耐震性・断熱性の向上を図り、躯体に比べ耐用年数の短い設備の更新容易性を確保し、遅れている良質な住宅ストックの蓄積を政策的に進めることが重要である。

　具体的には、リフォーム業界からのこれまでの業務蓄積を踏まえた積極的な情報提供を受けて、今後の新築住宅が備えるべき立地を含めた具体的機能を整理すること、設計・建築の段階において、リフォーム事業の効率的・効果的な実施可能性を十分考慮した上で、耐用年数の短い設備機器の更新容易性を確保すること、既存住宅の流通の際に行われることの多いリフォーム・リノベーション工事が、新築物件に近い性能の確保・具備が可能となるよう、宅建業者が中心的な役割を担い、リフォーム業界と連携して、既存住宅・設備の計画的な点検、維持・修繕・取替を促進すること、消費者への啓発による意識改革の促進に加え、関係行政機関及びディベロッパー・設計・建築・設備業界をはじめとする関係業界の一体的な取り組みを強化すること等により、その機能的耐用年数の長寿性・耐震性・断熱性を実現することが強く要請されている。

　これまで、既存住宅流通市場は売り切りの市場と見られ、宅建業者は関連周辺業務や自らのコンサルタント業務には比較的無関心であった。しかし今後は、宅建業者の周辺にある業務を掘り起こし、それらを本業の宅建業者の業務と連結させ、例えばハウスクリーニング、セキュリティサービスなどとともに、既存住宅の流通時に実施されることの多いリフォーム・リノベーション事業を既存住宅の性能の維持・向上を図る絶好のチャンスとして捉え、住宅・設備等の計画的な点検等を通じた維持・修繕・取替等の事業に商機を見出し、特にリフォーム業界と連携して、顧客との間で住宅の長寿化・耐震化、断熱化を一体化した良質な既存住宅ストックを

形成するため、息の長い長期的、継続的な取引関係の形成を図る必要がある。これらは、広い意味での業務の新しい結合形態の構築であり、宅建業の新たなイノベーションに道を拓くものである。この課題は既存住宅流通市場の長期的な在り方を規定する重要問題であることから、次年度以降、本研究会の主要検討課題の一つと位置づけ、宅建業者の立場を中心に置いて、その具体的な推進方策について検討を深めることとしたい。

　政策課題のテーマとしては、米国から学ぶべき①〜⑥及び日本の宅建業を考察する際の重要な視点である⑦、⑧という以下の8項目が考えられたので、検討の密度は項目によって異なるが、順次述べることとする。

　①、②は既存住宅売買において、今後重視されるべきインスペクションの役割等の課題を、③〜⑥では既存住宅流通の基本課題である情報提供、資産評価、人材育成、不動産のICT化等の課題を、⑦、⑧では、宅建業に特有な手数料問題と産業特性の問題を取り上げている。

　やや詳しく述べると、①、②では、平成28年6月の宅地建物取引業法の改正により導入される建物検査（ホーム・インスペクション）を含め、既存住宅の仲介業務において、米国で先行している専門化・分業化を日本においていかに考えるべきかに関する政策課題を、③は米国のMLS（不動産総合情報システム）との対比において、従来から消費者利益の確保のための重要な鍵とされているレインズ情報をいかに活用すべきかという政策課題を、④は米国が連邦統一基準により実現している既存住宅流通価格の合理化を日本においていかに考えるかという政策課題を、⑤は、米国のNAR（全米不動産協会）が尽力している既存住宅流通を担うエージェントの人材育成を日本の宅建士等の人材育成にも生かすべきであるという政策課題を、⑥は進展するICT社会において、先行する米国の不動産テック企業動向を注視し、これを日本においても業務の効率化・生産性向上に生かすべきであるという政策課題を取り上げている。

　また、⑦、⑧は日本の宅建業を考察する際に、しばしば論点になる仲介手数料規制の政策課題及び宅建業の産業特性から生ずる市場構造、市場行動、市場成果に係る政策課題を取り上げたものである。

　①宅建業における専門化・分業化の促進について
　②建物検査（ホーム・インスペクション）の活用について

③透明な不動産情報提供システムの整備について

④価格査定システムの整備について

⑤人材教育の推進について

⑥既存住宅流通市場の効率化に資する不動産テック化の推進について

⑦仲介手数料について

⑧宅建業の産業組織について

なお、今回の「不動産流通に関する研究会」の議論に参画したメンバーは以下のとおりである（五十音順、敬称略）。

安藤　至大（日本大学総合科学研究所准教授）

大橋　　弘（東京大学大学院経済学研究科教授）

瀬古　美喜（武蔵野大学経済学部教授、慶応義塾大学名誉教授）

中川　雅之（日本大学経済学部教授）

西生　　建（リニュアル仲介株式会社代表取締役）

前川　俊一（明海大学不動産学部教授）（座長）

山﨑　暢之（三菱UFJ信託銀行株式会社不動産コンサルティング部専門部長）

このほか、下記の方々からゲストスピーカーとして意見を聴取した（聴取順、敬称略）。

清水　千弘（日本大学スポーツ科学部教授）

住本　　靖（前国土交通省住宅政策課長（現国土交通省下水道企画課長））

小林　正典（（一財）不動産適正取引推進機構研究理事兼調査研究部長）

長嶋　　修（不動産コンサルタント／株式会社さくら事務所会長）

①宅建業における専門化・分業化の促進について

米国の既存住宅流通市場においては、(a) 売主側のブローカー及び買主側のブローカー、(b) ブローカーとの受委託関係に基づいてそのいずれかに所属するエージェント、(c) それ以外のエスクロー会社、権原保証会社、建物調査士、不動産鑑定業者などの専門事業者が、エージェントのコーディネーションの下で、専門化・分業化された業務を効率的に分担している（参考1）。特に、契約の履行を確実にするため、売主と買主との総合調整機関として、書類管理、資金管理、取引に関連す

る金銭の授受と精算、取引決裁と登記事務を行う日本では一般的ではないエスクロー会社が、消費者保護に資する適正・円滑な不動産仲介取引を推進する上で、大きな役割を果たしていることが知られている。

これとは対照的に、日本では、購入依頼から取引を完結させるまでの全プロセスを包括的に宅建業者が担い、専門家による業務が未分化な状態のままである。

こうした中で、平成28年6月に公布された宅地建物取引業法（以下「宅建業法」という。）の改正により、宅建業者が、専門家による建物状況調査（建物の基礎、外壁等に生じているひび割れ、雨漏り等の劣化事象・不具合事象の状況を目視、計測等により調査すること。以下、「インスペクション」という。）を活用することで、売主・買主が安心して取引ができる市場環境を整備することを目標とする仕組みの整備が開始された（参考2）。

このため、この動きを既存住宅取引における専門事業者による専門化・分業化を進める一つの契機として捉え、今後、取引関係者間に存在する情報のギャップを軽減し、安心・安全な取引環境をさらに整備する観点から、業務の重要性・中立性及びフィーのあるべき水準等にも留意しながら、米国の事例も踏まえつつ、各種の業務の専門化・分業化による不動産仲介サービス水準の向上の実現に向け、望ましい業務分担の在り方が検討される必要があると考える。

その際、仲介を行うエージェント業務とは独立の第三者機関として、中立性を維持したインスペクターが行う建物状況調査に係る具体的な仕組み及び中立的な立場で契約成立後に残代金の支払い、精算管理、契約条件の確認等の総合調整業務に従事するエスクローシステムの位置づけをどのように考えるかが重要なポイントであろう。

日本の宅建業界は、長期的な人口減少社会を迎える中で、質の高いサービスを提供することによって、いかに既存住宅の流通量を確保・拡大するかという課題に直面しており、米国型の専門化・分業化された不動産仲介ビジネスモデルは、検討すべき一つの先進事例であると言ってよいであろう。

②建物検査（ホーム・インスペクション）の活用について

制度化に踏み出した日本のインスペクション

米国では、例えばワシントン州やカリフォルニア州などの西海岸の場合、不動産

仲介に際してインスペクション自体の義務づけはないが、売主側は買主側に対して、物件告知書という形で現況確認の状況、物理的瑕疵の有無を提示する書式・手続が州法で義務づけられている。その上で契約締結後に買主側がその物件告知書の真偽を確認するためのインスペクションが実施される場合が多いとされている。

日本でも、既存住宅流通市場の活性化に向けて、既に述べたとおり、既存住宅の性状・品質への不安を払拭するため、平成28年に、専門事業者による住宅のインスペクションの普及等を図る目的で宅建業法の改正（平成28年6月3日公布、施行は平成30年4月1日（一部は平成29年4月1日））が行われた。今回の宅建業法の改正により、インスペクションの存在を知らなかった消費者のサービスの利用が促進され、建物の質を踏まえた購入判断や契約交渉が可能になるとともに、インスペクションの結果を活用した既存住宅売買瑕疵保険への加入の促進が期待される。また、建物の瑕疵を巡る物件の引渡後のトラブルを防止する効果が期待できよう。

しかし、今回の宅建業法改正は、あくまで目視を中心とした非破壊検査によるインスペクションの利用可能性について、宅建業者が売主、買主に示唆する契機を与えて、その普及の促進を目指す段階にとどまっていることに加え、既存住宅の価値を大きく左右する住宅設備の更新容易性を含む長寿性、耐震性、断熱性等はインスペクションの視野に入れられていない点にも留意が必要である。

今後のインスペクションの在り方

今後、インスペクションの仕組みが普及するためには、一定数の能力を備えた資格者の確保・育成が必要であり、制度の利用可能性と熟度を高める必要があるため、当面、インスペクションを補完する機能があり、ワシントン州やカリフォルニア州において、州法により売主に提示が義務づけられている物件告知書TDS（Transfer Disclosure Statement）や日本でも一部の業界団体により自主的に実施されている同様の仕組みの実態を調査の上、これらを参考に、日本においても、行政として、記載項目及び内容を定めた告知書の作成を推奨する明確なガイドラインを設けることが検討されるべきである（参考3-1、3-2）。

当面は、売主による告知書及びインスペクションの有無並びにそれらの内容が明確に表示され、消費者の主体的な意思決定が可能となるシグナリング機能の発揮が目指されるべきであろう。このことは、長期的には、物件の差別化による淘汰を促進し、既存住宅ストックの品質向上にも寄与しよう。

その上で、将来的には、価格が高額であり、一度取引が行われてしまうと事後的に契約解除等の調整が困難になる不動産取引の特性を考慮し、住宅の性状・品質情報が正確かつ確実に既存住宅仲介物件の売買判断の材料に供されるよう、情報生産のコストも十分考慮した上、上記のような告知書の活用及びのちに述べる物件情報などの開示促進と合わせて、情報提供の確実性を担保するため、インスペクションの義務づけの是非についても検討されるべきであろう。

③透明な不動産情報提供システムの整備について

注目すべき米国のMLSシステム

　既存住宅物件情報の提供の充実は、売主にとっては自分の物件をより多くの人に見てもらえることで販売機会の拡大に、買主にとっては希望に沿う既存住宅物件情報を見つけ、購入機会の拡大に、不動産流通業者にとっては営業機会の拡大につながる重要なインフラである。そのため米国では、全米不動産協会（NAR＝National Association of Realtors）が、消費者利益の確保に資する目的で、その理念を体現した倫理綱領を定め、全米を717（2016年12月現在）に区分した同一需給圏ごとに、網羅性、透明性、正確性の高い既存住宅物件情報の提供を目的に、自らが所有・運営する地域MLS組織（Multiple Listing Service）をB to Bのシステムとして構築している。ブローカーのみならず、売主側、買主側のエージェントも、自前でMLSの会員になることができ（ブローカーとエージェントのうち、NARの会員のみが「リアルター」（Realtor）と名乗ることができる）、網羅性、透明性、正確性の高いMLSの登録物件情報（参考4）へのアクセスを通じて、委託者に対して一元的に既存住宅登録物件情報を提供できる環境が整備されている。特に、消費者にとって重要な仲介取引に係る過去の成約価格情報が登記簿情報との連結によりMLSを通じて把握が可能となっている（参考5）。

　日本においても、不動産登記法により抵当権の債権額が金額表示されている例があること、また、透明度の高い不動産市場を持つ諸外国の多くが取引価格情報の登記簿への登録を義務づけていることから、不動産登記法の改正により、国民が直接不動産取引価格情報にアクセスできることが一つの理想であるが、日本では不動産売買に基づく権利の登記は当事者及びその包括承継人以外の第三者への対抗要件に過ぎず、取引価格を含めた不動産所有権等の移転登記そのものが義務づけられてい

ないため、現行制度の基本枠組みを変えることは必ずしも容易ではない面がある（参考6）。

そこで、米国のMLSと同様の組織を設け、網羅性、透明性、正確性の高い既存住宅情報提供システムを整備する選択肢が考えられるが、現状では、民間主導により網羅性、透明性、正確性の高い不動産情報システムを整備するインセンティブが存在しないのが実情であり、当面は、二重投資を避ける意味でも、行政主導により、MLSに準ずる機能の発揮を目指し、これまで順次整備が進められてきたレインズ情報の活用が検討されるべきであろう。

そして、レインズの取引関連情報を公共的に取得し、提供するにあたっては、民間側に、取引情報を収集提供するインセンティブを与えるための方策が検討されるべきである。また、現在推進されている法務局からの登記情報をもとに、国土交通省が購入者に調査票を送り、購入者から任意に不動産取引価格情報の提供を受ける仕組みについても、幅広い正確な情報収集に資する有効な取得促進策が検討されるべきである。

業者間情報としてのレインズの登録物件情報

日本においては、現在、宅建業法の規定に基づき、レインズには専任媒介契約及び専属専任媒介契約に係る一定の仲介物件情報が入力され（参考7、8、9）、MLSと同様に、B to Bの業者間取引情報として共有・活用が図られている。これまでも住宅の履歴・品質・性能に関する情報、例えば、長期優良住宅認定通知書、耐震基準適合証明書、住宅性能評価書などがレインズの任意登録項目として掲載されているが、現在のところ、過去の成約価格情報を含めてこれらの情報は消費者には開示されず、特に、成約価格情報は不動産登記簿にも登録の義務づけがないため、日本では消費者が成約価格情報を入手することは不可能である。

レインズ情報の公共性

レインズの情報提供システムは、直接的には仲介を行う宅建業者間で情報を共有するための事業者間情報システムとして構築されているが、最終的には、既存住宅売買仲介の受益者である消費者の利益の増進に寄与することを目的として構築されていると考えるべきであろう。現状のまま、事業者間情報システムにとどめておくことは、既存住宅流通市場が活性化しない大きな理由であるとされる売主・買主と

宅建業者との情報ギャップの改善を遅らせ、消費者便益の増進を妨げることになる。このため、一般媒介契約に係る物件登録の義務化の是非も視野に入れ、現状では不十分な事業者間情報に留まっているレインズ登録物件情報の内容のさらなる充実を図った上で、その任意登録事項を順次必須義務化するとともに、成約価格情報を含めて、究極においては、レインズ情報を活用して消費者の主体的な意思決定の環境を整え、情報ギャップの存在によるハンディの解消を通じて、既存住宅流通市場の透明化を促進し、適正価格での消費者行動の合理的な物件選択を可能とすることが重要である。

レインズ情報を消費者に開放する一環として平成28年1月から、仲介委託者が、現在登録されている専属専任媒介契約及び専任媒介契約に係る仲介物件の取引の進捗状況を監視できるいわゆるステータス管理が実験的に導入されているが、今後、仲介委託者が、仲介委託物件をいつでもどこでもリアルタイムで検索できる透明性を持たせることが重要である。

個人情報保護と不動産取引価格開示の公共性

ところで、売主の売却希望価格や売買成約価格に関する情報を消費者に開放することは、個人情報の目的外使用に該当し、個人のプライバシーがオープンにされ、秘匿すべき私益が侵害される恐れがある一方、他方では、不動産取引価格の公開が、合理的な市場価格形成に資するとともに取引の透明性が確保され、住み替え需要の喚起、市場参加者の拡大、情報収集の時間短縮効果の発現等の公益を有することから、開示に伴う公益と、開示に伴い生ずる私益の侵害との比較衡量がなされてしかるべきであろう。土地基本法における公共の福祉優先の基本的理念に鑑みれば、個人情報保護法による個人の私益に対して情報公開による公益を優先させる合理性は、平成15年（2003年）国土審議会土地情報ワーキンググループ中間報告に示されているとおり、十分にあると考えられる（参考10）。

海外でも取引情報の開示は時代の潮流

民間の調査機関ジョーンズ ラング ラサール（JLL）が発表している世界各国の「不動産市場透明度調査」の結果によれば、(a) 日本の不動産市場の透明度は先進国の中ではかなり低位にあると評価されていること（参考6参照）、(b) 現在、多額の海外投資を受け入れている欧米及びアジアの先進諸国においては、成約情報がオー

プン化されている国が多いこと、(c) アジアにおいても、韓国（参考11）、台湾（参考12）において、それぞれ平成19年（2007年）、平成24年（2012年）から取引価格情報の開示に踏み切ったこと等により、取引価格情報の開示は国際標準化しつつあると考えられる。これに加え、国内の国民の意識を見ても、やや古いが、平成24年度の国土交通省「土地問題に関する国民の意識調査」（有効回答数1,708）によれば、「自身の情報開示に関する気持ち」に関する回答中、8％が「物件の所在や個人名まで公表されても構わないから情報を提供してほしい」、37％が「物件の所在は構わないが、個人名は公表しないで情報を提供してほしい」、31％が「現在の提供内容のまま個人名は公表せず、物件も簡単に特定されないようにしてほしい」、9％が「情報を提供することには反対である」、15％が「わからない」としており、開示への賛同率は、特に「現在不動産の売買を考えている者」を中心に、決して低いものではないと考えられる（参考13）。

　また、2015年に個人情報保護法が改正され、匿名加工情報として個人情報が明らかにならない形の加工を加えれば、従来は個人情報とされた情報の一部が本人の了解なしに解禁されることとなり、平成29年8月に施行されることになっている。現在、開示に向けた法令の整備が進行中であり、国土交通省及び民間の不動産業団体は、こうした動きを活用する余地がないのかを含め、不動産登録物件情報等の開示を進める可能性についての検討に努めるべきである。

　なお、後述する不動産テックの登場により、今日、ビッグデータの蓄積・解析により、多くの既存住宅流通物件の個別の市場価額は、かなり正確な予測が可能になっており、実態的にも、個人情報保護を理由として、登録物件情報の消費者への開示を抑制することは必ずしも正当化できる状況ではなくなっている。

不動産流通業の健全化のためにも消費者への情報開示が必要

　日本には約12万社の宅建業者が存在するが、不動産仲介の分野では上位大手26社の市場占有率が5割を超えるものと推計される（参考14）。消費者への情報開示が十分に行われない中で、これらの企業が物件価格の査定や仲介手数料の設定等において影響力を行使しやすい環境が維持されるとすれば、物件の性状・品質を反映した適正な既存住宅流通物件の価格形成が行われにくくなり、仲介手数料の下方硬直性も解消しにくいと考えられる。こうした弊害を解消するためにも、登録情報の詳細化、登録義務化、消費者へのオープンデータ化を進めることが必要となろう。

④価格査定システムの整備について

建物価格の査定は、建物の改修履歴・維持管理の状況に基づく減価の評価が適正に行われることが望ましい。米国では、連邦統一基準（Financial Institutions Reform, Recovery and Enforcement Act of 1989）により、金融機関・不動産業者以外の価格査定の専門家である不動産鑑定業者（アプレイザー）に鑑定を委託する仕組みが確立しており、不動産鑑定業者が、仲介不動産取引価格のみならず、金融機関によるローン提供の際の担保評価をも規定し、不動産取引の円滑化、効率化に大きな役割を果たしているとされる。これにより、米国では良質な既存住宅の取引価格は、その性状・品質に依らない経年による一律的な下落が回避されており、活発なリセール、移住・住み替えが可能な不動産仲介取引の実現につながっている。

日本では、建物鑑定評価においても、築年数による減価償却を重視した税法上の査定方法が広く採用され、木造住宅の価格は20年程度を経過すれば、維持修繕の有無・程度に拘らず、市場価格がゼロとなるような取引が一般化している。このため、既存住宅市場が育たず、未だに新築供給中心の住宅市場からの脱却ができていない。今後、個別の維持管理・改修・取替の行為が網羅的に把握され、それらを反映する客観性のある評価基準が不動産仲介業者及び金融機関に受け入れられることになれば、査定を担当する民間の不動産鑑定業者（アプレイザー）の鑑定評価額が基本的に市場取引価額の在り方を決定する米国型の仕組みの導入につながろう。これにより、日本においても不動産評価を巡る、不動産鑑定業者、不動産仲介業者、金融機関間の健全な相互の連携関係が樹立され、適正な評価に基づく取引価格が形成・蓄積されていくことが望まれる。

⑤人材教育の推進について

上述のとおり、米国では全米不動産協会（NAR）が、連邦政府、州政府、議会、消費者団体から不動産情報を取得する民間情報カンパニーと連携しながら、網羅性、透明性、正確性の高い不動産流通情報システム（MLS）を所有・運営するとともに、不動産エージェントの人材教育に多大の役割を果たしていることが知られている。このことが、不動産仲介業者間の取引ルールの厳格な運用、契約様式の標準化、ICTの活用によるビジネスの合理化等の促進に寄与することになっている。

日本においては、不動産仲介業務の中核を担う宅建士への人材教育について、不動産流通業者や業界団体が、宅建士の資質の向上のための人材教育に十分な努力を傾けていることは、これまで必ずしも明確ではなかった。

　こうした中で、日本では、平成28年の宅建業法改正により、宅建士等がその職務に関し必要な知識及び能力を効果的かつ効率的に習得できるよう、法令、金融その他の多様な分野に係る体系的な研修の実施が業界団体の努力義務規定として明記されたものの（施行は平成29年4月1日）、規定内容自体が抽象的なものにとどまり、不動産仲介市場において有益な役割を果たすに足る有能な仲介取引のプロの育成が進むのかどうかは今のところ定かではない。より明確な目標と人材育成プログラムが必要となっていると言えよう。

⑥既存住宅流通市場の効率化に資する不動産テック化の推進について

　平成27年（2015年）ころより、不動産情報プラットフォームやクラウドから、不動産投資、融資、売買、賃貸等の情報を迅速かつ低コストで提供するサービス、ビッグデータを解析し、人工知能（AI）を用いて物件や地域の不動産評価情報を提供するサービス、IoTモバイル端末を用いて不動産業務の効率性、生産性向上を実現するサービス、ユーザーが納得できる仲介手数料を提案するサービス、不動産を売りたい人が自分で決めた値段で物件情報を掲載できるようにするサービスなどが多岐にわたり、異業種ないしはスタートアップ企業を含む新興企業から次々に提供されるようになっている。また、米国におけるMLSのオープンな不動産情報提供システムは、不動産流通データを加工・編集し直して付加価値をつけ、新しい形で消費者に情報を提供するZILLOW、TRULIA、CompStak（参考15）といった、高次のサービスを提供する不動産テック事業者を生み出し、既存住宅流通市場のサービスの多様化・高度化をもたらしている。さらに、最近は、ワシントン州の地域MLSでは全会員に物件案内用のキーボックスの販売と利用を義務づけ、会員同士が物件の反響・問い合わせ状況等を共有し、内覧予約等のスケジュール調整を可能とするなど、キーボックスの標準化を迅速な売買活動の開始、不動産業者の事業活動の合理化、販売促進に結び付けている。

　不動産テック化の推進により、業務がテクノロジー・オリエンテッドなものに進化すれば、不動産ブローカーの業務が距離の壁を越え、例えばVR（バーチャル・リ

アリティ）内覧や賃貸住宅のスマートキーによる管理が広く可能となり、情報ギャップの解消に向けた新しい事業が生み出され、シェアリングエコノミーなどで導入されている他産業のビジネスモデルが既存住宅仲介の分野でも活用される余地が大きくなると思われる。また、社会の仕組みを大きく変えると言われる取引に係るブロックチェーン技術の急速な広がりもあり、将来的には、それらの既存住宅の履歴情報の収集・保存への応用のほか、宅建業の不要化、アンバンドリング化等に向かう可能性なども視野に入れ、宅建業の新しい創造的なビジネスモデルの構築に目を向けるべきであろう。

　既存住宅流通市場の不透明性及び情報ギャップはここを突破口にして、大きく改善してゆく可能性があり、今後、Fintechをはじめとして、他産業で現に起きている多様なコストの削減等の動きをいかに宅建業に取り込めるのかについても注意深く観察し、迅速に対応していくことが重要であろう。

　このように、宅建業が労働集約的な現場対応型の仕組みによって提供してきた従来の個別サービスは大きな転換局面にあり、IoT、Big Data、AIの時代を迎え、イノベーションを新サービスにつなげ、宅建業の競争・改革の促進により、業界全体の生産性、効率性が高まることが期待されている。

⑦仲介手数料について

　米国の不動産仲介手数料は法的には自由化されているが、各州法のガイドラインにより売買価額の6%とする州が多く、売主が、売主、買主の両ブローカーに3%ずつを支払うケースが多い（参考16-1、16-2）。米国では、2000年代に入るころから、MLSによる一元的で効率的な不動産情報提供システムの整備の進展の影響もあって仲介コストが低減しているとみられる。実際、売買仲介取引全体の平均的な手数料率は5%台前半にまで低下する傾向を示しているとの研究報告もある。

　日本の売買物件の仲介手数料は、売買価格の3%＋6万円（200万円まで5%、200万円超400万円まで4%）が上限となっている。現在の基準は昭和45年に建設大臣告示により定められた。その後50年近くが経過し、現在は、告示制定当時と同等の情報収集であれば、多くの情報がインターネットの使用等により、安価に定型的なデスクワークにより収集できるようになり、告示制定当時とは売買仲介を巡るコスト構造は激変し、特に高額物件については取引価格に比例した手数料を取る状況では

なくなっているとの指摘もあり、平均的に要するコストはかなり安価になっているのではないかと考えられる。

　しかし他方、心理的瑕疵（物件そのものに瑕疵がある訳ではないが、過去に自殺者が出ていたり、殺人現場になっていたり、あるいは反社会的勢力の施設が近隣にあったりすることを指す）の有無の告知、震災に対する脆弱性の評価（MPL＝Maximum Probable Loss）など、当時にはなかった新たな業務が付加され、それらがコスト増要因になっているとの意見、低価額物件について、定められた手数料収入では要するコストを償えないとの意見、賃貸仲介については、手数料上限が仲介コストを大きく下回っているとの意見などもある。

　こうした中で、50年近く前に定められた手数料規定を現行のままにしておくことは、消費者利益の推進に逆行する可能性もあることから、賃貸の仲介手数料を含めて、仲介手数料のコスト構造を総括的に点検し、仲介手数料の自由化の是非、上限設定の方式等を含め、実情に即した手数料規定の在り方を検討すべきである。その際、現行の上限規制は、全国を活動エリアとする大手宅建業者の供給寡占的な市場構造とあいまって、大手宅建業者のプライスリーダーシップが発揮され、手数料率の下方硬直性をもたらしている可能性があることにも留意すべきである。

⑧宅建業の産業組織について

　現行の宅建業法の第一条は「この法律は、宅地建物取引業を営む者について免許制度を実施し、その事業に対し必要な規制を行うことにより、その業務の適正な運営と宅地及び建物の取引の公正とを確保するとともに、宅地建物取引業の健全な発達を促進し、もつて購入者等の利益の保護と宅地及び建物の流通の円滑化とを図ることを目的とする」となっている。

　宅建業者の在り方については、物件情報囲い込みが不動産仲介業の体質改善を遅らせ、取引の効率性を阻害する恐れがあること、不良業者の市場からの退出に係る明確な基準がないこと、大手不動産仲介業者による市場の寡占化が合理的な市場価格の形成を阻害している可能性があること、性格の異なる売買・賃貸仲介業務及び住宅・非住宅仲介業務が未分離のまま同一の規制に服していること、グローバル経済の時代にあって、海外との仲介取引が十分に視野に入れられていないことなど、市場環境の整備の面から検討すべき課題は少なくないと考えられる。

また、新しい不動産テックの動きに対応するため、金融商品取引法等が採用するような書面ベース、対面ベースに限定されない取引形態の導入、消費者の不動産リテラシー等に合わせて重要事項説明義務を課す適合性原則の適用などが検討されるべきである。

　さらに、宅建業者の体質改善が促されるよう、宅建業者の評価を消費者側から行えるレーティングシステムの導入や、現状ではわかりにくい不良不適格業者に関するネガティブ情報（参考17）の開示の促進により、宅建業者の市場行動の成果を表示し、宅建業者の不適切な行為の抑止効果を高めるべきである。

　いずれにしても、現在の宅建業法が規定する「宅建業の健全な発達」という文言が実効性のある施策で裏付けられるよう、不動産業行政のサイドから一層の努力が望まれる。

おわりに

　米国における不動産仲介市場は、高い倫理観の保持を標榜する民間業界団体NARが消費者利益を確保することこそが自らの生きる道であるという信念のもとに、会員制組織の下で、自前の財源を調達して構築した網羅性、透明性、正確性の高い不動産流通情報システム（MLS）を所有・運用している。そして、MLSを適切に機能させるために、仲介業務に携わる不動産エージェント等の人材教育を推進することによって、自主的に設けた物件囲い込みの抑制、物件登録規制の整備、登録物件処理状況の表示をはじめとする各種のルールの厳格な運用を可能とし、最近ではキーボックスの利用により、会員同士が物件の問い合わせ状況を共有できるようにするなど、不動産テック化時代の到来に備えた積極的な対応を進めている。

　他方、日本では宅建業法が民間の不動産仲介取引を規制しており、民間不動産仲介業界は、どちらかと言えば、行政の対応を待って受け身で適応するという構図であり、レインズデータの登録・活用、物件囲い込み等への課題に対する対応も、現在のところ、行政を含めて後追い的なものになりがちであり、時代が求める先進性に欠ける面は否定できない。

　このため、行政は、引き続き、既存住宅流通市場が消費者のニーズに応えられる市場環境の形成・整備に努めるとともに、実態を一番よく知る既存住宅流通業界自身が、自らの行動が既存住宅流通市場の質と国際的な日本の既存住宅流通市場の信

認のレベルに影響を与え、今後の既存住宅の取引量、既存住宅の価格の動向を左右し、ひいては個人の幸福や社会の発展をも決定する重要性を持っているという公共的な使命を自覚した上、米国の先例に学び、網羅性、透明性、正確性を備えた既存住宅流通情報システムの整備により消費者利益の確保の視点に立脚したビジネスモデルを強化することが既存住宅流通市場の拡大と業界の発展の鍵であることを認識し、不動産仲介取引の効率化、安全・安心な取引の実現のため、今こそ将来に向けたトータルなビジョンをもって、主体的・創造的な活力を一層発揮することが強く望まれるところである。

以上

不動産流通に関する研究会報告　参考資料

（参考1）各専門家による業務の分担の実例

- ・弁護士による契約書のリーガルチェック
- ・タイトルインシュアランス会社による権原保証
- ・アプレイザーによる価格査定（融資担保評価査定）
- ・モーゲージブローカーによる最適なローン提案
- ・ファイナンシャルアドバイザーによる生活設計提案
- ・ホームインスペクターによる建物現状調査診断
- ・ランドサーベイヤーによる境界画定、測量
- ・タイトルオフィサーによる権限調査
- ・エスクローによる決済業務の履行

（参考2）宅地建物取引業法の一部を改正する法律（平成28年6月3日公布）の概要

〈既存建物取引時の情報提供の充実〉

- ・既存建物取引時に、購入者は、住宅の質に対する不安を抱えている。
- ・一方で、既存建物は個人間で売買されることが多く、一般消費者である売主に広く情報提供や瑕疵担保の責任を負わせることは困難。

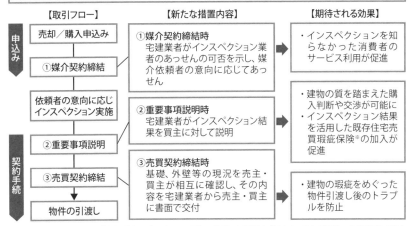

不動産取引のプロである宅建業者が、専門家によるインスペクション（建物状況調査）※の活用を促すことで、売主・買主が安心して取引ができる市場環境を整備

【取引フロー】　　　【新たな措置内容】　　　【期待される効果】

申込み
- 売却／購入申込み
- ①媒介契約締結

①媒介契約締結時　宅建業者がインスペクション業者のあっせんの可否を示し、媒介依頼者の意向に応じてあっせん
→ ・インスペクションを知らなかった消費者のサービス利用が促進

- 依頼者の意向に応じインスペクション実施

契約手続
- ②重要事項説明

②重要事項説明時　宅建業者がインスペクション結果を買主に対して説明
→ ・建物の質を踏まえた購入判断や交渉が可能に
・インスペクション結果を活用した既存住宅売買瑕疵保険※の加入が促進

- ③売買契約締結

③売買契約締結時　基礎、外壁等の現況を売主・買主が相互に確認し、その内容を宅建業者から売主・買主に書面で交付
→ ・建物の瑕疵をめぐった物件引渡し後のトラブルを防止

- 物件の引渡し

（注）※インスペクション「建物状況調査」とは、建物の基礎、外壁等に生じているひび割れ、雨漏り等の劣化現象・不具合事象の状況を目視、計測等により調査するもの。

343

（参考3-1）社会資本整備審議会産業分科会不動産部会報告「改正宅地建物取引業法の施行に向けて」（平成28年12月26日）（抜粋）

Ⅰ　改正法における建物状況調査の実施方法について

1. 改正法に基づく建物状況調査の対象部位及び方法は、国土交通省の「既存住宅インスペクション・ガイドライン」（平成25年6月）を踏まえつつ、既存住宅売買瑕疵保険に加入する際に行われる現場検査の対象部位（基礎、壁、柱など）及び方法と同様のものとすることが適当。

2. 建物状況調査の実施主体

    建物状況調査の実施主体としては、

    ①建物の設計や調査に関する専門知識を有していること

    ②適正な業務執行を担保するための指導・監督等の仕組みが制度上確保されていること

    ③円滑に調査が行われるために必要な人員が確保されること

    が必要。

    現時点ではこうした要件を満たす主体としては建築士が挙げられるところであり[注]、先ずは平成30年春の施行に当たり、建物状況調査の主体については建築士とすることが適当。

    [注]　建築士は、国土交通大臣の免許を受けて建築物の設計、工事監理等の業務を行う者であり、現在約18,000人の建築士が、国土交通省の「既存住宅インスペクション・ガイドライン」に基づくインスペクションの講習を受け、インスペクターとして登録している。
    ただし、他の主体であっても、上記のような要件を満たして建物状況調査を客観的に適正に行える状況になれば実施主体となることは可能と考えられることから、安心な取引環境の整備を一層進める観点から、全国における建物状況調査の実施状況等を適切に検証しつつ、引き続き、建築士以外の主体による建物状況調査の実施を可能とする場合の枠組み等について、検討を継続すべき。

    なお、建物状況調査の実施結果に関する客観性を確保する観点から、上記の講習を修了した建築士であっても、自らが取引の媒介を行う場合など当該取引に利害関係がある場合にあっては、売主及び買主の同意がある場合を除き、建物状況調査の実施主体となることは適当でない。

Ⅱ　建物状況調査等に関連する宅地建物取引業者の業務について

1. 建物状況調査を実施する者のあっせん

    あっせん先の業者名等が変わるたびにその都度媒介契約を変更することにな

るのは適切でないと考えられることから、国土交通大臣が定める標準的な媒介契約書面である標準契約媒介約款においては、建物状況調査を実施する者のあっせんに関する事項として「あっせんの有無」についてのみ記載することとするのが適当である。

なお、改正法に基づく「あっせん」は、建物状況調査を実施している業者に関する情報提供ではなく、売主又は買主と業者との間で建物状況調査の実施に向けた具体的なやり取りが行われるように手配することが求められる。

2. 建物状況調査の結果の概要に関する重要事項説明

 (1) 重要事項説明の内容

  重要事項説明として説明する建物状況調査の結果の概要は、客観的に適正な内容のものであることが重要であり、国土交通省の「既存住宅インスペクション・ガイドライン」に基づく既存住宅現況検査結果報告書の検査結果の概要と同様のものとすべきである。

  同時に、宅地建物取引士が重要事項説明に用いる建物状況調査の結果の概要の書面については、調査を実施した者が責任を持って作成することが適当である。

 (2) 重要事項説明の対象となる建物状況調査の範囲

  重要事項説明の対象となる建物状況調査の範囲については、調査を実施してから1年を経過していないものを対象とすることが適当である。

3. 書類の保存の状況に関する重要事項説明

 (1) 重要事項説明の対象となる保存書類の範囲

  建物の建築及び維持保全の状況に関し、重要事項説明の対象として保存の有無を明らかにする書類は、

   ・建築基準法令に適合していることを証明する書類

   ・新耐震基準への適合性を証明する書類

   ・新築時及び増改築時に作成された設計図書類

   ・新築時以降に行われた調査点検に関する実施報告書

  とすべきである。

4. 37条書面への「当事者の双方が確認した事項」の記載

 「当事者の双方が確認した事項」は、原則として、建物状況調査など既存住宅について専門的な第三者による調査が行われ、その「調査結果の概要」を重

要事項として宅地建物取引業者が説明した上で契約締結に至った場合の当該
「調査結果の概要」とし、これを37条書面に記載することとすべきである。
また、これ以外の場合は、既存住宅の現況について当事者双方がどのような
認識に基づいて契約を締結したかが明らかでないため、「当事者の双方が確認
した事項」は「無」として37条書面へ記載することが適当である。

ただし、契約当事者の双方が写真等を基に客観的に既存住宅の状況を確認し、
その内容を価格交渉や瑕疵担保の面積に反映した場合など、既存住宅の状況
が実態的に明らかに確認されるものであり、かつ、それが法的にも契約の内
容を構成していると考えられる特別な場合には、当該事項を37条書面に記載
することは差支えないと考えられる。

Ⅲ　売買等の申込みに関する媒介依頼者への報告について

標準媒介契約約款を改正し、物件の売買又は交換の申込みがあったときは、媒
介依頼者に対して遅滞なく報告することを宅地建物取引業者の義務として追加
するのが適当である。

Ⅳ　媒介契約書面への反社会的勢力排除に関する追加について

暴力団等の反社会的勢力の排除に関する事項を標準媒介契約書約款に追加する
べきである。

Ⅴ　改正法施行に当たっての留意点について（略）

（参考）「既存住宅インスペクション・ガイドライン」（平成25年6月）には「ガイ
ドラインは、業務の実施内容として必要十分なものを示すものではな
く、適正な業務の実施となるよう、共通して実施することが望ましいと
考えられる最小限の内容を示そうとするものである」との記載がある。
また、「宅地建物取引業法の解釈・運用について（平成13年国土交通省不
動産業課長通達）」において、「売主等の協力が得られるときは、売主等に
告知書を提出してもらい、これを買主等に渡すことにより将来の紛争防
止に役立てることが望ましい」とされており、売り主による告知書の提
出は、上記ガイドラインの運用上の前提とはされていない。

（参考3-2）物件の告知書に対する評価

〈売り主からの情報提供の状況〉

・告知書には、物件の過去の履歴や隠れた瑕疵など、売り主しか分からない情報を買い主に提供しやすくする効果が期待される一方、売り主が提供できる情報と買い主が知りたい情報についてギャップがある。

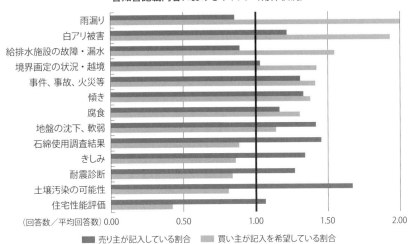

告知書記載内容におけるギャップ（物件状況）

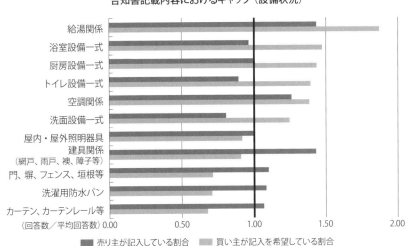

告知書記載内容におけるギャップ（設備状況）

（出所）不動産取引における重要事項説明等の実態把握に関する検討調査報告書（平成24年度国土交通省土地・建設産業局）。

（参考４） MLSが提供する情報項目

Owner Information（所有者情報）、Location Information（物件及び周辺の詳細情報）、Tax Information、Assessment & Tax（税情報）、Characteristics（建物の設備・性能関連の情報）、Estimated Value（価格）、Listing Information（物件概要）、Market Sale & Sale History（周辺市場動向）、Mortgage History（住宅ローン履歴）、Foreclosure History（競売履歴）、Property Map（地図）、Summary Statistics（市場統計概要）、Details Grid（地理空間情報）、Market Conditions（近況市場動向）、Financial Health（経済指標）、Neighbors Details（物件周辺の詳細地域情報）、Demographics（当該地区の人種・年収等の情報）、Schools（学校区情報）等。

（出所）小林正典「米国ワシントン州の不動産取引におけるMLS等の民間機関の役割」（日本不動産学会2015年度秋季全国大会（第32回学術講演会）論文集　査読付き論文）から抜粋。

（参考５） 米国MLSについて

　MLSは過去の工事履歴情報、周辺地域情報、地盤情報、売買履歴情報などを含め、他の追随を許さない、良質かつ正確な不動産仲介物件情報を多額の投資を行って大量に収集・保有している地域独占的な情報提供主体であり、多くの不動産ブローカー及び不動産エージェントはこのデータベースを重要なプラットフォームとして、業務活動を行っている。最近は、ワシントン州の地域MLSでは全会員に物件案内用のキーボックスの販売と利用を義務づけ、会員同士が物件の反響・問い合わせ状況等を共有し、内覧予約等のスケジュール調整が可能になるなど、キーボックスの標準化を、迅速な売買活動の開始、不動産業者の事業活動の合理化、販売促進に結び付けている。

　米国での地域MLSへの物件登録は州により異なるが、概ね契約後48時間程度の短期間内に義務づけられており、徹底した消費者保護を目指すNARの倫理綱領に基づき、これに違反する登録には罰金制が敷かれ、最終的にはNAR会員からの脱退までも視野に入れる厳しいものである。NARの活動が地域の不動産協会への指導を通じて、MLSの不動産取引ルールの遵守・徹底、事業者教育の充実が図られ、米国全体の不動産流通システムを健全に機能させるとともに、地域の不動産市場の活性化に寄与している。

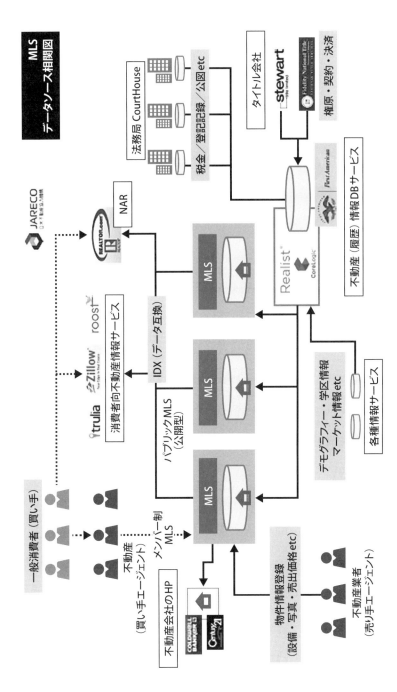

MLS
データソース相関図

法務局 CourtHouse
税金／登記記録／公図 etc

タイトル会社

権原・契約・決済

不動産（履歴）情報DBサービス

NAR

MLS

Realist

IDX（データ互換）

消費者向け不動産情報サービス

パブリックMLS（公開型）

デモグラフィー・学区情報
マーケット情報 etc

各種情報サービス

一般消費者（買い手）

（買い手エージェント）
不動産
メンバー制 MLS

不動産会社のHP

物件情報登録
（設備・写真・売出価格 etc）

不動産業者
（売り手エージェント）

（出所）JARECO（日米不動産協力機構）資料による。

（1）MLSデータソース相関図

〈リスト（売出し掲載）される物件情報の流れ〉

エージェント→MLS→（MLSのサーバがもつIDX機能）→B2cポータル（Zillow
など）、ブローカー会社のページ、各種不動産情報システムなどへの連携

〈物件に関する履歴情報の流れ〉

データ収集・提供企業（CoreLogic社などのデータプロバイダー）が、法務局・
MLS・オープンデータなどを検索してデータ化→MLSへ提供→エージェント
がCMA（査定書）などで利用→消費者への情報提供

（2）MLSの概要：「米国不動産流通市場調査視察団報告書」（平成27年2月）（（一財）
不動産流通経営協会）より

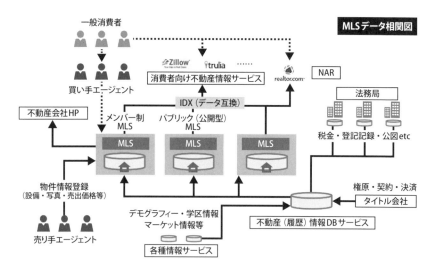

〈MLSによる情報提供〉

・MLSの情報提供が充実している背景として、全米のあらゆる不動産物件の履
歴情報サービスと連動している点も挙げられる。

・過去の売買履歴や周辺の地域情報、地盤情報、市場分析レポートなどを入手
することができる。

・この連動した情報提供は、消費者が安心して購入判断ができる最大の理由で
あり、取引の活性化や市場を急拡大させた要因となっている。

※連動しているデータ：

成約情報、過去売却履歴、過去の所有履歴、固定資産税税額、課税評価額、物件情報、抵当権設定額（ローン借入額）、過去の売買に関わった権原保険会社等

〈MLSとは〉

・各エリアのMLS運営会社（民間会社）が運営する、物件情報の登録、情報検索・交換システムのこと。

・全米統一ではなく、地域ごとに運営されており、約900存在するとされる（2012年9月現在）。

・一つのカウンティに対して。1〜複数のMLSが存在しており、エリア重複はしていない。

・MLSの運営会社（通常、「○○（エリア名）MLS社」というような名称）は、MLSシステムの運営のほか、事業者教育、キーボックスの販売、契約書の標準化・法令更新対応等の事業を行っている。

・MLS社は毎月企業（ブローカー）および個人エージェントからの会費（通常、30〜50USドル程度）／月額で成り立っている。

〈MLSの会員にできること及び会員の義務〉

・エリア内のリスティング物件情報が全て閲覧できるほか、キーボックスを解錠する権限が付与される。

・不動産ブローカーは、各地域のMLSに加入しなければ物件情報も見られなければ、物件の鍵を解錠することもできなくなるため、実質的に営業ができないという独占的な仕組みを構築しており、事業者はほぼ強制的にMLSが定めたルールに従って、不動産取引を行っている。⇒ この独占性と排他性、情報の高い透明性がMLSの特徴ともいえる。

・MLSの会員は、専任媒介契約後、24〜28時間以内に物件情報を登録することが義務付けられている。違反した場合、MLS会員の資格剥奪などの罰則がある。

〈地域を跨ぐMLSリスティング物件の仲介〉

・MLSに掲載されている物件は、リスティング番号という独自のIDを保持しており、過去の販売状況の履歴が追える仕組みとなっている（売出価格の変更回数、時期、期間等）。

・MLSはエリア単位での運営となるため、会員は自分のエリアの物件の閲覧はできるが、他のエリアのリスティング物件は限定的にしか閲覧することができない。

・商習慣として、原則アメリカのエージェントは、自分のMLSエリア以外の取引は自ら行うということは稀であり、自分のエリア外の顧客の売却・購入については、該当するエリアのエージェントを紹介し、そのエージェントから「紹介料」という形で手数料を得るのが一般的。

・紹介料の相場は通常、エージェントに支払われるフィーの20～25％程度。

（出典）「米国不動産流通市場調査視察団報告書」（平成27年2月）（（一財）不動産流通経営協会）。

（参考6）登記簿による取引価格情報の入手可能性

	入手可能	一部可能	入手不可能
国名	・英国（1） ・オーストラリア（2） ・フランス（5） ・香港（15） ・台湾（23）	・カナダ（3） ・米国（4） ・ドイツ（9） ・シンガポール（11） ・スウェーデン（12）	・日本（19） ・イタリア（21） ・スペイン（22） ・中国（33） ・ロシア（42）

（注）1. （　）は世界の109カ国中の不動産市場の透明度の順位。
　　　2. 中国、ロシアは国内で透明度の高い一部地域のみの評点に基づく順位である。
　　　3. 米国では、多くの州で取引価格情報が登記所にあり、また、登記所の協力を得て税務署で一般に公開されている。
（出所）ジョーンズラングラサール（JLL）「不動産市場透明度調査」（2016）による。

（参考7）指定流通機構への登録が義務付けられている情報等

　①物件の所在、規模、形質
　②売買すべき価額又は評価額
　③当該物件に係る都市計画法等に基づく制限で主要なもの
　④当該媒介契約が専属専任媒介契約である場合はその旨
　⑤成約報告の際の通知事項（登録番号、取引価格、契約成立年月日）

　任意を含めた主要登録項目については以下の通り。国土交通省の調べによると、中古住宅購入・リフォームの際に重要な情報と考えられる建築工法、増改築歴、施工会社名、分譲会社名、建築確認番号などの項目については、登録率が50％未満と

なっている。

基本情報	担当	面積	住所	間取
・**物件種目** ・**価格** ※㎡単価、坪単価は 　自動計算	・会員番号 ・電話番号 ・担当者 ・Eメール 　アドレス	・**土地面積** ・**建物面積** ・**専有面積** ・私道面積 ・バルコニー面積 ・専有庭面積	・**都道府県名** ・**所在地名** ・<u>建物名</u> ・部屋番号 ・<u>沿線略称</u> ・<u>駅名</u>	・**間取タイプ** ・**間取部屋数** ・角部屋 ・納戸数

現況・引渡	建物	取引	法規	権利
・<u>現況</u> ・<u>引渡入居時期</u>	・<u>建物構造</u> ・建物工法 ・<u>階数</u> ・<u>バルコニー方向</u> ・<u>築年月</u> ・増改築年月 ・増改築歴	・**取引様態** ・取引条件 　有効期限 ・媒介契約年月日 ・<u>報酬形態</u> ・手数料	・<u>都市計画</u> ・<u>登記簿地目</u> ・<u>用途地域</u> ・<u>建ぺい率</u> ・<u>容積率</u> ・法令上の制限 ・国土法届出	・<u>土地権利</u> ・付帯権利 ・借地料 ・借地期間 ・定借権利金 ・定借保証金 ・定借敷金

土地	駐車場	維持	その他	添付
・地勢 ・<u>接道状況</u> ・接道舗装 ・<u>接道方向</u> ・<u>接道幅員</u>	・<u>駐車場存否</u> ・月額 ・距離 ・屋根状況 ・敷金 ・礼金	・<u>管理組合有無</u> ・<u>管理費</u> ・<u>管理形態</u> ・<u>管理会社名</u> ・<u>修繕積立金</u> ・施工会社名 ・分譲会社名	・環境 ・設備 ・条件 ・備考 　（自由記載）	・画像 ・図面

（注）太文字：必須項目、下線：登録率50％以上。
（資料）レインズ4機構における平成24年6月末時点の登録件数（在庫）を元に登録率を算出。
（出所）「不動産流通市場における情報整備のあり方研究会（平成24年7月）」国土交通省。

（参考8）取引態様別の登録件数および成約件数シェア（全国）

新規登録　取引態様別シェア（売買物件）

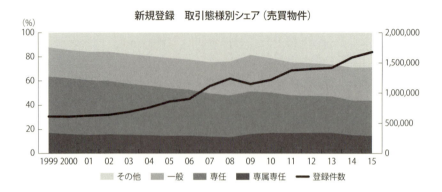

成約報告　取引態様別シェア（売買物件）

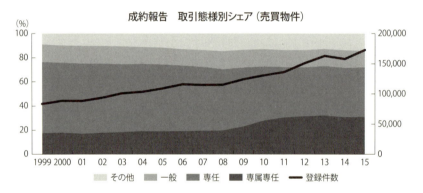

成約報告率（%）（売買物件）

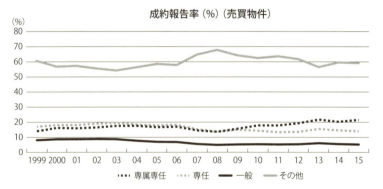

（注）1. 成約報告率（%）＝（成約報告件数／新規登録件数）×100
　　　2. 売買物件の種類は、マンション・一戸建住宅、土地、住宅外を含む。
（出所）不動産流通推進センター「指定流通機構の活用状況について」。

(参考9) 売買、交換の媒介契約の種類と内容

契約類型	一般媒介契約	専任媒介契約	専属専任媒介契約
他業者へ依頼	可	不可	不可
自己発見取引	可	可	不可
指定流通機構 (レインズ)^(注2)	登録義務なし(任意に登録してもよい)	登録義務あり(契約締結日から7日以内)	登録義務あり(契約締結日から5日以内)
契約有効期間	法定されていない(標準媒介契約約款では3カ月)	3カ月以内^(注3)	3カ月以内^(注3)
業務処理状況	報告義務なし	2週間に1回以上	1週間に1回以上

(注) 1. 売買又は交換の媒介契約を締結した場合、遅滞なく宅地建物取引業者の記名・押印がなされた媒介契約書を交付しなければならない(取引士の記名押印は不要、宅地建物取引士による説明義務なし)。賃貸の媒介契約では媒介契約書を作成する必要はなく、賃貸の媒介では、上記の規制の対象とはならない。この上記規制は業者間取引でも適用がある。
2. 不動産情報の共有化により不動産取引を活性化するための業者間不動産情報ネットワークのこと。
3. 専任媒介契約や専属専任媒介契約において、3カ月を超えた契約を締結した場合でも全体が無効となるわけではなく、契約期間3カ月の契約を締結したものとされる。

(参考10) 国土審議会土地情報WG中間取りまとめ骨子(2003.7)(抜粋)

・個人識別情報の開示は、秘匿する利益を凌駕する公益が認められるときに許容される。

・「保護する公益」は、取引価格が詳細に明らかになることで損なわれる公益と考えられるが、大きな公益が認められるとは言い難い。

・土地基本法における公共の福祉優先の基本理念に鑑みれば、個人情報保護による個人の利益に対して情報開示による公共の福祉を優先させることに十分な合理性がある。

・ただし、わが国では、これまで土地の取引価格情報は公開されてこなかったし、そもそも公的機関が取引価格を網羅的に把握するしくみも存在していない。そのため制度の導入に当たっては、実際の国民感情に配慮することとし、今後の在り方について国民の意見を聞きつつ、土地の所在を表す情報を一部秘匿する等の措置を必要に応じて検討すべきである。

（参考11）韓国の不動産取引における情報登録・開示制度について

　韓国の行政機関である国土交通部と韓国土地住宅公社は、2007年以降「全国不動産情報ポータル（http://www.onnara.go.kr/）」を通じて、不動産の取引履歴や物件情報等を一般消費者に提供している。各不動産情報は、個人が特定されないように加工したうえで公表されている。これらの基礎情報は、不動産の取引価格を申告させる不動産取引契約申告書、住宅取引の際に提出する住宅取引申告書、所有権移転登記をする際に提出する検印契約書等をベースに作成されている。

　仲介業者は、専属仲介契約を締結したときは、「不動産取引情報網」（日本の指定流通機構に当たる）又は日刊新聞に当該仲介対象物に関する情報を公開しなければならない。ただし、仲介依頼人が非公開を要請する場合には公開してはならない。韓国では取引当事者（買主及び売主）だけでなく仲介業者にも不動産取引価格等の申告を義務付けており（「公認仲介士の業務及び不動産取引申告に関する法律」2005年7月29日施行）、売買契約締結後60日以内に、売買対象不動産の取引情報を管轄する自治体に申告しなければならない。

（出所）・国土交通省「海外建設・不動産市場データベース」
　　　　・不動産適正取引推進機構（2011）「韓国の不動産取引制度に関する研究（その1）」

(参考12) 台湾の不動産取引における情報登録・開示制度について

　台湾の行政機関である内政部（MOI: Ministry of the Interior）は、2012年10月16日より、国内の不動産取引情報を記載したオンラインデータベースの配信を開始した。データベースには、取引物件の立地情報や建物情報、取引価格、管理費などが含まれる。個人情報保護に関する規制に基づき、住所は地域レベルで開示され、個人が特定されないようにされている。

　所有権移転時、権利人、地政士、仲介業者は、移転登記完了後30日以内に自治体の主務官庁に取引成立案件の情報を届け出、登録しなければならない（2012年8月1日より施行）。30日以内に登録がされない場合は罰則が課される（2012年10月12日時点までに21件）。各自治体は登録情報を確認し、入力に不備があるデータ、市場価格から逸脱したデータ、家族間取引のケースなどをデータベースから取り除く。個人情報が特定されないように加工された上で、登録から1.5カ月後にオンラインデータベースに情報が開示される。

（出所）・台湾内政部 2012/11/6報道資料（http://www.moi.gov.tw/english/english_news/news_detail.aspx?sn＝6128）
　　　　・内政部 不動産取引情報オンラインデータベース（http://lvr.land.moi.gov.tw）
　　　　・国土交通省「海外建設・不動産市場データベース」

（参考13）自身の情報開示に対する気持ち

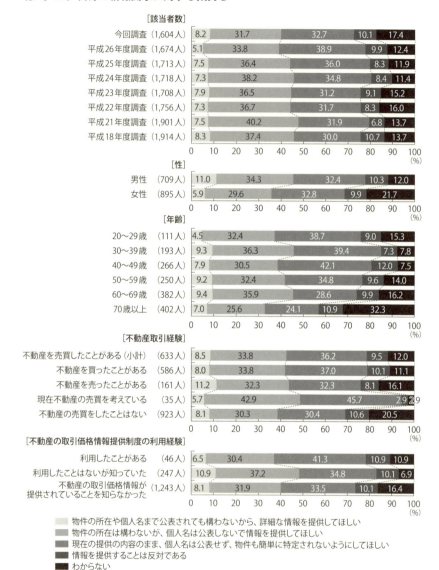

［該当者数］

	物件の所在や個人名まで公表されても構わないから、詳細な情報を提供してほしい	物件の所在は構わないが、個人名は公表しないで情報を提供してほしい	現在の提供の内容のまま、個人名は公表せず、物件も簡単に特定されないようにしてほしい	情報を提供することは反対である	わからない
今回調査（1,604人）	8.2	31.7	32.7	10.1	17.4
平成26年度調査（1,674人）	5.1	33.8	38.9	9.9	12.4
平成25年度調査（1,713人）	7.5	36.4	36.0	8.3	11.9
平成24年度調査（1,718人）	7.3	38.2	34.8	8.4	11.4
平成23年度調査（1,708人）	7.9	36.5	31.2	9.1	15.2
平成22年度調査（1,756人）	7.3	36.7	31.7	8.3	16.0
平成21年度調査（1,901人）	7.5	40.2	31.9	6.8	13.7
平成18年度調査（1,914人）	8.3	37.4	30.0	10.7	13.7

［性］

男性 （709人）	11.0	34.3	32.4	10.3	12.0
女性 （895人）	5.9	29.6	32.8	9.9	21.7

［年齢］

20～29歳 （111人）	4.5	32.4	38.7	9.0	15.3
30～39歳 （193人）	9.3	36.3	39.4	7.3	7.8
40～49歳 （266人）	7.9	30.5	42.1	12.0	7.5
50～59歳 （250人）	9.2	32.4	34.8	9.6	14.0
60～69歳 （382人）	9.4	35.9	28.6	9.9	16.2
70歳以上 （402人）	7.0	25.6	24.1	10.9	32.3

［不動産取引経験］

不動産を売買したことがある（小計）（633人）	8.5	33.8	36.2	9.5	12.0
不動産を買ったことがある （586人）	8.0	33.8	37.0	10.1	11.1
不動産を売ったことがある （161人）	11.2	32.3	32.3	8.1	16.1
現在不動産の売買を考えている （35人）	5.7	42.9	45.7	2.9	2.9
不動産の売買をしたことはない （923人）	8.1	30.3	30.4	10.6	20.5

［不動産の取引価格情報提供制度の利用経験］

利用したことがある （46人）	6.5	30.4	41.3	10.9	10.9
利用したことはないが知っていた （247人）	10.9	37.2	34.8	10.1	6.9
不動産の取引価格情報が提供されていることを知らなかった（1,243人）	8.1	31.9	33.5	10.1	16.4

■ 物件の所在や個人名まで公表されても構わないから、詳細な情報を提供してほしい
■ 物件の所在は構わないが、個人名は公表しないで情報を提供してほしい
■ 現在の提供の内容のまま、個人名は公表せず、物件も簡単に特定されないようにしてほしい
■ 情報を提供することは反対である
■ わからない

（出所）国土交通省「平成27年度土地問題に関する国民の意識調査」による。設問は「国土交通省が提供している取引価格等の情報は、現時点では、個別の物件が容易に特定できないように配慮し、取引当事者の氏名や物件の詳しい所在等の情報は提供していません。このことについてどうお考えになりますか。この中から一つお答えください」である。

（参考14）不動産流通に係る大手26社のシェア推計（平成27年）

（万件、％）

①大手26社の仲介成約取扱件数（平成27年）	17.6
②両手仲介件数（①×30％）	5.3
③＝①＋②：仲介取扱件数	22.9
④平成27年売却仲介登録物件成約件数×2	38.8
⑤＝③/④×100（％）	59.0

（注）上記個別データを集計すると取扱い物件1件当たりの手数料が181万円であり、1件当たり物件価額4,296万円に対する手数料率は4.2％となる。両手仲介がなければこれが上限で約3％程度となるはずなので、両手仲介がない場合の件数X1と両手仲介がある場合の件数（両手仲介は1件とカウントする）をX2とすると、X2＝X1×4.2/6＝0.7X1であり、約3割が両手仲介による成約であったと推計される。
（出所）不動産流通推進センター資料による。

（参考15）先進的な不動産テック企業例

ZILLOW	2007年設立。全米のほぼすべての居住用物件の売買参考価格、参考賃料を過去の取引データをもとに自動推計し、地図上に表示するWebサービスを提供。2014年truliaを買収。
TRULIA	2006年設立。新たに市場に出された居住用の売買物件、賃貸物件の情報を提供すると同時に、月額支払の低減可能性や売買価格の推移を表示したり、犯罪や学校区の評価、通勤時間などの近隣情報をあわせて地図上に表示するWebサービスを提供。
CompStak	2011年設立。従来は不動産業界の関係者が自社内で囲い込んでいた、賃貸オフィスビルの成約情報を匿名で相互に共有できるサービスを提供。

（出所）（CompStakについて）谷山智彦「『不動産と金融の融合』から『不動産と情報技術の融合』へ」野村総合研究所　金融ITフォーカス2015年7月号。

（参考16）日米間における消費者の不動産流通コスト比較

【前提条件】
■中古住宅の戸建て取引き
■売買金額：米で40万ドル、日で4,000万円
■融資金額：米で30万ドル、日で3,000万円

【特徴】
■米国では売主が仲介手数料負担に対し、日本では売主・買主双方負担
■日本の買主負担の割合が米国と比べて大きい（※特に銀行関連）
■日本の売主負担が少ない
■米国の場合はシロアリ検査等の費用（売主負担）、価格査定費用（買主負担）を含んだ流通コストとなっている。
■全国では、米国の流通コストは日本の約1.3倍
■売主コストにおいては、日本の約3倍に対して、買主コストは0.4倍と違いが表れている

（1ドル＝100円）

	全体（千円）	売主（千円）	買主（千円）
米国	5,186	4,217	969
日本	3,697	1,324	2,644
比較（米／日）	×1.3	×3.2	×0.4

（注）［全体］
・為替は簡易的に100円を想定（参考：9月30日現在においては109.33円）
［米国］
・仲介手数料⇒売買価格の6%とした場合
・エスクロー費用⇒売主と買主の折半が米国では一般的
・権原保険費用⇒売主：所有者向け分、買主：ローン貸付者向け分
・ホーム・ワランティ・プラン費用⇒買主：オプション購入の前提（基本は売主負担）
・書類作成取り寄せ費用⇒情報開示資料、ローン残高記録取り寄せ費用等を言う
・その他、固定資産税等年間費用の精算も併せて行われているが、本資料中のコストは勘案しない
・不動産譲渡税⇒カリフォルニア州のLAの事例を用いており、市税0.45%と郡税0.11%を適用
［日本］
・消費税は8%前提
・土地代：1,300万円
・建物価格：2,700万円
・固定資産税評価額：土地：900万円、建物：1,350万円
・銀行ローンの期間：30年、都市銀行での借り入れを想定
・契約形態は専属専任で仲介手数料は売主・買主双方負担する前提
・火災保険は一時払いの場合の金額
・譲渡所得は3,000万円以下の前提で、譲渡所得税はかからない前提

（出所）「米国不動産流通市場調査視察団報告書」（平成27年2月）（（一財）不動産流通経営協会）。

米国・カリフォルニア（LA）

	売主		買主	
	金額	合計比率	金額	合計比率
仲介手数料	24,000	56.9%	0	0.0%
エスクロー費用	840	2.0%	840	8.7%
エスクロー下請費用	60	0.1%	60	0.6%
権利証書	12,000	28.5%	4,000	41.3%
シロアリ検査・処置費用	390	0.9%	0	0.0%
価格査定（アプレイザル）費用	0	0.0%	400	4.1%
物件検査（インスペクション）費用	0	0.0%	450	4.6%
権原保険費用	1,650	3.9%	1,100	11.4%
ホーム・ワランティ・プラン費用	255	0.6%	200	2.1%
書類の作成取り寄せ等費用	200	0.5%	0	0.0%
公証人手数料	20	0.0%	20	0.2%
文書移転税（州税）	45	0.1%	0	0.0%
所有権移転税（州税）	465	1.1%	0	0.0%
登記費用	0	0.0%	120	1.2%
住宅ローン手数料等	0	0.0%	1,500	15.5%
火災保険料	0	0.0%	1,000	10.3%
不動産譲渡税	2,240	5.3%	0	0.0%
合計	42,165		9,690	

日本・東京

	売主		買主	
	金額	合計比率	金額	合計比率
仲介手数料（消費税込）	1,293,600	97.7%	1,293,600	48.9%
印紙代	15,000	1.1%	15,000	0.6%
固定資産税積算金	0	0.0%	100,000	3.8%
ローン契約印紙代	0	0.0%	20,000	0.8%
ローン手数料	0	0.0%	32,400	1.2%
ローン保証料	0	0.0%	574,110	21.7%
団体信用生命保険	0	0.0%	84,000	3.2%
火災保険料	0	0.0%	150,000	5.7%
抵当権設定費用	0	0.0%	80,000	3.0%
抵当権抹消費用	5,000	0.4%	0	0.0%
登記免許税	0	0.0%	130,500	4.9%
司法書士報酬	10,000	0.8%	120,000	4.5%
不動産取得税	0	0.0%	45,000	1.7%
不動産譲渡税	0	0.0%	0	0.0%
合計	1,323,600		2,644,610	

（参考17）宅建業法監督処分件数の年度別推移

年度	免許取消	業務停止	指示	計	勧告等
12	255	96	91	442	573
13	281	91	95	467	714
14	261	78	111	450	688
15	193	71	96	360	629
16	217	70	70	357	569
17	269	60	67	396	664
18	180	65	92	337	873
19	191	73	91	356	665
20	176	86	120	382	576
21	212	64	92	380	536
22	228	67	79	374	596
23	216	54	88	358	793
24	129	51	78	258	848
25	184	65	65	314	840
26	141	74	34	249	634
27	137	63	27	227	574

（出典）国土交通省調べによる。

(参考18) 不動産業の事業所数 (産業小分類、1972-2014年)

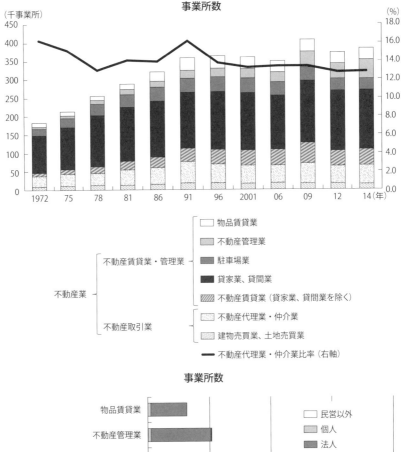

事業所数

（千事業所）

不動産業
- 不動産賃貸業・管理業
  - 物品賃貸業
  - 不動産管理業
  - 駐車場業
  - 貸家業、貸間業
  - 不動産賃貸業（貸家業、貸間業を除く）
- 不動産取引業
  - 不動産代理業・仲介業
  - 建物売買業、土地売買業

― 不動産代理業・仲介業比率（右軸）

事業所数

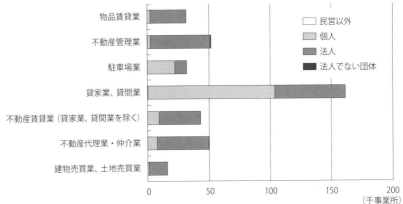

凡例：
- 民営以外
- 個人
- 法人
- 法人でない団体

（千事業所）

（出所）総務省「経済センサス」。

（参考19）不動産業の従業員数（産業小分類、1972–2014年）

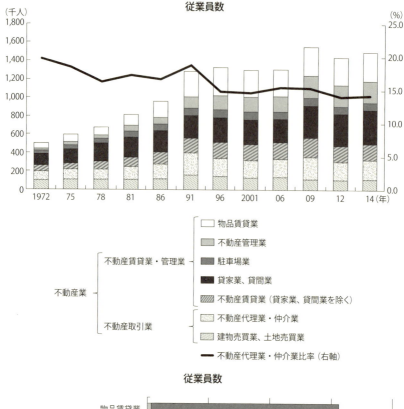

従業員数

（千人） ／ （%）

1972 75 78 81 86 91 96 2001 06 09 12 14（年）

凡例：
- □ 物品賃貸業
- ■ 不動産管理業
- ■ 駐車場業
- ■ 貸家業、貸間業
- ▨ 不動産賃貸業（貸家業、貸間業を除く）

不動産賃貸業・管理業

- ▤ 不動産代理業・仲介業
- ▨ 建物売買業、土地売買業

不動産取引業

不動産

— 不動産代理業・仲介業比率（右軸）

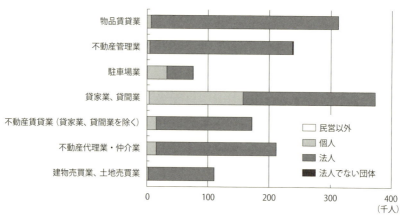

従業員数

物品賃貸業
不動産管理業
駐車場業
貸家業、貸間業
不動産賃貸業（貸家業、貸間業を除く）
不動産代理業・仲介業
建物売買業、土地売買業

0　　100　　200　　300　　400
（千人）

凡例：
- □ 民営以外
- □ 個人
- ■ 法人
- ■ 法人でない団体

（出所）総務省「経済センサス」。

（参考20）宅建業者数・取引主任者数（1995–2015年）

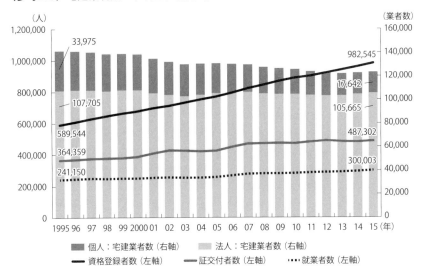

(注) 資格登録者：宅地建物取引士資格試験に合格した後、登録実務講習を修了し登録した者（試験の合格は生涯有効、また、登録は欠格事由等により削除されない限り有効）。証交付者：資格登録後に法定講習を修了し宅地建物取引士証の交付を受けた者。就業者：宅地建物取引士証の交付を受け、かつ、宅建業に従事している者。
(出所) 不動産適正取引推進機構「平成27年度末宅建業者と宅地建物取引士の統計について」。

〈第1部〉

安藤 至大（あんどう むねとも）

日本大学総合科学研究所 准教授

1976年生. 2004年東京大学博士（経済学）. 政策研究大学院大学助教授等を経て, 現職. 専門は, 契約理論, 労働経済学, 法と経済学.

泉田 成美（いずみだ しげみ）

東北大学大学院経済学研究科 教授

1965年生. 東京大学大学院経済学研究科博士課程単位取得退学. 東京大学社会科学研究所助手等を経て, 現職. 著書に『プラクティカル産業組織論』（有斐閣, 共著）等.

今井 亮一（いまい りょういち）

九州大学留学生センター 准教授

1963年生. 東京大学経済学部卒. ペンシルバニア大学大学院経済学研究科博士課程修了（Ph.D.取得）. マクロ経済学・労働経済学専攻. 著書に『サーチ理論──分権的取引の経済学』（東京大学出版会, 共著, 2007年）等.

大橋 弘（おおはし ひろし）

東京大学大学院経済学研究科 教授

ノースウェスタン大学修了（経済学博士）, ブリティッシュ・コロンビア経営大学院助教授を経て, 現職. 円城寺次郎記念賞（日本経済研究センター）, 石川賞（日本経済学会）等受賞. 著書に『プロダクト・イノベーションの経済分析』（東京大学出版会, 編著）等.

清水 千弘（しみず ちひろ）

日本大学スポーツ科学部 教授／マサチューセッツ工科大学不動産研究センター 研究員

1967年生. 東京工業大学大学院理工学研究科博士後期課程中退, 東京大学博士（環境学）. 専門は指数理論・経済統計および不動産経済学.

瀬古 美喜（せこ みき）

武蔵野大学 教授／慶應義塾大学 名誉教授

1948年生. 慶應義塾大学大学院経済学研究科博士課程修了. 博士（経済学）. 慶應義塾大学教授等を経て, 現職. 著書に『日本の住宅市場と家計行動』（東京大学出版会, 日経・経済図書文化賞）等.

中川 雅之 (なかがわ まさゆき)

日本大学経済学部 教授

1961年生. 京都大学経済学部卒業, 経済学博士 (大阪大学). 建設省入省後, 大阪大学社会経済研究所助教授, 国土交通省都市開発融資推進官等を経て, 現職. 著書に『都市住宅政策の経済分析』(日本評論社) 等.

前川 俊一 (まえかわ しゅんいち)

椙山女学園大学現代マネジメント学部 教授／明海大学 名誉教授

1950年生. 中央大学大学院経済学研究科博士課程修了, 中央大学博士 (経済学). 著書に『土地市場論』(清文社, 1996年), 『不動産経済学』(プログレス, 2003年), 『不動産投資のためのファイナンス入門』(プログレス, 2014年) 等.

松尾 弘 (まつお ひろし)

慶應義塾大学大学院法務研究科 教授

1962年生. 一橋大学大学院法学研究科博士後期課程単位取得退学. 法学修士 (慶應義塾大学). 横浜市立大学助教授, 横浜国立大学教授を経て, 現職. 第10回毎日21世紀賞受賞. 著書に『民法の体系 (第6版)』(慶應義塾大学出版会), 『開発法学の基礎理論』(勁草書房) 等.

山崎 福寿 (やまざき ふくじゅ)

日本大学経済学部 教授

1954年生. 東京大学大学院経済学研究科博士課程修了. 上智大学経済学部教授等を経て, 現職. 経済学博士 (上智大学). 著書に『土地と住宅市場の経済分析』(東京大学出版会, 1999年, 日経経済図書文化賞) 等.

〈第2部〉

荒井 俊行 (あらい としゆき)

一般財団法人土地総合研究所 専務理事

1951年生. 東京大学経済学部卒業. 国土交通省勤務を経て, 現職. 著書に『目で見る日本の経済・産業・企業』(東洋経済新報社, 共著), 『縮小が続く建設市場と建設産業の活路』(大成出版社, 共著) 等.

小林 正典 (こばやし まさのり)

国土交通省大臣官房付 一般財団法人不動産適正取引推進機構 研究理事兼調査研究部長

1970年生. ハーバード大学大学院都市政策研究科修士課程修了. 国土交通省土地・建設産業局不動産市場整備課不動産投資市場整備室長等を経て, 現職. 日本計画行政学会第12回計画賞特別賞受賞. 著書に『ヘルスケア施設の事業・財務・不動産評価』(同文舘出版, 共著, 2017年), 『成長戦略論』(NTT出版, 共著, 2016年) 等.

白川 慧一 (しらかわ けいいち)

一般財団法人土地総合研究所 研究員

1983 年生. 東京工業大学大学院社会理工学研究科博士後期課程単位取得満期退学. 工学博士 (東京工業大学). 東京工業大学大学院社会理工学研究科特任助教を経て, 現職. 著書に『明日の地方創生を考える』(東洋経済新報社, 共著, 2015 年) 等.

大越 利之 (おおこし としゆき)

麗澤大学経済学部 准教授／一般財団法人土地総合研究所 客員主任研究員

1977 年生. 上智大学大学院経済学研究科博士後期課程修了. 博士 (経済学). 土地総合研究所主任研究員等を経て, 現職. 著書に『超金融緩和期における不動産市場の行方』(東洋経済新報社, 共著, 2014 年) 等.

西生 建 (にしお たけし)

リニュアル仲介株式会社 代表取締役／首都圏既存住宅流通推進協議会 代表／日本木造住宅耐震補強事業者協同組合 監査

1968 年生. 明治大学法学部卒業. 株式会社リクルート, 三光建設 (現三光ソフラン) 株式会社, エイム株式会社を経て, 現職.

山﨑 暢之 (やまさき のぶゆき)

三菱 UFJ 信託銀行株式会社不動産コンサルティング部 専門部長

1961 年生. 京都大学法学部卒業. 不動産鑑定士. 著書に『不動産マーケットの明日を読む』(日経 BP 社, 共著) 等.

【編者紹介】
一般財団法人　土地総合研究所
平成 4 年 3 月に、日本経済が地価の急激な変動を経験する中で、総合的な土地対策及び不動産業の健全な発展のための基本的な調査及び研究を行うことを目的として、当時の建設大臣、国土庁長官の許可する財団法人として設立された。初代理事長は石原舜介東京工業大学名誉教授（当時）。現在の理事長には平成 28 年 6 月に澤井英一（国土交通省都市・地域整備局長、同総合政策局長、内閣官房都市再生本部事務局長、三井不動産顧問、同専務執行役員を経て現職）が就任。平成 24 年 4 月に一般財団法人に移行。平成 27 年 2 月に日本 FP 協会から FP 継続教育研修機関に認定された。現在、縮退の時代における都市計画法制、土地の所有と管理、不動産流通に関する 3 つの研究会等を設け、産学官による研究を行うとともに、月刊「メールマガジン」、月刊「今月の不動産経済」の配信及び季刊「土地総合研究」の刊行、FP 継続教育研修の実施のほか、その時々のトピックスを中心に有識者による「定期講演会」を年 5、6 回程度開催。
お問い合わせ先：（メール）info @ tochi.or.jp ／（代表電話）03-3509-6971 ／（ホームページ）http://www.lij.jp

既存住宅市場の活性化

2017 年 10 月 5 日発行

編　　者——一般財団法人　土地総合研究所
発行者——山縣裕一郎
発行所——東洋経済新報社
　　　　　〒103-8345　東京都中央区日本橋本石町 1-2-1
　　　　　電話＝東洋経済コールセンター　03(5605)7021
　　　　　http://toyokeizai.net/
装　　丁…………アイランドコレクション
Ｄ Ｔ Ｐ…………アイランドコレクション
編集協力………渡辺稔大
印刷・製本……藤原印刷
編集担当………井坂康志
Printed in Japan　　　ISBN 978-4-492-96135-3